妇女法教程

主　编　孙启泉　张雅维

副主编　朱广花　王　灵　李　宏

参　编　马　蕾　王金玉　李　静

许永成　吴玉霞

北京大学出版社
PEKING UNIVERSITY PRESS

内 容 简 介

《妇女法教程》是系统介绍妇女法律基本理论的教材，强调法学知识理论性与实用性的结合。本书以妇女为主体，从妇女法的基本理论、政治权利、文化教育权利、劳动与社会保障权利、财产权利、人身权利、婚姻家庭权利以及妇女权利的救济八个方面全面阐述妇女的合法权利以及法律保护，对诸多热点问题和焦点问题进行了积极探索与思考。全书体系完整，知识点全面，理论联系实际。全书概念规范、法理严谨，注重学术性和可读性的统一，适合高校妇女法教学之用。本书既总结、梳理与妇女权益保护有关的法律、法规以及我国当前妇女权益保护的基本状况，同时，本书既总结、梳理与妇女权益保护有关的法律、法规，又联系我国当前妇女权益保护的基本状况，因此也是妇联组织开展妇女工作必不可少的学习读本。

图书在版编目(CIP)数据

妇女法教程/孙启泉，张雅维主编．—北京：北京大学出版社，2010.9

ISBN 978-7-301-17715-0

Ⅰ.①妇… Ⅱ.①孙… ②张… Ⅲ.①妇女权益保障法—中国—高等学校：技术学校—教材 Ⅳ.①D923.8

中国版本图书馆 CIP 数据核字（2010）第 169134 号

书　　名：妇女法教程
著作责任者：孙启泉　张雅维　主编
策 划 编 辑：周　伟
责 任 编 辑：周　伟
标 准 书 号：ISBN 978-7-301-17715-0/D・2669
出　版　者：北京大学出版社
地　　址：北京市海淀区成府路 205 号　100871
网　　址：http://www.pup.cn
电　　话：邮购部 62752015　发行部 62750672　编辑部 62756923　出版部 62754962
电 子 信 箱：zyjy@pup.cn
印　刷　者：北京鑫海金澳胶印有限公司
发　行　者：北京大学出版社
经　销　者：新华书店
730 毫米×980 毫米　16 开本　19.75 印张　333 千字
2010 年 9 月第 1 版　2010 年 9 月第 1 次印刷
定　　价：38.00 元

序　言

胡升秀★

“男女平等”是我国宪法确立的基本原则，是我国的一项基本国策。十六届六中全会通过的《中共中央关于构建社会主义和谐社会若干重大问题的决定》指出：构建和谐社会，必须全面深入地贯彻依法治国基本方略，按照以人为本的要求，加强对妇女、儿童、老年人和残疾人合法权益的保护。在这一背景下，山东女子学院法律专业的教师们积极探索妇女法学理论，与地方妇联合作开展妇女法律援助工作，并把理论与实践经验运用到教学中去。《妇女法教程》是他们科研成果与实践工作成果的集中体现，同时也是我们女子高校对妇女事业发展的应有贡献。

妇女法在我国作为独立学科进入研究领域是1992年《中华人民共和国妇女权益保障法》颁布实施以后。近年来，妇女法研究不断深入，2005年《中华人民共和国妇女权益保障法》的修改进一步推动了妇女法学研究和妇女维权法律实践的发展。《妇女法教程》一书以妇女为主体，从妇女法的基本理论、政治权利、教育权利、劳动与社会保障权利、财产权利、人身权利、婚姻家庭权利以及妇女权利的司法救济八个方面全面阐述妇女的合法权益以及法律保护，对诸多热点问题进行了积极探索与思考。作者在每一章里都力求做到基本理论清楚，重点问题透彻，案例分析到位。

妇女法涉及面很广，要使法律赋予妇女的各项权利成为现实是一项长期而艰巨的任务。山东女子学院法律专业的教师们一直从事妇女法的教学与研究工作，也一直坚持从事妇女法律援助工作。此次《妇女法教程》的编写，倾注了他们对广大妇女和对我国妇女工作的社会责任。“妇女法学”作为山东女子学院的特色课程开设多年，目前已经建设为精品课程。《妇女法教程》自成体系，既有理论分析，又有典型案例，适合本科、专科法学专业学生使用，是目前国内第一本妇女法教材。对一般社会公众而言，具有可读性，对于妇女工作者而言，具有实践性和普法教育相结合的功能。从妇女事业发展的角度而言，本书有利于宣传男女平等，让更多的社会成

★ 序言作者系山东省政协常委，原中华女子学院山东分院党委书记。

员了解妇女权益及其保护途径，摒弃陈旧的性别观念和歧视妇女的做法，主动预防和自觉减少侵害妇女权益的行为，营造尊重妇女、保护妇女的社会文化氛围。因此，本书无论是作为专业学习还是课外阅读，读者都将有所收获。

作为妇女教育工作者，我由衷地希望广大读者能从书中受到启迪。同时我也看到本书的编写者大都是年轻教师，他们在校内承担着繁重的教学工作，对妇女法各个领域的认识可能还存在不够成熟的地方，希望法学界同仁不吝赐教，我对此表示感谢！

让我们共同关注妇女权益，推动法律上男女平等的进一步落实！

2010 年 5 月

目　录

笔 记 区

第一章 概 述

导 言

本章主要介绍妇女法的基础理论，包括妇女法的概念、内容、妇女法的渊源与体系、妇女法的基本原则以及妇女法与其他法律的关系。此外，本章还探讨了中国妇女发展纲要的基本内容及意义，妇女法的发展历史，人权理论与妇女法发展的关系。国际法对妇女权利的保障，主要表现在两个重要的国际公约——《公民权利与政治权利国际公约》和《消除对妇女一切形式歧视公约》，这些公约对推动各国制定保护妇女的专门法律发挥了积极的作用，产生了深远的影响。

学习目标

1. 掌握妇女法的概念与基本内容。

2. 熟悉我国妇女法的三项基本原则以及它们之间的关系。

3. 了解一系列保障妇女权益的国际公约，如《消除对妇女一切形式歧视公约》、《妇女政治权利公约》等。

第一节 妇女法基础理论

一、妇女法的概念

妇女法的概念问题就是如何理解妇女法的问题。目前在法学界对妇女法尚无统一界定。我们认为，妇女法是指国家制定和认可的，调整妇女与他人相互作用的领域里形成的一系列社会关系，确认和保障妇女的各项权利，以实现性别公正的法律规范的总和。[①]

① 林建军. 平等对待与倾斜保护［J］. 河北法学，2007,（9）.

笔 记 区

对这一定义，可以从妇女法的性质、内涵和目标三个方面来认识。

（一）妇女法的性质

从性质上看，妇女法是国家制定或认可的法律规范。

法律作为一种行为规范，是由国家制定或认可的。制定和认可是国家创制规范的两种基本形式。制定是创制新的规范，与国家权力有着不可分割的联系。当然，这种创制不是凭空想象出来的，往往是经验的总结，而且是带有一定预见性的经验总结。认可就是承认已有的规范（如习惯）具有法律效力。认可同样与国家政权有联系，实际上习惯和学说被作为断案的根据，正是国家权力认可它们具有法律效力的表现。妇女法作为法律，与国家权力相关，由国家强制力保障实施，具有强制性。如果违反了它，就要受到国家制裁。

（二）妇女法的内涵

从内涵上看，妇女法是调整妇女与他人相互作用的领域里形成的一系列社会关系，确认和保障妇女的各项权利的法律规范的总和。

法律规范是通过规定社会关系参加者的权利和义务来确认、保护和发展一定的社会关系的。法律规范的内容就是权利义务。所谓权利，是规定人们可以做什么（授权）。所谓义务，是规定人们应该做什么或禁止做什么，从而成为评价人们行为合法与不合法的标准，是指引人们行为并预测将来行为及其后果的尺度，也是警戒和制裁违法行为的根据。

任何法律规范都是直接或间接关于社会成员权利义务的规范，妇女法确认和保障的是妇女的各项权利。所谓权利，无非是利益在法律上的表达而已。[①]在现实生活中，不同阶段、不同群体的利益并不总是一致的，在追逐各自利益的过程中必然会产生利益冲突。法律在直面各种利益冲突时做出取舍，一旦法律的取舍一定，则其所设定的利益格局就有了合法化的依据，任何群体或成员，就只能在法律之下寻求其合法利益了，所以说，法有定分止争的作用。所谓“定分”，实际就是确定人们的权利义务关系，

① 左宇迪. 利益 权利 法律［J］. 妇女法研究，2008.

笔 记 区

而“定分”就能够“止争”，减少许多无谓的争执。妇女法以维护妇女权益为己任，其表现形式为保障妇女群体利益的一系列法律规范体系，而不仅仅是某一部特别法。

（三）妇女法的目标

从目标上看，妇女法的立法目的是实现性别公正。“公正”有合理、善、应该如此等含义，是依据一定的价值原则所作的权衡和判断，也是人类所追求的一种理想状态。性别公正是公正原则在性别维度的一种要求和表现。从立法目的看，妇女法立足于改善妇女的现实处境，不懈探求两性关系的最佳模式，而其路径无一不是通过寻求性别平等和对妇女实行倾斜保护来实现的。妇女法诞生于法律体系的根本动因在于通过推进性别平等和对妇女倾斜保护两条路径，最终实现两性关系的最佳模式——性别公正。这种为单一性别群体进行专门立法的合理性，在于该法追求的价值理念的正当性。

性别公正的基础是性别平等。性别平等是指男女享有同等的权利，处于平等的地位，只有获得了权利的平等，人格、价值和尊严的平等才可能得到具体的体现。所以，只有在法律上确立男女平等的基本原则，才能够对妇女尊严给予最起码的肯定，才能够对妇女处于劣势社会地位现象予以否定，实现性别公正的目标。但是，性别平等并不等于性别公正，因为即使在相同的权利规定的背景下，实际生活领域中依然可能产生差异与不平等。如妇女作为社会成员缺少得以发展的机会空间。机会直接影响着利益结果的分配，所以需要对社会条件进行一种预设的安排。这种预设一方面要求机会均等，使男性社会成员和女性社会成员有大致相同的发展条件；另一方面要求机会的差别待遇，对相对劣势的妇女群体加以倾斜，以使她们获得相对公平的发展空间，以改善在现实中存在的男女实质差别。

二、妇女法的内容

由于妇女权益问题渗透在社会生活的各个领域，因而妇女法的内容是十分广泛的。围绕妇女权利体系，妇女权益主要涉及以下内容。

笔 记 区

（一）妇女的政治权利

妇女的政治权利是指妇女依法享有的参加国家、社会事务管理的民主权利，以及表达个人见解和意见的自由。政治权利直接反映妇女在国家中所处的地位，所以在妇女的权利体系中，政治权利至关重要。政治权利一般由宪法明确规定，是受宪法保护的基本权利，概括起来包括以下几个方面。

1. 男女平等权

《中华人民共和国宪法》（以下简称《宪法》）第32条规定："中华人民共和国公民在法律面前一律平等。"第48条第1款规定："中华人民共和国妇女在政治的、经济的、文化的、社会的和家庭的生活等各方面享有与男子平等的权利。"《中华人民共和国妇女权益保障法》（以下简称《妇女权益保障法》）第9条规定："国家保障妇女享有与男子平等的政治权利。"

2. 妇女的选举权和被选举权

根据《妇女权益保障法》第11条的规定，妇女享有与男子平等的选举权和被选举权。全国人民代表大会和地方各级人民代表大会的代表中，应当有适当数量的妇女代表。

3. 参与管理的权利

《妇女权益保障法》第10条第1款规定："妇女有权通过各种途径和形式，管理国家事务，管理经济和文化事业，管理社会事务。"

4. 批评、建议、申诉、控告、检举的权利

《妇女权益保障法》第14条规定："对于有关保障妇女权益的批评或者合理建议，有关部门应当听取和采纳；对于有关侵害妇女权益的申诉、控告和检举，有关部门必须查清事实，负责处理。任何组织或者个人不得压制或者打击报复。"

5. 各级妇女组织推荐女干部的权利

《妇女权益保障法》第13条第2款规定："各级妇女联合会及其团体会员，可以向国家机关、社会团体、企事业单位推荐女干部。"

笔 记 区

妇女的参政权和女性人大代表的比例问题是近来热点问题。《妇女权益保障法》明确规定，国家积极培养和选拔女干部，重视培养选拔女干部担任领导成员，重视培养选拔少数民族女干部，要求各级人大代表中应有适当数量的女代表，并逐步提高妇女代表的比例，但未明确规定女性代表的具体比例。这引起学术界的广泛争议，学术观点泾渭分明。赞成者认为，法律应规定不少于30%的妇女代表比例，同时建立严密的选派程序和严格的监督机制。反对者则认为，以法律的形式明确规定各级人大女代表的比例，有违宪法平等原则和民主选举的基本精神。

（二）妇女的文化教育权利

妇女的文化教育权利是指妇女依法享有从国家获得接受文化教育的权利，以及从事科学研究、文学艺术创作和其他文化活动的权利，包括文化权利和教育权利。《宪法》第46条第1款规定：“中华人民共和国公民有受教育的权利和义务。”《妇女权益保障法》第15条规定：“国家保障妇女享有与男子平等的文化教育权利。”

1. 文化权利的内容

（1）平等参与权。

平等参与权即妇女享有与男子一样从事科学研究、文学艺术创作和其他文化活动的自由。

（2）获得保障权。

获得保障权即国家鼓励和帮助妇女从事上述活动，任何组织和个人都无权剥夺妇女的这些权利。

2. 教育权利的内容

（1）机会均等权。

妇女在入学、升学、毕业分配、授予学位、派出留学等方面享有与男子平等的权利。学校在录取学生时，除特殊专业外，不得以性别为由拒绝录取女性或者提高对女性的录取标准。

（2）适龄女性儿童、少年接受义务教育的权利。

政府、社会、学校应当采取有效措施，解决适龄女性儿童少年存在的实际困难，并创造条件，保证贫困、残疾流动人口中的

笔 记 区

适龄女性儿童少年完成义务教育。

（3）妇女接受高等教育、扫盲教育、职业教育和技术培训的权利。

从妇女文化教育权的内容来看，教育权是文化权的基础和前提，如果妇女的受教育权得不到保障，妇女从事文化活动的权利则无从谈起；文化权是对教育权的促进和保障，两者相互促进，相互依赖。中华人民共和国成立以来，我国妇女获得历史性的解放，文化教育权利得到很大改善，但女性整体文化素质仍低于男性，受教育机会还存在不平等，女童入学率偏低，辍学、失学率较高。

（三）妇女的劳动与社会保障权利

妇女的劳动权利是指法律赋予妇女在劳动关系中享有的基本权利和利益。妇女的社会保障权是指妇女在社会保障关系中享有的权利。妇女作为社会的一个群体，当然享有劳动与社会保障权利。妇女的劳动与社会保障权利的内容如下。

1. 妇女的劳动就业权

妇女享有与男子平等的劳动权利和社会保障权利。各单位在录用职工时，除不适合妇女的工种或者岗位外，不得以性别为由拒绝录用妇女或者提高对妇女的录用标准。

2. 获取劳动报酬权

妇女有权根据自己的劳动获取报酬。工资分配应当遵循按劳分配原则，实行同工同酬。

3. 获得劳动卫生安全保护的权利

《妇女权益保障法》第26条第1款规定："任何单位应根据妇女的特点，依法保护妇女在工作和劳动时的安全和健康，不得安排不适合妇女从事的工作和劳动。"

4. 妇女的休息休假权

《宪法》第43条规定："中华人民共和国劳动者有休息的权利。国家发展劳动者休息和休养的设施，规定职工的工作时间和休假制度。"

笔 记 区

5. 女职工享受社会保险和福利的权利

妇女的劳动权利是学术研究的重点。本教材将重点围绕妇女就业、退休年龄、生育保险等问题进行探讨。特别针对妇女的劳动就业权与劳动就业性别歧视问题进行深入分析并提出法律对策。

（四）妇女的财产权利

妇女的财产权利是指妇女所享有的具有一定物质内容或者直接体现某种经济利益的权利。根据《中华人民共和国民法通则》（以下简称《民法通则》）的规定，妇女享有同男子平等的民事权利。《妇女权益保障法》第30条规定："国家保障妇女享有与男子平等的财产权利。"

妇女的财产权利包括所有权、用益物权、担保物权、债权和知识产权中的财产权利、继承权等。其中继承权是财产权的一个重要方面。《妇女权益保障法》第34条规定："妇女享有的与男子平等的财产继承权受法律保护。在同一顺序法定继承人中，不得歧视妇女。丧偶妇女有权处分继承的财产，任何人不得干涉。"

当前，妇女的土地承包经营权和宅基地使用权、妇女在夫妻关系中的财产权利、家务劳动补偿等颇受社会关注，也是本教材将要探讨的重点问题。

（五）妇女的人身权利

妇女的人身权利是指妇女依法享有的，以在人格关系和身份关系上所体现的与其自身不可分离的利益为内容的民事权利。《妇女权益保障法》第36条规定："国家保障妇女享有与男子平等的人身权利。"

人身权利包括人格权和身份权两大部分。人格权是作为法律意义上的人所必须具有的权利，诸如生命权、健康权、人身自由权、姓名权、肖像权、隐私权和名誉权等。身份权是指就特定身份而产生的权利。身份权不是与生俱来的权利，而是因为从事某种行为或因婚姻关系、家庭关系等取得某种特定身份而产生的权利。妇女人身权利的主要内容如下。

笔 记 区

1. 妇女的人身自由权

妇女的人身自由权是指妇女依法享有按照自己的意志支配其人身和行动的权利，任何个人和组织不得非法限制和侵犯。

2. 妇女的生命健康权

妇女的生命健康权是指妇女依法享有的生命安全不受非法侵害，以及身体的各个器官及机能不受非法侵害的权利。

3. 妇女的名誉权

妇女的名誉权是妇女依法享有的名誉和人格尊严不受侵犯的权利。

4. 妇女的肖像权

妇女的肖像权是指妇女对自己的肖像享有的专有权、支配权和维护权。未经本人同意，不得以营利为目的。通过广告、商标、展览橱窗、书刊、杂志等形式使用妇女肖像。

5. 妇女的隐私权

妇女的隐私权是指妇女对自己的私生活和相关个人信息进行保护，不受非法干涉的权利。

6. 妇女的荣誉权

妇女的荣誉权是指妇女依法享有的，对自己获得的荣誉保护和不受侵害、不受非法剥夺的权利。

此外，拐卖妇女、性骚扰、婚内强奸和妇女的生育权利问题也属于人身权的范畴。

（六）妇女的婚姻家庭权利

妇女的婚姻家庭权利是妇女在婚姻家庭关系中基于特定的亲属身份关系和共同生活关系所享有的权利总称。《妇女权益保障法》第 43 条规定：“国家保障妇女享有与男子平等的婚姻家庭权利。”

妇女的婚姻家庭权利包括妇女在婚姻家庭关系中享有的人身权利和财产权利两个方面。人身权利包括：夫妻有各用自己姓名的权利；夫妻双方都有参加生产、工作、学习和社会活动的自由；夫妻双方有平等的婚后住所决定权；日常家事代理权等。财产权

笔 记 区

利包括：妇女对夫妻共同财产的处理权；妇女的受扶养权；妇女的继承权；妇女的土地权益等。其中离婚经济帮助制度、离婚损害赔偿制度、家务劳动补偿制度、艾滋病患者的结婚权利、事实婚姻等问题是妇女婚姻家庭权利领域的热点问题。

（七）法律救济与法律责任

我国在妇女权益的救济形式上有多种途径，包括行政救济、司法救济和其他救济，如申诉、投诉、非诉讼程序、法律援助、司法救助、诉讼程序。同时法律也规定了侵犯妇女合法权益的法律责任，包括民事责任、行政责任和刑事责任。

三、妇女法的渊源与体系

（一）法的渊源的含义

法的渊源又称“法源”或“法律渊源”，意为法的“来源”或“源泉”。作为专门术语，这一概念的意义在于说明一个行为规则，通过什么方式产生，具有何种外部表现形式，因此，法的渊源包括法的创制方式和法律规范的外部表现形式两个方面。法的创制方式包括法律规范的创制机关、创制权限和创制方法（如制定、认可），即哪些机关可以在什么领域内以何种方式创制法律规范。法律规范的外部表现形式是指法律规范有哪些表现形式，不同形式规范之间的效力关系如何。

需要强调的是，法的渊源仅指出法律规范效力在形式上的来源，即法律规范的外部表现形式。所以法的渊源又被称作法的“形式渊源”。但法的渊源的本意并不仅仅是法的表现形式，它首先是指法的“效力来源”。法律规范的效力取决于它的创制机关和创制方式，而这些都是隐藏在法律规范的表现形式背后并决定着它的形式的关键性因素。

（二）妇女法的渊源

妇女法的渊源以宪法为核心，包括法律、行政法规和部门规章、地方性法规和地方政府规章、行政规章、法律解释和国际条约。

笔 记 区

1. 宪法

我国现行宪法是1982年12月4日第五届全国人民代表大会第五次会议通过的《中华人民共和国宪法》。该法于1988年4月12日、1993年3月29日、1999年3月15日及2004年3月14日先后四次作了修订。

宪法是国家的根本大法，是治国安邦的总章程，具有最高的法律效力，是妇女法的根本效力渊源。

2. 法律

法律一词有广义和狭义之分。广义的法律与“法”同义，是指一切有权创制法律规范的国家机关制定和认可的法律规范的总称。作为法的渊源的法律一词是在狭义上使用的，专指由国家最高权力机关及常设机关，即全国人民代表大会和全国人大常委会制定的规范性文件。其法律效力仅次于宪法。全国人民代表大会制定的《妇女权益保障法》是妇女法的基本法源。其他如《中华人民共和国民法通则》（以下简称《民法通则》）、《中华人民共和国刑法》(以下简称《刑法》)、《中华人民共和国母婴保健法》（以下简称《母婴保健法》）、《中华人民共和国婚姻法》（以下简称《婚姻法》）、《中华人民共和国继承法》(以下简称《继承法》)、《中华人民共和国劳动法》(以下简称《劳动法》)、《中华人民共和国教育法》（以下简称《教育法》）、《中华人民共和国义务教育法》（以下简称义务教育法)、《中华人民共和国民事诉讼法》（以下简称《民事诉讼法》）、《中华人民共和国刑事诉讼法》（以下简称《刑事诉讼法》）等，涉及妇女权益内容的，也是妇女法的重要渊源。

此外，全国人民代表大会和全国人大常委会发布的具有规范性内容的决定和决议，通常是为了对已经颁布生效的规范性文件进行修改或补充，因此它们与被修改或补充的规范性文件具有同等效力，也是妇女法的渊源。如全国人大常委会颁布的《关于严惩拐卖、绑架妇女儿童的犯罪分子的决定》、《关于严惩卖淫嫖娼的决定》等。

3. 行政法规和部门规章

行政法规是指由国家最高行政机关——国务院，在法定职权范围内为实施宪法和法律而制定的有关国家行政管理的规范性文

笔 记 区

件，其效力仅次于宪法和法律，是妇女法的重要渊源。此外，国务院所属各部、各委员会在自己的职权范围内有权发布规章，通常称为“部门规章”，其效力低于宪法、法律和行政法规，也是妇女法的渊源。

关于妇女权益保障的行政法规包括：《女职工劳动保护条例》、《关于女职工禁忌劳动范围的规定》、《婚姻登记管理条例》、《〈中华人民共和国母婴保健法〉实施办法》、《劳动保障监察条例》等。部门规章如《企业职工生育保险试行办法》、《违反〈劳动法〉行政处罚办法》、《女职工保健工作规定》等。

4. 地方性法规和地方政府规章

地方性法规是指省、自治区和直辖市的人民代表大会及其常委会，根据本地区的具体情况和实际需要，在法定权限内制定发布的适用于本地区的规范性文件。省、自治区人民政府所在的市和经国务院批准的较大的市的人民代表大会及其常委会，也可以制定地方性法规，经省、自治区的人民代表大会常务委员会批准后施行，报全国人大常委会和国务院备案。地方性法规的效力低于宪法、法律和行政法规，也是妇女法的渊源。如《北京市实施〈中华人民共和国妇女权益保障法〉办法》、《上海市妇女儿童保护条例》、《山东省就业促进条例》等。

此外，省、自治区和直辖市的人民政府可以制定规章，通常称为“地方政府规章”，其效力低于宪法、法律、行政法规和地方性法规，也是妇女法的渊源。如《北京市贫困孕产妇生育救助暂行办法》、《上海市女职工劳动保护办法》等。

5. 法律解释

法律解释即法律规范的解释。

作为妇女法渊源的法律解释仅指国家机关的规范性解释，包括国家权力机关的立法解释、司法机关的司法解释和行政机关的行政解释，涉及妇女权益内容的均属妇女法的渊源。如最高人民法院《关于审理离婚案件处理财产分割问题的若干具体意见》、《关于确定民事侵权精神损害赔偿责任若干问题的解释》、《关于适用〈中华人民共和国婚姻法〉若干问题的解释》等。

笔　记　区

6. 国际条约

国际条约是两个或两个以上国家就政治、经济等方面的问题确定其相互权利和义务关系的协议或具有条约、协议性质的文件。国际条约的名称包括条约、公约、协议等。目前，国际社会保护妇女权益的文件包括《妇女政治权利公约》、《消除对妇女一切形式歧视公约》、《关于男女同工同酬公约》等。我国签订或加入的国际条约是妇女法的渊源之一。

（三）妇女法的体系

法的体系是法的内部结构，是指法的内在统一、有机联系的系统。妇女法的体系是由多层次的部门法组成的有机联系的统一整体。

在法律体系中，妇女法是特定历史时期法律制度的产物。一般而言，法的体系是由不同的法律部门构成的，法律部门的划分，以法的调整对象，即法所调整的社会关系和调整手段来确定。妇女法却打破了这一固有做法，专以妇女为法律的保障对象。这是因为女性和男性之间还大量存在着事实上的不平等，妇女等弱势群体的权益保障还不够充分，这正是妇女法体系产生的根本动因。

目前，我国已初步形成以《宪法》为基础，以《妇女权益保障法》为主体，包括《民法通则》、《婚姻法》、《继承法》、《劳动法》、《刑法》、《母婴保健法》、《教育法》等单行法律及行政法规、地方性法规、行政规章，以及我国已经签署并生效的国际条约在内的，一整套保护妇女权益和促进性别平等的妇女法律体系。

四、妇女法的基本原则

法律原则是法律的基础性真理、原理或是为其他法律要素提供基础性或本源的综合性原理或出发点。[①]作为法的要素之一，法律原则具有指导性、稳定性和适用相对性等特点。它是整个法律活动的指导思想和出发点，决定着法的统一性和稳定性。

妇女法的基本原则是妇女法的灵魂，它贯穿于妇女法具体规

---

① 张文显. 法理学［M］. 北京：高等教育出版社，1999：74.

笔 记 区

范之中，同时又高于具体规范，体现妇女法的基本价值理念。目前关于妇女法的基本原则有诸多不同的观点，本教材比较赞同中华女子学院林建军教授在《妇女法基本问题研究》一书中的观点，妇女法的基本原则有：保障妇女人权的原则、促进性别公正的原则、禁止性别歧视的原则。其中第一项是总原则，是妇女法所要实现的主要价值目标，后两项从正反两个方面确立了两性关系的最佳模式，共同为两性的平等与和谐发展提供了法律依据。

（一）保障妇女人权的原则

什么是人权，通常认为人权是人之为人所应享有的权利。这里的“人”是平等的无差别的一切人，是摒弃了包括性别等各方面差别的人。

从法律上保障人权是中外人权史的经验总结。人权保护发展至今天，一些人权保障法已成为了公认的习惯法和强行法，各国政府和国际社会必须遵守。

人权的主体具有普遍性。男女作为人类社会的共同组成部分，都是人的存在，都有人的属性即自然属性和社会属性，都有人的尊严和价值。占世界人口一半的妇女是历史上长期受到歧视的一类群体。不仅在奴隶社会和封建社会中妇女遭受着来自阶级的和男性的两重压迫，就是在高举“天赋人权”旗帜的资产阶级人权运动中，妇女的人权主体地位同样被忽略。最初的“人权”的英文写作为“rights of men”，表示为男人的“人权”，不包括妇女在内。

妇女人权就是指妇女作为人所应享有的权利，它是普遍人权中不可剥夺和不可分割的组成部分。按照《国际人权法》的分类，人权可分为公民权利、政治权利、社会权利、经济权利和文化权利。[①]妇女人权概括起来包括三个方面：一是妇女的公民和政治权利，如选举权和被选举权、自由权等；二是妇女的经济、社会和文化权利，如劳动权、财产权、教育权等；三是由妇女的生理特点产生的权利，如生育权等。[②]

---

① 关今华，李佳．人权概念的复杂性叹息［J］．法律科学，2007，（1）．

② 夏吟兰，高蕾．妇联组织维护妇女人权职能及其运行状态研究［J］．妇女法研究，2008．

笔 记 区

20世纪80年代以来，我国加强了对妇女人权保护的立法。1992年《妇女权益保障法》的颁布和实施就是中国妇女人权保障的一项重要举措。该法从保障妇女人权的角度出发，全面规定了妇女的政治权利、文化教育权利、劳动和社会保障权利、财产权利、人身权利、婚姻家庭权利，并对侵犯妇女人权的行为规定了法律责任和惩治措施。此外，我国政府还签署了一系列关于妇女的国际人权公约。如1980年我国签署了最为重要的国际妇女人权法案《消除对妇女一切形式歧视公约》，1990年我国政府批准了国际劳工组织《男女工人同工同酬公约》。1995年9月我国举办联合国第四次世界妇女大会，形成《北京宣言》和《行动纲领》两个重要文件，明确"妇女权利就是人权"的命题，加大了保护妇女人权的力度。

（二）促进性别公正的原则

公平正义是社会制度的首要价值，同样是法律追求的最高价值，公平正义体现在两性关系中即为性别公正。性别公正原则包括性别平等原则，以及对处于弱势地位的女性群体特殊保护原则。其中平等原则是基础，特殊保护原则是平等原则的补充。

按照罗尔斯的正义观来理解，正义观念是由两个基本原则构成的：（1）每个人对与其他人所拥有的最广泛的基本自由体系相容的类似自由体系，都有一种平等的权利；（2）社会的和经济的不平等将被安排得使人们能够合理地期望它们对每个人都有利，并使它们所依系的地位和职务向所有人都开放。[①]第一个原则即平等原则，基于人的道德价值上的平等或者说人格上的平等，被视为正义原则的基石，并被国际法乃至各国的国内立法所确立。第二个原则是机会公平和差别对待原则。机会公平的原则使所有人都有一种平等的机会；差别原则主张对弱势群体采用特殊的待遇，缩小弱势群体与强势群体的差距，是一种尽力想通过某种补偿或再分配使一个社会的所有成员都处于一种平等的地位的愿望。

①〔美〕E.博登海默，邓正来译．法理学法律哲学与法律方法［M］．北京：中国政法大学出版社，2004：266.

笔 记 区

平等原则已成为现代法律的普适理念。性别平等是指男性和女性在社会生活中应该享受到与其自身发展水平和社会程度相当的尊重与对待。两性平等原则是社会公平正义价值理念的基本表现，考察社会公正的实现程度，很关键的尺度就是考察男女平等的实现状况。

性别平等已成为当今世界广泛关注的重要议题。《联合国宪章》以及《世界人权宣言》关注的一个重点就是平等。《公民权利和政治权利国际公约》及《经济、社会和文化权利国际公约》也都强调了平等保护的基本原则。我国《宪法》第48条第1款明确规定："中华人民共和国妇女在政治的、经济的、文化的、社会的和家庭的生活等各方面享有同男子平等的权利。"根据《妇女权益保障法》第2条的规定，实行男女平等是我国的基本国策。将男女平等原则上升为基本国策，足以体现对其重视程度。

特殊保护原则要求同等情况下法律的天平应倾向弱者。最大限度保护弱者利益也是人类社会的普适理念。女性群体在处于一种相对弱势境地，是比男性群体处于一种相对不利地位的群体。特殊保护原则意在给予妇女明确的特殊保护，通过形式上的不平等实现结果上的平等，最终实现性别公正。

《妇女权益保障法》第2条第3款规定："国家保护妇女依法享有的特殊权益。"根据《刑法》第49条的规定，审判的时候怀孕的妇女不适用死刑。此外，相关劳动法律法规也规定了妇女禁忌劳动范围和妇女在经期、孕期、产期、哺乳期等特殊时期的保护规定。

（三）禁止性别歧视的原则

性别歧视是指基于性别而作的任何区别、排斥或限制，性别歧视有其深刻的历史原因与社会政治因素。以致性别平等在法律文本上已经确立的今天，性别歧视仍广泛存在于现实生活中，特别在女性就业、女性参政、女性教育及农村妇女发展资源等方面存在的性别歧视更加普遍、严重。因此，禁止性别歧视是我国妇女法的重要原则。

我国《妇女权益保障法》首次在法律中明确规定了禁止性别歧视的原则。消除对妇女的歧视和促进男女平等是相辅相成的原

笔 记 区

则。消除对妇女歧视的目的是保障女性获得平等的机会和待遇，其实质是对现存的不平等的补偿。禁止性别歧视涵盖经济、政治和社会发展的各个领域。

1．政治领域，目前妇女在政治生活和决策层中任职人数仍然偏低，全国人民代表大会和地方各级人民代表大会的代表中妇女代表的数量少。因此，在一切公共生活领域争取人数相同的妇女正式参与民选机构和委任机构的工作，以及在政府各部门任职，提高各级人大女性代表的比例或数量，增加女干部的培养和选拔力度以及村委会、居委会中妇女的名额，拓展妇女参与国家和社会事务的民主管理，如决策权、管理权、参与权、监督权等，都是禁止性别歧视的重要内容。

2．经济领域，妇女同男子一样平等地获得基本经济资源与机会。

对于城镇女性，有酬就业机会的获得是其经济利益的体现。当妇女在工作中不被录用不是因为她的工作能力而仅是因为她的性别因素时，就构成性别歧视。

在农村，妇女赖以生存发展的基本的经济资源是承包经营的土地。对此，妇女与男子平等享有农村土地承包权利，任何个人和组织不得剥夺、侵害妇女的土地承包权。

3．婚姻家庭领域，妇女在家庭及社会中的作用和责任一直存在根深蒂固的观念，重男轻女、非法进行性别选择堕胎、家庭暴力行为等现象普遍。这也是禁止性别歧视原则所涉及的重要内容。针对男女两性在家庭地位中存在的实际差别和歧视妇女的传统偏见，《妇女权益保障法》第2条第4款规定：“禁止歧视、虐待、遗弃、残害妇女。”国务院《〈中华人民共和国母婴保健法〉实施办法》第23条第1款规定：“严禁采用技术手段对胎儿性别进行鉴定。”同时对违反该规定进行胎儿性别鉴定的人员和机构规定了严格的法律责任。

可以肯定的是，就目前我国的情况而言，女性依然处于弱势地位，对妇女群体的保护主要是禁止性别歧视，在社会的资源分配上首先保障妇女的权利和机会。

笔 记 区

第二节 妇女法与其他法律的关系

一、妇女法与宪法的关系

（一）妇女法与宪法的联系

1. 在渊源方面

宪法是妇女法的基本渊源。宪法是国家根本法，是最高位阶的法源。宪法作为妇女法的渊源，主要表现在两个方面：（1）宪法是妇女法的立法依据；（2）宪法中规定权利义务，调整妇女权益的规范，是妇女法的直接渊源。

2. 在内容方面

宪法规定公民的基本权利义务，规定尊重和保障人权，规定男女平等的原则等，这些都是妇女法的重要原则内容。

3. 在作用方面

宪法最主要、最核心的价值在于它是公民权利的保障书，即宪法的主要作用是保障公民权利。妇女权利的保障是其中一个重要方面，这正是妇女法的立法目的。

（二）妇女法与宪法的区别

1. 调整对象不同

作为根本大法，宪法调整的范围十分广泛，包括国家政治、经济、文化和社会生活等各个方面，涉及国家制度和社会制度的根本问题。妇女法调整妇女与他人相互作用的领域里形成的一系列社会关系，侧重保障妇女权益这一方面。

2. 调整主体不同

宪法调整的主体包括国家机关、企事业单位、社会团体和公民。妇女法调整的主体只能是妇女以及和妇女权益相关的国家机关、企事业单位、个人。

笔　记　区

3. 调整方法不同

宪法作为具有最高法律效力的国家根本法，其调整具有宏观性。妇女法则采取承担民事责任、行政责任和刑事责任相结合的具体法律责任形式。

二、妇女法与民法的关系

（一）妇女法与民法的联系

1. 在渊源方面

妇女法与民法的渊源都包括宪法、法律、行政法规、行政规章、国际条约等。

2. 在内容方面

民法规定公民的人身权利、财产权利及婚姻家庭法、继承法的相关权利内容，也是妇女法所强调的保障妇女权利的内容。

3. 在作用方面

民法的作用在于保护当事人的合法权益，维护市场经济秩序，促进社会全面发展，当然保障妇女的合法权益，特别是妇女的人身权利和财产权利。

（二）妇女法与民法的区别

1. 调整对象不同

民法调整平等主体的人身关系和财产关系，属于私法的范围。妇女法调整妇女与他人相互作用的领域里形成的一系列社会关系，只侧重保障妇女权益这一方面。

2. 调整主体不同

民法调整的主体是自然人和法人。妇女法调整的主体只是妇女以及和妇女权益相关的国家机关、企事业单位、个人。

3. 调整方法不同

民法对于应当承担民事责任的自然人和法人，采取民事制裁的形式。妇女法则采取承担民事责任、行政责任和刑事责任相结合的法律责任形式。

笔 记 区

三、妇女法与刑法的关系

（一）妇女法与刑法的联系

1. 在渊源方面

刑法作为独立的法律部门是妇女法的一个重要渊源。

2. 在内容方面

刑法规定哪些行为是犯罪，并给予犯罪人何种行为的刑罚处罚。其中关于侵犯妇女人身权利、民主权利、财产权利及婚姻家庭权利的犯罪与刑罚的规定，与妇女法关于妇女权益受侵害的法律责任相符。

3. 在作用方面

刑法的作用在于打击犯罪，保护国家和公民的财产，保护公民人身权利、民主权利和其他权利，当然包括保障妇女的合法权益。

（二）妇女法与刑法的区别

1. 调整对象不同

刑法是调整犯罪与刑罚的法律，涉及社会生活各个方面。妇女法调整妇女与他人相互作用的领域里形成的一系列社会关系，侧重保障妇女权益这一方面。

2. 调整主体不同

刑法调整的主体包括公民和法人。妇女法调整的主体只是妇女以及和妇女工作相关的国家机关、企事业单位、个人。

3. 调整方法不同

刑法对于应当承担刑事责任的自然人和法人，采取严厉的刑事制裁形式。妇女法则采取承担民事责任、行政责任和刑事责任相结合的法律责任形式。

笔 记 区

四、妇女法与行政法的关系

（一）妇女法与行政法的联系

1. 在渊源方面

妇女法与行政法的渊源都包括宪法、法律、行政法规、行政规章、国际条约等。行政法是妇女法的重要渊源。

2. 在内容方面

行政法规定国家行政管理的内容，目的是规范和控制行政权，保障公民、法人的合法权益，当然包括保障妇女权益的内容。

3. 在作用方面

行政法的作用在于维护国家利益和社会公共利益，维护社会秩序，促进社会全面发展，也确认和保障妇女的各项权利。

（二）妇女法与行政法的区别

1. 调整对象不同

行政法调整行政主体在实施行政管理活动中所发生的各种社会关系。妇女法调整妇女与他人相互作用的领域里形成的一系列社会关系，侧重保障妇女权益这一方面。

2. 调整主体不同

行政法调整的主体包括行政机关、公民、法人等。妇女法调整的主体是妇女以及和妇女工作有关的国家机关、企事业单位、个人。

3. 调整方法不同

行政法对于应当承担行政责任的自然人和法人，采取行政制裁的形式。妇女法则采取承担民事责任、行政责任和刑事责任相结合的制裁形式。

笔　记　区

第三节　妇女法与中国妇女发展纲要

一、妇女法与《中国妇女发展纲要》的关系

（一）两者的联系

1. 目标一致

妇女法的目标是确认和保障妇女的各项权利，以实现性别公正，使男女平等在政治、经济、文化、社会和家庭生活等领域进一步得到实现。《中国妇女发展纲要》贯彻男女平等的基本国策，把促进妇女发展的主题贯穿始终，其实施目标也是为了更好地维护妇女权益，提高妇女整体素质，改善我国妇女生存与发展的社会环境，加快实现男女平等的进程，推动妇女充分参与经济和社会发展。

2. 内容相关

妇女法的内容十分广泛，涉及妇女的政治权利、文化教育权利、劳动与社会保障权利、财产权利、人身权利、婚姻家庭权利。《中国妇女发展纲要》确定了六个优先发展领域。

（1）妇女与经济。保障妇女获得平等的就业机会和分享经济资源的权利，提高妇女的经济地位。

（2）妇女参与决策和管理。保障妇女的各项政治权利，提高妇女参与国家和社会事务管理及决策的水平。

（3）妇女与教育保障。妇女获得平等的受教育机会，普遍提高妇女受教育程度和终身教育水平。

（4）妇女与健康。保障妇女享有基本的卫生保健服务，提高妇女的健康水平和预期寿命。

（5）妇女与法律。保障妇女获得平等的法律保护，维护妇女的合法权益。

（6）妇女与环境。优化妇女发展的社会环境和生态环境，提高妇女生活质量，促进妇女事业的持续发展。

笔 记 区

3. 相互依赖

妇女法是《中国妇女发展纲要》制定的前提和依据，《中国妇女发展纲要》是对妇女法的具体贯彻，并起促进和保障作用。

（二）区别

1. 性质不同

妇女法是国家的法律，是国家制定和认可的，调整妇女与他人相互作用的领域里形成的一系列社会关系，确认和保障妇女的各项权利，以实现性别公正的法律规范的总和。《中国妇女发展纲要》是政府制定的发展规划，是政府强化有关职能，动员全社会的力量，为妇女的进步与发展创造更好的社会环境，目的是鼓励妇女在参与经济和社会发展的过程中争取自身的进步与发展。

2. 范围不同

妇女法侧重法律内容，法律赋予妇女的各项权利是实现妇女合法权益的重要保障；妇女法关注立法，侧重制定宣传保护妇女权益的法律。《中国妇女发展纲要》不仅涉及妇女与法律内容，还包括妇女与经济、妇女参与决策和管理、妇女与教育、妇女与健康、妇女与环境方面；不仅完善立法，还强化司法保护和法律监督，加大执法力度；不仅把宣传保护妇女权益的法律法规纳入国家法制宣传教育规划，还建立法律援助体系，为受害妇女提供多种形式的法律服务和社会救助。

3. 效力不同

妇女法作为法律规范，具有稳定性，非经法定程序不得随意修改，属于法律范畴。《中国妇女发展纲要》是政府规划，一般5年为一个阶段，期限届满就制定新的五年规划。

二、《中国妇女发展纲要》的基本内容

（一）制定中国妇女发展纲要的背景

20世纪90年代，根据我国国民经济和社会发展规划以及第八个五年计划提出的目标任务，参照第四次世界妇女大会通过的有

笔 记 区

关文件，结合我国妇女发展的实际，我国政府制定并发布了《中国妇女发展纲要（1995—2000年）》（以下简称'95《纲要》）。这是一部关于妇女发展的专门规划，也是一部维护妇女权益的重要文件。它提出了到20世纪末我国妇女发展的总目标和在参政、就业、教育、国际交往等领域的具体目标，以及实现这些目标应采取的政策和措施。这是我国政府制定的第一部关于妇女发展的全面系统的总体规划。截至2000年年底，'95《纲要》的主要目标基本实现，妇女在政治、经济、文化、社会和家庭生活等各个领域的权利得到进一步实现。'95《纲要》的实施成果形成了我国对在1995年第四次世界妇女大会上通过的《北京宣言》和《行动纲领》的执行成果报告，于2000年6月提交联合国第23届妇女问题特别会议，体现了我国政府认真履行对国际社会的承诺，获得一致好评。

2001—2010年是我国经济和社会发展的重要时期，也是完善社会主义市场经济体制和扩大对外开放的重要时期。为了更好的维护妇女权益，提高妇女整体素质，实践新千年国际社会提出的妇女行动计划，促进妇女的持续发展。2001年4月20日国务院第37次常务会议审议并原则通过了《中国妇女发展纲要（2001—2010年）》（以下简称'01《纲要》），于5月22日正式公布实施。'01《纲要》根据我国国民经济和社会发展的第十个五年计划的总体要求，从我国基本国情出发，同时充分考虑第四次世界妇女大会《行动纲领》提出的妇女发展的十二个重要领域，以'95《纲要》的实施成效为基础，确定了2001—2010年妇女发展的总目标。

（二）'01纲要的主要内容

1. 体例

'01《纲要》包括前言、总目标、主要目标与策略措施、组织与实施、监测与评估五个部分。主要目标是在衡量妇女发展状况方面具有代表性的综合性目标；策略措施按照国家、部门和社会三个层次划分，明确了不同责任主体在实施纲要中的职责、任务和办法。'01《纲要》设置了六个优先发展领域：妇女与经济、妇女参与决策和管理、妇女与教育、妇女与健康、妇女与法律、妇女与环境；共计34项主要目标、123项策略措施，与'95《纲要》相比，减少了主要目标的数量，加大了策略措施的比重。但涵盖了

笔　记　区

'95《纲要》的所有内容，反映了我国妇女发展迫切需要解决的问题和未来持续发展的趋势。

2. 内容

（1）妇女与经济。

从赋予妇女经济权利着手，提出了保障妇女与男子平等享有经济资源、消除就业性别歧视、妇女与社会保障、妇女与贫困等主要目标。与'95《纲要》相比，'01《纲要》更注重在社会主义市场经济条件下，如何保障妇女的经济权利。

（2）妇女参与决策和管理。

从扩大妇女有序的政治参与和推进妇女民主参与进程着手，提出提高妇女参与国家和社会事务管理及决策水平、提高妇女参与行政管理的比例、扩大妇女民主参与渠道六项主要目标。与'95《纲要》相比，'01《纲要》在更大范围内提出了保障妇女与男子平等参与决策和管理的权利，强调女干部在各级政府领导层所占的比例。

（3）妇女与教育。

从依法保障妇女与男子平等的受教育权利着手，提出女童九年义务教育、妇女中等和高等教育、妇女素质教育、妇女终身教育等主要目标。与'95《纲要》相比，'01《纲要》更强调保障妇女与男子共享教育资源的权利。

（4）妇女与健康。

从提高妇女生命质量着手，提出提高妇女预期寿命、保障妇女享有计划生育权利、为流动人口妇女提供卫生保健服务、控制妇女艾滋病病毒感染、提高妇女健身意识和健康水平等主要目标。与'95《纲要》相比，'01《纲要》把重点放在提高健康服务质量和维护妇女健康权利上。

（5）妇女与法律。

提出完善促进男女平等的法律法规、开展普法宣传、保护妇女人身权利和财产权利、禁止针对妇女的一切形式的暴力、为妇女提供法律援助等主要目标。强调在社会的发展变化中随时关注妇女的法律保护问题，通过立法、执法、司法、普法和法律援助等手段，保障妇女的人身权利、财产权利，保护妇女免受一切形式的不法侵害，维护妇女的合法权益。

笔 记 区

（6）妇女与环境。

从改善自然环境和优化社会环境着手，提出创造有利于妇女全面发展的社会环境、提高妇女参与环境保护和决策程度、增加妇女自我支配时间等目标。

三、《中国妇女发展纲要》的意义

新的中国妇女发展纲要的制定是全国广大妇女生活中的一件大事和喜事。新世纪第一个十年妇女发展有了新的目标、任务，有了新的起点、高度，有了前进的方向。它的制定不仅为促进妇女事业的持续发展提供了政策保障，而且为广大妇女投身社会主义现代化建设提供了巨大的精神动力和更为广阔的舞台。

1. '01《纲要》明确提出“男女平等基本国策”

第一次将“男女平等基本国策”写进了妇女纲要的总目标，在策略措施中进一步强调贯彻落实这一基本国策的重要意义。

2. 突出妇女发展的优先领域

针对新千年国际社会提出的妇女行动计划，结合我国妇女发展中的现实问题和'95《纲要》的执行情况，将'95《纲要》中的十一项主要目标进行分类、归纳，充分涵盖经济、政治、教育、卫生、法律、环境六个方面。

3. 注重妇女自身的发展

'01《纲要》根据我国国民经济和社会发展第十个五年计划纲要及社会与经济发展的总体要求，针对2001—2010年我国妇女发展迫切需要解决的重点、难点问题和持续发展的趋势，提出妇女发展的新目标。与'95《纲要》相比，'01《纲要》更注重在社会主义市场经济条件下，如何保障妇女的合法权益，提高妇女的整体素质，促进妇女自身的发展。

4. 明确实施的责任主体

策略措施是确保纲要目标实现的重要条件。'01《纲要》在总结'95《纲要》实施经验的基础上，将策略措施分为国家、部门和社会三个层次，进一步强化不同实施主体的责任意识，明确各主体在实施纲要中的职责和任务。

笔 记 区

第四节 妇女法的历史发展

一、人权理论与妇女法的兴起

（一）人权理论概述

人权属于历史范畴，最初是为反君权、神权对个人正当利益的蔑视、侵害、践踏而提出来的，因此人权首先以个人权利的形式出现，主张个人尊严和人格独立，强调人身自由、思想自由等。

近代人权理论就是“天赋人权论”，它产生于近代资本主义兴起的历史背景下，认为人权是源于自然法的权利，是人生来俱有的不可剥夺的男女无差别的道德权利（伦理权利）。人权是普遍的，凡是这个社会中的人，不分性别、年龄、阶级等差别，都应享受到人权。

随着社会实践的发展，现代人权观的内涵和外延变得日益丰富和广泛，包括了经济、政治、社会、文化等诸方面的权利要素。学者们提出了“三代人权”的内容体系。第一代人权指政治权利和公民权利，诸如自由权、平等权、同意权、人民主权等，1966年通过的《公民权利和政治权利公约》是主要典范。第二代人权指经济、社会和文化权利。诸如工作权、休息权、普选权、受教育权、妇女平等权、组织工会政党团体的结社权等。这些权利的实现，不是要求政府不干预，而是必须采取积极措施，《联合国宪章》及《经济、社会和文化权利公约》作了详细规定。第三代人权指集体人权，诸如民族自觉权、发展权、国际和平与安全权、国际人道主义援助权、继承人类共同遗产权、环境权。第三代人权的概念产生于20世纪下半叶，一方面由于全球非殖民化进程的展开，民族自决权和发展权上升为一个国家的基本权利；另一方面，生产和科学技术的发展，对资源的过度开发和环境的破坏威胁到人类的生存，联合国与各种国际组织将国内人权引向国际社会，讨论和规范人类的共同权利，制定和发布一系列宣言、协议和公约，主要体现为集体人权。

笔 记 区

（二）妇女法的兴起

妇女法作为专以妇女为保护对象，从保障妇女权利的角度来调整男女两性社会关系的法律，它不是从来就有的，也不是在法律中有了关于妇女权利义务的规定就产生了妇女法。它是随着妇女运动的兴起和社会的不断进步而产生的。在人类历史上，妇女长期处于被歧视、被压迫的屈从境地，在法律上则表现为对妇女与男子不平等的权利配置。随着社会的进步，妇女运动的兴起及妇女人权理论的提出，妇女主体力量不断提升，在这种历史条件下，才形成了独具特色并自成体系的妇女法。

一些发达国家专门制定了协调两性社会关系，保护女性权益，反对性别歧视的专门性法律。如英国的《已婚妇女财产法》、日本的《劳动女性福利法》、瑞典的《男女机会均等法》、芬兰的《男女平等法》等。与此同时，联合国对保护妇女权益、促进男女平等的工作也日益关注，颁发了诸如《世界人权宣言》、《消除对妇女歧视宣言》及一系列保障妇女权益的公约，如《消除对妇女一切形式歧视公约》、《妇女政治权利公约》等。这些宣言、公约中确认和保护妇女权利的内容，对于推动各国制定保护妇女的专门法律发挥了积极的作用，产生了深远的影响。

我国的妇女立法工作从中华人民共和国成立至今，大致经历了两个大的历史阶段：一个是从中华人民共和国成立到改革开放以前的妇女立法；一个是改革开放至今的妇女立法。

中华人民共和国成立后，为了确保妇女在社会上和家庭中免受歧视，我国政府彻底废除了旧中国遗留的那些歧视、压迫广大妇女的法律制度，并及时地颁布了体现男女平等、保护妇女权益的新法律，对妇女的权益加以确认和保护。从1949年制定的起临时宪法作用的《共同纲领》，1950年颁布的《婚姻法》，到1954年颁布的第一部宪法，在坚持男女平等、保护妇女权益方面是一脉相承的。

改革开放以后，我国的民主和法制建设进入了一个新的历史时期，妇女立法也出现了崭新的局面。

1992年制定颁布了《妇女权益保障法》。该法对妇女的政治权利、文化教育权利、劳动权利、财产权利、人身权利、婚姻家庭权利等各项权益进行了全面确认，并规定一些协调性、补充性、

笔 记 区

程序性、制裁性的条款，是一部综合性的、系统性的全面保障妇女权益的基本法。这部法律的颁布是我国妇女立法史上的一个新的里程碑。

《妇女权益保障法》的颁布实施为全面确立妇女权益保障的法律机制奠定了基础。此后，我国又相继颁布了与妇女权益密切相关的《劳动法》、《母婴保健法》、《婚姻登记条例》等。各省、自治区、直辖市先后制定了《妇女权益保障法》的实施办法或规定。此外，我国还批准加入《消除对妇女一切形式歧视公约》，签署了《经济、社会、文化权利国际公约》和《公民权利和政治权利公约》。这样就形成了以宪法为根据，以妇女权益保障法为主体，包括各种单行法律、行政法规、地方性法规和行政规章，以及我国已签署的国际社会有关妇女权益问题的人权公约在内的，一整套保护妇女权益的法律体系。

二、妇女法的发展

我国是《消除对妇女一切形式歧视公约》的缔约国，参与了《到2000年提高妇女地位内罗毕前瞻性战略》的制定。我们应当结合相关国际公约的内容要求，不断完善妇女立法，加强妇女法的研究工作。

2005年8月28日，十届全国人大常委会第十七次会议通过了关于修改《妇女权益保障法》的决定，并于2005年12月1日正式实施。

2005年《妇女权益保障法》的内容由九章54条增加为九章61条。一是在总则部分增加“实行男女平等是国家的基本国策”的规定，明确消除对妇女一切形式歧视的原则，强化政府相关部门的执法主体地位和法律责任。二是进一步突出妇女权益保护的重点，对社会上普遍关心的妇女参政、就业中的性别歧视、生育保险、家庭暴力、性骚扰、农村妇女土地承包及相关财产权益等问题均做出新的规定。三是加大司法保障力度，强化救济措施，明确法律责任。四是明确了妇联组织“代表妇女参与国家和社会事务的民主决策、民主管理和民主监督”和为受害妇女提供服务救助方面的权利义务等。

关于妇女法的发展问题，著名法学家杨大文先生有以下三点建议。

笔 记 区

1. 应当随着社会主义物质文明和精神文明建设的发展，继续完善妇女立法。现行妇女权益保障法中，关于保障措施的具体规定较少，这是出于可行性方面的考虑，随着时间的推移，在妇女权益保障的领域中还会出现新的情况和问题，需要从立法上采取对策。因此，决不能满足已取得的成就，一定要随着社会条件的变化把妇女立法不断地推向新的、更高的水平。

2. 应当在建立和发展社会主义市场经济的过程中，人与人之间的利益关系正在而且还将发生各种新的变化。这些变化从根本上说有利于妇女解放，但由于一些改革措施不够配套，在妇女权益保障问题上也会遇到某些暂时的困难，特别是由于妇女在竞争中目前还处于弱势群体的地位，因而在今后相当长的一个时期内，应当把妇女权益的群体保护作为立法的重点；在实行各种制度改革时，应当兼顾效益和公平。强化对妇女劳动权益的保护，建立和完善对妇女的社会保障制度，是中国今后妇女立法的当务之急。

3. 应当加强配套法规的制定工作扩大妇女立法的整体效应。对于一些内容已经滞后的法律，应尽快地进行修改，特别是现行《婚姻法》的修改应加快速度，以使中国妇女的婚姻家庭权益得到更有效的法律保护。

第五节　国际法对妇女权利的保障

一、《公民权利与政治权利国际公约》

（一）公约产生的历史背景[①]

《公民权利与政治权利国际公约》是联合国国际人权两公约（另一个为《经济、社会和文化权利国际公约》）之一。联合国国际人权两公约起草于1947年，1966年12月由联合国大会通过，1976年正式生效。这两项人权保护的重要国际文件，从创议制定、起草、修改、通过到最后正式生效，其间经历了近三十年的漫长过程和国际社会的艰苦努力。

① 常欣欣．联合国国际人权两公约之背景、内容与意义［J］．北京行政学院学报，2000，(1)．

笔 记 区

制定一个国际性文件对人权加以保护的构想，最初是二战结束后人们对法西斯肆虐沉痛反思的产物。第二次世界大战期间，法西斯主义对人类自由与基本人权的粗暴践踏，使得人权的国际保护成为战后世界各国普遍关注的问题，为了保证人类的尊严和自由不再遭受践踏，保护各国人民的基本权利不受到侵扰，新建立的联合国根据大多数会员国的意愿，决定设立专门的人权委员会，起草一项世界人权法案。构想中的世界人权法案包括三个部分：一个宣言、一个公约及一个执行细则。宣言的起草在较短的时间内即告完成，于1948年12月10日由联合国大会通过。而国际人权公约的起草却因战时同盟的结束和冷战的开始遇到了许多的困难和问题。困难主要来自于不同国家意识形态的分歧。各方冲突、争论的焦点最后集中在国际人权公约是否应包括经济、社会和文化权利的问题上。经过反复辩论，联合国大会最后采取的解决意见分歧的办法是将原先构想的一个公约改变为两个公约，即《公民权利与政治权利国际公约》与《经济、社会和文化权利国际公约》，用以分别规定两类不同的权利，成为国际社会在人权保护方面最重要的两个公约。

（二）公约的基本内容[①]

《公民权利与政治权利国际公约》主要包括以下内容。

1. 生命权

生命权被视为首要的人权被加以规定，因为假如没有生命，人的一切权利都将失去意义。该公约规定，人人有固有的生命权，这个权利应受法律保护，不得任意剥夺任何人的生命。

2. 人身自由和安全权

该公约规定，人人有权享有人身自由和安全。为保证人身自由和安全，公约规定，除非依据法律所确定的根据和程序，对任何人不得加以任意逮捕或拘禁；不得加以酷刑或施以残忍的、不人道的或侮辱性的待遇或刑罚；不得使为奴隶；不得被强迫役使或从事强制劳动。该公约规定保护的人身自由还包括：迁徙、出

① 参见《人权：国际文件汇编》，第22—44页。

国和归国的自由；私生活、家庭、住宅和通信的自由；思想、信仰和宗教自由；婚姻和建立家庭的自由；持有主张、发表意见、接受和传播消息的自由（但禁止敌意煽动）；和平集会和结社的自由。

3. 法律面前的平等权

该公约规定，所有的人在法律面前平等，并有权受法律的平等保护。在法律面前人人平等是一项十分重要的人权，它直接关系到对其他人权的法律保护。

4. 法律前的人格权

该公约规定，人人在任何地方有权被承认在法律上的人格，这项规定是对个人在法律上的人格的尊重和维护。在有些情况下，对人权的侵害往往发生在事先非法剥夺了被害者的法律人格，因此这项权利对保证其他权利是至关重要的。

5. 禁止溯及既往

该公约规定，任何人的任何行为或不行为，在其发生时依据国家法或国际法均不构成刑事罪者，不认为犯有刑事罪，所加的惩罚也不得重于犯罪时适用的规定。如果犯罪之后依法规定了应处以较轻的刑罚，犯罪者得以减刑。

6. 参政权

该公约规定，每个公民应有权利和机会直接或通过自由选择的代表参与公共事务，并有选举权和被选举权及参加本国公务权。

此外，《公民权利和政治权利国际公约》还建立明确的国际执行制度。一是规定了报告制度，它要求各缔约国要把为实现公约所载人权而采取的措施及取得的进展向联合国秘书长提交报告，由秘书长再将报告转交联合国经社理事会及联合国其他有关机构和联合国大会人权委员会。二是建立了一个专门的执行机构——人权事务委员会，负责审议来自国家的报告及国家和个人关于违反公约的申诉。有关个人申诉制度是以《公民权利和政治权利国际公约任择议定书》的形式做出规定的。

（三）公约的意义和影响

《公民权利和政治权利国际公约》的制定是国际人权发展历史

笔 记 区

上十分重要的一步，它第一次以国际条约的形式将人权的内容规定下来，从而使对人权的国际保护正式进入到国际法的框架内。

1.《公民权利和政治权利国际公约》用立法的方法，使该公约所承认的权利得以充分实现。通过立法行为保障公民权利和政治权利，对人权的国际保护所具有的法律约束力是前所未有的。各缔约国自批准公约之日起就承担了保护基本人权和自由的法律义务。公约的产生，对于促进世界人权事业的发展和进步具有十分重要的意义和影响。

2.《公民权利和政治权利国际公约》建立了明确的国际执行制度，以保证缔约国遵守其所承担的义务，并对违反公约义务承担国际责任。此前通过的《世界人权宣言》作为第一个专门的国际性人权文件，虽然在人权的国际保护方面具有不容置疑的影响，但从严格意义上讲，该宣言作为联合国大会通过的一项决议，根据联合国的宪章，它不具有法律约束力。

3.《公民权利和政治权利国际公约》将人权概念具体化，充实和发展了《联合国宪章》中关于基本人权的内容精神。公约本身是求同存异的产物，尽可能地融合了东西方国家对人权的不同理解，表达了国际社会在人权问题上达成的基本共识，为各国开展人权领域的国际合作和对话提供了国际法依据。

《公民权利和政治权利国际公约》生效至今已有三十余年，国际社会在促进与保障人权方面有了很大发展，公约的规定得到联合国及许多国际组织的一再确认，公约中所载的内容许多都已有专门的人权公约予以更加具体的规定。目前全世界已有一百四十多个国家签署了公约，我国政府于1998年10月5日签署了公约。

二、《消除对妇女一切形式歧视公约》

（一）公约产生的历史背景

《消除对妇女一切形式歧视公约》于1979年12月18日在第34届联合国大会上，以130票支持、零票反对、11票弃权的压倒多数，获得了通过，1981年9月3日生效。

联合国自成立起就为提高妇女地位做出了很大的努力。1946年设立妇女地位委员会。1948年联合国大会通过的《世界人权宣

笔 记 区

言》，成为联合国早期支持妇女权利工作的基石。此后，在联合国及各专门机构主持下，制定或通过了一系列旨在促进男女权利平等的国际公约或决议、宣言和建议，并在保障男女权利平等方面获得了一些进展。但尽管如此，世界各国歧视妇女的现象仍屡屡发生。为消除这种现象，1967年联合国大会制定了《消除对妇女歧视宣言》。但是，这个宣言之后，歧视妇女的现象仍然普遍存在。1976年，妇女地位委员会通过了以《消除对妇女歧视宣言》为基础的消除对妇女歧视公约草案。公约草案的目的在于用一个在法律上有约束力的文件来消除拒绝和限制妇女在政治、经济、社会和文化领域及家庭关系中享有平等地位的歧视。1979年，联合国大会通过了这个公约。

（二）公约的基本内容

《消除对妇女歧视公约》包括序言和六个部分，共30条。序言宣称，消除对妇女的歧视和促进男女平等是核心原则。

第一部分（第1条—第6条），《消除对妇女歧视公约》第1条对妇女歧视的定义："对妇女的歧视"一词指基于性别而作的任何区别、排除或限制，其影响或目的均足以妨碍或否认妇女不论已婚未婚在男女平等的基础上认识、享有或行使在政治、经济、社会、文化、公民或任何其他方面的人权和基本自由。第2条要求缔约各国用一切适当办法，推行消除对妇女歧视的政策，修改或废除构成对妇女歧视的现行法律、规章、习俗和惯例，废止本国刑法中构成对妇女歧视的一切规定。第3条要求缔约各国应在所有领域，特别是在政治、社会、经济、文化领域，采取包括立法在内的一切适当措施，保证妇女得到充分发展和进步，以确保妇女在与男子平等的基础上，行使和享有人权和基本自由。第4条指出为加速实现男女事实上的平等而采取的暂时特别措施，以及为保护女性而采取的特别措施不得视为歧视。第5条要求缔约各国采取一切适当措施，改变男女的社会和文化行为模式，以消除基于性别而分尊卑观念或基于男女任务定型所产生的偏见、习俗和一切其他做法。第6条要求缔约各国采取包括立法在内的一切适当措施，禁止一切形式贩卖妇女及意图营利使妇女卖淫的行为。

第二部分（第7条一第9条），规定缔约各国承诺保护妇女参与公共和政治生活的权利。如第7条要求缔约国消除在本国政治和公共生活中对妇女的歧视，特别应保证妇女在与男子平等的条件下，在一切选举和公民投票中有选举权，在一切民选机构有被选举权，有权参加政府政策的制定及其执行，并担任各级政府公职和执行一切公务，参加有关本国公共和政治生活的非政府组织和协会。第8条要求缔约国应保证妇女在与男子平等不受任何歧视的条件下，有机会在国际上代表本国政府和参加各国际组织的工作。第9条要求缔约国应给予妇女与男子有取得、改变或保留国籍的同等权利；并在关于子女的国籍方面，应给予妇女与男子平等的权利。

第三部分（第10条—第14条），要求缔约各国承诺在教育、就业、健康、经济、社会和文化生活中消除歧视。《消除对妇女歧视公约》要求缔约国采取一切适当措施，消除对妇女的歧视，以保证妇女在教育和就业方面，经济和社会生活的其他方面，享有与男子在平等的基础上参与农村发展并受其益惠的权利。

第四部分（第15条—第16条），要求缔约各国在法定权利行使以及婚姻家庭法方面，给予妇女与男子平等的地位。如《消除对妇女歧视公约》第15条要求缔约国应给予男女在法律面前平等的地位。第16条要求缔约国消除在有关婚姻和家庭关系的一切事务上对妇女的歧视。

第五部分（第17条—第24条），设立了消除对妇女歧视委员会，规定了委员会的职能以及缔约国的报告义务和要求。要求缔约各国应承担在国家一级采取一切必要措施，以充分实现公约承认的各项权利。

第六部分（第25条—第30条），规定了加入公约、保留权利、争端解决、作准文本等执行机制。

（三）公约的意义和影响

《消除对妇女歧视公约》是第一个把性别平等和非歧视要求法律化的国际条约，它建立在男女平等和保障妇女人权的原则基础上，被公认为国际妇女人权宣言。《消除对妇女歧视公约》对妇女权利作了全面的、综合的和系统的规定，不仅规定了目标，而且提出了达到目标所应采取的具体措施。《消除对妇女歧视公约》明确了性别歧视的定义，强调消除习俗、惯例、文化和社会行为模

笔 记 区

式中的歧视；强调了人权的不可分割性，主张实质平等和政府承担义务原则。

《消除对妇女歧视公约》于1980年7月17日联合国第二次世界妇女大会的第三天开放签署，当时即有64个成员国签署了公约。《消除对妇女歧视公约》于1981年9月3日开始生效，是当时联合国人权文书中生效最为迅速的。到2006年11月2日，已有185个成员国签署了《消除对妇女歧视公约》（联合国现有193个成员国）。我国政府于1980年7月17日签署该公约，同年11月4日交存批准书，12月4日该公约对中国生效。我国政府对该公约第29条第1款，即有关缔约国之间关于公约的解释或适用方面的任何争端的解决方式的规定提出保留。

思考题

1. 妇女法确认的基本原则有哪些？
2. 妇女法的主要内容有哪些？
3. 简述妇女法的历史发展。

笔　记　区

第二章　妇女的政治权利

导　言

本章主要讨论妇女的政治权利，包括妇女政治权利的基本理论、妇女政治权利相关的法律规定、妇女政治权利的保护等问题。其中妇女政治权利的概念与内容属于基本理论，也是本章的重点。本章还介绍了国内外妇女的参政状况，国外妇女参政的经验对于进一步提高我国妇女的政治权利具有一定的借鉴意义。对妇女政治权利的讨论有利于保护和提高妇女的政治权利，有利于妇女参政理论的建构，对传统政治理论的发展具有重要意义。

学习目标

1. 掌握妇女政治权利的概念与内容。
2. 识记并理解妇女政治权利的保护。
3. 学会用所学知识分析妇女政治权利受侵害的现实问题。

第一节　妇女政治权利基本理论

一、妇女政治权利的概念

政治权利是宪法赋予公民的基本权利之一，在我国，妇女同男子一样享有宪法规定的各项政治权利。政治权利是妇女各项权利中重要的一部分，它与其他的权利，如文化教育权利、劳动权利、财产权利等紧密相连。政治权利可以促进其他权利的实现，是反映妇女在国家中所处地位的一个极为重要的标志。

妇女的政治权利是指女性公民通过各种法定的途径和形式管理国家事务，管理经济文化事务，管理社会事务，对国家机关和

笔　记　区

工作人员进行监督的权利。权利是每个人的利益和自由在法律上的反映。政治权利中的自由可以最大限度的解脱妇女的身心，使妇女的主观意识更加现实化。所以，政治权利对妇女来说不是一项特权而是根据社会正义和社会平等原则应该享有的权利，不能因为性别生理的差异而有所不同。妇女的政治权利必须按照正义的原则来分配，必须以法律的方式固定化并且按照法律的规定来运行。

二、妇女政治权利的内容

政治权利是公民基本权利的一部分，而公民的基本权利是由《宪法》来确认和保障的。因此，我国妇女的政治权利主要体现在我国的《宪法》中。同时，其他的具体法律进一步加以细化。

（一）平等权

《宪法》第33条第2款规定："中华人民共和国公民在法律面前一律平等。"第48条规定："中华人民共和国妇女在政治的、经济的、文化的、社会的和家庭的生活等各方面享有同男子平等的权利。国家保护妇女的权利和利益，实行男女同工同酬，培养和选拔妇女干部。"由此可知，男女平等是我国《宪法》赋予公民的一项基本权利，宪法是男女平等的最重要的法律依据。平等权强调的是妇女的权利要与男子的权利平等，其实质是性别平等。男女政治权利在法律上的平等意味着男子不得因性别的不同而获得法律以外的授权，妇女不得因性别的不同而在政治上受到歧视待遇。同时，男女平等不仅包括男女公民在政治权利方面的平等，还包括婚姻家庭关系中的男女平等、劳动分配关系中的男女同工同酬、受教育方面的平等及在社会地位、经济活动、文化活动等方面的平等。

男女在政治权利方面平等的含义是十分丰富的。首先，男女公民所享有的政治权利的内容是平等的。男女公民在政治权利上不存在一方享有，而另一方不享有的情况，男女公民享有的政治权利的范围是相同的。其次，男女公民行使所享有的政治权利的方式是平等的。男女公民都可以采取法定的方式行使自己的政治

笔 记 区

权利，在行使政治权利的过程中，不存在差别待遇，不存在谁先谁后的问题。再次，男女公民的政治权利都一律平等的受到保护，对于侵犯男女公民政治权利的行为一律依法予以追究。

我们强调男女平等并不是要求男女所实际具有的权利一模一样。宪法上的平等是允许存在差别的，只要这种差别是合理的。如果不承认现实生活中存在的合理的差别，仅仅以平等理念处理各种宪法问题，有可能导致平均主义，混淆平等与自由的界限。所以，基于性别、年龄及个人生活环境的差异而导致权利的不同，对此应作具体分析。

（二）选举权与被选举权

《宪法》第34条规定："中华人民共和国年满十八周岁的公民，不分民族、种族、性别、职业、家庭出身、宗教信仰、教育程度、财产状况、居住期限，都有选举权和被选举权；但是依照法律被剥夺政治权利的人除外。"选举权与被选举权是公民基本的政治权利。公民只有享有选举权，才能选举出能够代表人民利益的人参加管理国家大事的工作；公民只有享有被选举权，才有可能亲自代表人民参加国家的管理工作，发挥当家做主的积极作用。因此，选举权与被选举权是我国人民参加国家管理，实现当家做主的具体体现，也是人民行使国家权力的基本形式，因而它体现了人民管理国家的主人地位。在我国，公民的选举权与被选举权是平等的、广泛的。依照《宪法》和《中华人民共和国选举法》（以下简称《选举法》）的规定，妇女和男子一样，享有平等的选举权和被选举权。妇女行使选举权和被选举权，既有物质保证，又有法律保障，如选举经费由国库开支，选举程序进一步民主化，破坏选举的将受制裁等。

选举权是指选民依法选举代议机关代表和特定国家机关公职人员的权利。被选举权则是指选民依法被选举为代议机关代表和特定国家机关公职人员的权利。妇女享有的选举权和被选举权是妇女参与国家治理的权利中一项基础性的权利，基本内容如下。

1. 妇女享有选举代议机关代表和被选举为代议机关代表的权利

我国现在的政体是人民代表大会制，所以，妇女的选举权和被选举权的行使主要表现为选举各级人民代表大会代表的权利和

笔　记　区

被选举为各级人民代表大会代表的权利。妇女有权按照自己的意志选举人大代表，任何人不得强迫妇女选举谁或不选举谁，也不得以任何不法手段（如威胁、贿赂等）干扰选举活动的正常进行。妇女不仅具有选举人大代表的权利，还有罢免人大代表的权利。一个公民被选举为人大代表，说明他过去的所作所为值得称赞，也说明选民对他寄予一定的期待，但这并不能表明他能够永远保持良好的品行，也不能证明他在任期之内能够不违背选民的意愿，不做出违法乱纪的事情。而一旦一个人民代表的行为违背选民的期望甚至违法乱纪，他就丧失了继续担任人民代表的资格，就应该被罢免。妇女享有的罢免权是妇女选举权的一种保障机制，通过它可以保证人民代表队伍的纯洁本色，防止人民代表凌驾于人民之上，并最终保障妇女的权益。

2. 妇女享有选举特定国家机关公职人员的权利和被选举为国家公职人员的权利

例如，妇女可以当选为国家机关行政首长，当选为法官、检察官。各级人民政府是各级人民代表大会的执行机关，其全体成员的人选由同级人民代表大会决定，在人大闭会期间，由其常委会决定政府各部门行政首长的人选。妇女可以通过各级人民代表大会和各级人民代表大会常务委员会行使选举权。各级人民法院院长由同级人民代表大会选举和罢免；副院长、正副庭长、审判委员会委员、审判员由同级人大常委会任免。最高人民检察院检察长由全国人民代表大会选举和罢免，地方各级人民检察分院检察长由同级人民代表大会选举和罢免，选出或者罢免的人民检察院检察长，须经上一级人民检察院检察长提请该级人民代表大会常务委员会批准。各省、市、直辖市人民检察院分院的检察长、副检察长、检查委员会委员和检察员由省、自治区、直辖市人民检察院检察长提请本级人民代表大会常委会任免。由此可见，妇女可以通过人民代表大会、人民代表大会常委会行使选举权，并享有被选举为法官、检察官的权利。

为了保障妇女的选举权、被选举权和罢免权，法律规定了三项基本保障措施：第一项基本保障措施是妇女的选举权受到侵犯时，可以依照法律提起选举诉讼。如《民事诉讼法》第164条规定：

笔 记 区

"公民不服选举委员会对选民资格的申诉所作的处理决定，可以在选举日的五日以前向选区所在地基层人民法院起诉。"第二项基本保障措施是对破坏选举的违法行为给予刑事处分或者行政处分。如《刑法》第256条规定："在选举各级人民代表大会代表和国家机关领导人员时，以暴力、威胁、欺骗、贿赂、伪造选举文件、虚报选举票数等手段破坏选举或者妨害选民和代表自由行使选举权和被选举权，情节严重的，处三年以下有期徒刑、拘役或者剥夺政治权利。"第三项基本保障措施是为妇女行使选举权提供物质保障。如《选举法》第8条规定："全国人民代表大会和地方各级人民代表大会的选举经费，由国库开支。"

（三）政治自由

政治自由是指公民表达自己政治意愿的自由。《宪法》第35条规定："中华人民共和国公民有言论、出版、集会、结社、游行、示威的自由。"公民的政治自由是近代民主社会的基础，是公民表达个人见解和意愿、参与正常社会活动和国家管理的一项基本权利。与公民的选举权一样，政治自由也是公民作为国家政治主体而享有的参与国家政治生活的自由，是公民关心国家大事，表达自己的见解和愿望，以及参加国家政治生活不可缺少的民主权利。

1. 妇女的言论自由

妇女的言论自由是指女性公民可以通过各种语言形式，针对政治和社会中的各种问题表达其思想和见解的自由。由于言论是公民表达意愿、相互交流思想、传播信息的必要手段和基本工具，也是形成人民意志的基础，因而言论自由在公民的各项政治自由中居于首要地位。我国是社会主义国家，充分保障公民的言论自由，提倡和鼓励人民群众畅所欲言，并为此提供有利的条件。改革开放以来，发扬民主，广开言路，号召男女公民解放思想，大胆创新，为社会主义现代化建设献计献策。在现实生活中，妇女和男子一样，对国家的大政方针提出了很多有益的建议。

一般来说，妇女的言论自由包括以下几个方面。

（1）公民作为基本权利的主体，不论男女，都有以言论方式表达思想和见解的权利。从法律上说，男女公民在享有言论自由

笔　记　区

的范围、实现言论自由的机会、利用公共传播工具等方面都应是平等的。

（2）除了法律规定的范围外，任何人或者组织不得给妇女的言论自由设置禁区。在法律规定的范围内，妇女可以自由地讨论任何问题，可以对国家机关及其工作人员、各种社会组织提出批评、建议等。

（3）言论自由的表现形式多样，既包括口头形式，又包括书面形式，必要时还可根据法律规定利用电视广播等传播媒介。

（4）只要妇女的言论没有超出法律规定的范围，就不能因发表了某种言论给发言者带来不良后果。任何以“言”治罪、因“言”整人的做法都是对妇女言论自由的干涉。

（5）言论自由存在着法定界限，受宪法和法律的合理限制，因而妇女的言论自由必须在法律规定的范围内行使。具体而言，妇女如果利用言论自由进行煽动，反对政府，败坏道德，危害国家和社会的安宁，或者是侮辱、诽谤其他公民，则视其具体情节和后果，按照刑法或者其他有关法律、法规的相关规定给予处罚。

2. 妇女的出版自由

妇女的出版自由是指妇女可以通过公开出版物的形式，自由地表达自己对国家事务、经济和文化事业、社会事务的见解和看法。由于出版主要是将自己的见解付诸文字，因而出版实际上是言论自由的延伸，是固定化的言论。它与言论自由的区别仅仅在于它只是以出版物的形式来表达思想和见解。出版自由作为妇女的一项基本权利有着重要意义，因为它不但是参政议政的重要方式，也是保证决策民主化、科学化的重要措施。出版自由一般可以包括两个方面的内容：一是著作自由，即公民有权自由地在出版物上发表作品；二是出版单位的设立和管理必须遵循国家宪法和法律的规定。由于出版印刷品的发行量大、流传范围广、影响深远，所以各国均很重视出版自由，建立起一系列相应的管理制度。一种是事前干预的预防制，一种是事后干预的追惩制。现在大多数国家采取的是后者。我国现在实行的是预防制与追惩制相结合的方法。

3. 妇女的结社自由

妇女的结社自由是指有着共同意愿或者利益的女性公民，为

笔 记 区

了一定宗旨而依法定程序组成具有持续性的社会团体的自由。在我国，有各种形式的社会团体，这些社会团体只要是依法成立，就受到国家的保护。在各种社会团体中，有专为研究妇女问题的社会团体，如女青年会、妇女理论研究会、妇女问题研究所等。公民结社因目的不同而分为两类：一类是以营利为目的的结社，如成立公司、集团等，通常根据民法、商法等来调整其权利义务关系；另一类是非营利性结社，包括政治性结社和非政治性结社。前者如组织政党、政治团体等。后者如组织宗教、慈善、文化艺术团体等。但宪法规定的结社自由主要指组织政治性团体的自由。所以，妇女的结社自由主要是指妇女组织各种政治团体的自由。由于政治性结社对社会各方面的活动特别是对决策过程影响巨大，因而各国的法律一般都予以严格控制。因此，作为一项宪法权利，公民一方面享有结社自由，另一方面也要履行相应的义务，公民的结社自由与履行相应的义务是统一的。

4. 集会、游行、示威的自由

集会、游行、示威自由是言论自由的延伸和具体化，是公民表达其意愿的不同表现形式。集会自由是指公民为了共同的目的，临时聚集于公共场所，发表意见、表达意愿的自由。游行自由是指公民在公共道路、露天公共场所列队行进，表达共同意愿的自由。示威自由是指公民在露天公共场所或者公共道路上以集会、游行、静坐等方式，通过抗议或支持、声援等表达共同意愿的自由。集会、游行、示威自由都源于公民的请愿权，三者的不同之处在于表达意愿的程度、方式和方法有所差异。由于这三项自由权的行使多发生在公共道路或露天场所，参加或观看的人数众多，情绪感染性强，也容易发生与政府管理部门或其他公民的冲突，对社会影响大。所以，妇女在行使这些权利时，既要符合法律规定的条件，又要注意不得损害国家的、集体的、社会的利益和其他公民的合法的权利和自由。

（四）监督权

《宪法》第41条第1款规定："中华人民共和国公民对于任何国家机关和国家工作人员，有提出批评和建议的权利；对于任何国家机关和国家工作人员的违法失职行为，有向有关国家机关提

笔　记　区

出申诉、控告或者检举的权利，但是不得捏造或者歪曲事实进行诬告陷害。”监督权是宪法赋予公民监督国家机关及其工作人员的活动的权利，其内容包括批评权、建议权、控告权、检举权和申诉权。为了保障公民监督权的有效行使，《宪法》第41条第2款规定：“对于公民的申诉、控告或者检举，有关国家机关必须查清事实，负责处理。任何人不得压制和打击报复。”同时，我国《刑法》和其他的法律也都规定了对公民监督权行使的保护。

1. 妇女的批评权

妇女的批评权是指妇女有权对国家机关和国家工作人员工作中的缺点和错误提出批评意见的权利。批评的对象可以是任何国家机关和国家机关任何工作人员，也可以是他们实施了的或者准备实施的某项行动或者某项政策。批评的方式可以是自己出面或者公开提出理由，也可以是组织他人一起表达相同的意见。在实际运作中，妇女行使批评权往往面临着风险：一是批评的内容选择不当；二是批评的方式选择不当。这两种选择不当都可能导致不良的后果。因此，在批评的内容上，应当以不危害国家安全、公共安全为限；在批评方式上，以不捏造和歪曲事实故意诽谤为限。

2. 妇女的建议权

妇女的建议权则是指妇女有权对任何国家机关和国家工作人员的工作提出合理化建议的权利。建议权的行使对于防止官僚主义、提高国家机关工作人员的工作效率有着重要意义。妇女提建议不应该局限于某一个方面，凡与国家机关及其工作人员的工作有关的各个领域和环节均在可以提出建议的范围内。而作为接受建议一方的国家机关及其工作人员，应该鼓励妇女行使建议权，特别是在决策过程中，更应该集思广益。妇女作为半边天，更可以从女性的角度来对决策提出建议。鼓励和保护妇女充分行使建议权，不仅可以激发妇女的主动性、积极性、创造性，而且可以保证决策民主化、科学化。

3. 妇女的申诉权

妇女的申诉权是指妇女的合法权益因行政机关或者司法机关做出错误的、违法的决定或裁判，或者因国家工作人员的违法失

笔 记 区

职行为而受到侵害时，有向有关机关申诉理由、要求重新处理的权利。我国公民的申诉权主要在下面两种情况下行使：一是公民对于行政机关做出的行政行为不服的，可以向其上级机关或者有关国家机关提出申诉，要求改正或者撤销原决定；二是对已经发生法律效力的判决和裁定，当事人、被告及其家属或者其他公民，可以向人民法院、人民检察院或者国家权力机关提出申诉，要求改正或者撤销原判决或原裁定。我国还颁布了《中华人民共和国行政诉讼法》（以下简称《行政诉讼法》）、《中华人民共和国行政复议法》（以下简称《行政复议法》）、《民事诉讼法》、《刑事诉讼法》等相关法律、法规来保障公民的申诉权。

4. *妇女的控告权*

妇女的控告权是指妇女对任何国家机关和国家工作人员的违法失职行为，有向有关机关进行揭发和指控的权利。如妇女发现职务犯罪事实或者犯罪嫌疑人，可以向公安机关、人民检察院或者人民法院提出控告。公安机关、人民检察院或者人民法院对于妇女的控告，都应当接受。对于不属于自己管辖的，应当移送主管机关处理，并且通知控告人。妇女提出控告的形式可以是书面的形式，也可以是口头的形式。接受控告的有关国家机关应当将处理的结果通知控告人，控告人对处理结果不服的，有权申请复议。

5. *妇女的检举权*

妇女的检举权是指妇女对于违法失职的国家机关和国家工作人员，有向有关机关揭发事实、请求依法处理的权利。妇女的检举权受国家法律保护，接受检举的国家机关必须查清事实，负责处理；对于检举人，任何人不得压制和打击报复。妇女检举的方式，可以是书面的，也可以是口头的，接待检举的工作人员必须笔录，经宣读无误后，由检举人签章。接待检举的工作人员应当向检举人说明诬告应负的法律责任。接受检举的有关国家机关应当将处理结果通知检举人。检举人对处理结果不服的，有权申请复议。

控告权与检举权的共同之处在于两者都是同违法失职行为作斗争。控告权与检举权的区别有二：一是控告人通常是直接受到

笔 记 区

不法侵害的人，而检举人则不一定与事件有直接关系；二是控告是为了保护自己的权益而要求对违法失职行为进行处理，检举则多为出于正义感和维护公共利益的目的。

妇女的批评权、建议权、申诉权、控告权、检举权受国家法律保护，任何人都不得非法剥夺，也不得肆意打击报复。《刑法》第254条规定："国家机关工作人员滥用职权、假公济私，对控告人、申诉人、批评人、举报人实行报复陷害的，处二年以下有期徒刑或者拘役；情节严重的，处二年以上七年以下有期徒刑。"当然，妇女在行使这些权利时，必须实事求是，不得捏造或者歪曲事实进行诬告陷害。《刑法》第243条规定："捏造事实诬告陷害他人，意图使他人受刑事追究，情节严重的，处三年以下有期徒刑、拘役或者管制；造成严重后果的，处三年以上十年以下有期徒刑。国家机关工作人员犯前款罪的，从重处罚。不是有意诬陷，而是错告，或者检举失实的，不适用前两款的规定。"

第二节　妇女政治权利的相关法律规定

妇女的政治权利必须依靠国家以法律形式加以保障。一国妇女政治权利的享有范围和实现程度，首先取决于该国法律对妇女的政治权利的保障程度。妇女政治权利的保障体系同一个国家的法律体系是相一致的。在我国，由于宪法是国家的根本大法，所以《宪法》对妇女政治权利的确认和保护是最基础的，也是最根本的。此外，《妇女权益保障法》也是一部专门促进男女平等、保护妇女儿童合法权益的法律。除此之外，我国还参加和缔结了大量保护妇女合法权益的国家条约。

一、妇女政治权利的历史发展

宪法是国家的根本大法、国家的总章程，是民主制度的重要表现形式和根本法律保障。宪法明确规定了一个国家最根本、最重要的问题，诸如国家的性质、国家的政权组织形式和国家的结构形式、国家的基本国策、国家机构的组织及其职权等最重要的

笔 记 区

内容。这些规定不仅反映着一个国家政治、经济、文化和社会生活等各个方面的主要内容及其发展方向，而且从社会制度和国家制度的根本原则上规范着整个国家的活动。

宪法最重要、最核心的价值是保障公民权利与自由。从这个意义上讲，宪法是公民权利的保障书。从宪法的基本内容来看，宪法的规定涉及国家生活的各个方面，但其基本内容仍然可以分为两个部分，即国家权力的规范和公民权利的有效保障。就两者的关系而言，公民权利的有效保障居于核心与支配地位。因此，在国家法律体系中，宪法不仅是系统全面规定公民的基本权利的法律部门，而且其基本出发点就是保障公民的权利和自由。所以说，宪法对妇女政治权利的保障是最根本的，也是最基础的。

在几千年的中国封建历史上，三纲五常、三从四德的封建伦理道德使女性在社会上属于男性的附属品，所以在政治上受到了严重的歧视，根本没有管理国家和社会事务的政治权利。国家权力的角逐是男性的专利，女性连参加角逐的资格都没有，更别提达到权力的顶峰。辛亥革命时期是我国女性政治权利意识觉醒的第一阶段。一批经过革命斗争锻炼的妇女勇敢地从封建束缚中冲杀出来，以欧美女子为榜样，掀起了中国近代史上第一次中国妇女争取政治权利的运动。虽然经过了艰苦的奋斗，但是在1912年3月颁布的《中华民国临时约法》及同年8月颁布的《参议院议员选举法》和《众议院议员选举法》中，均不承认妇女享有选举权和被选举权。随着袁世凯篡夺政权，辛亥革命失败，第一次妇女争取政治权利的运动也宣告失败。这次妇女参政运动是中国历史上第一次妇女有组织、有纲领的争取参政权的运动，标志着中国妇女自我意识的觉醒和登上政治舞台的渴望。

1919年，在中国国内爆发了反帝反封建的五四运动，揭开了由无产阶级领导的新民主主义革命的序幕，五四期间，革命力量对旧道德和旧传统的批判、讨伐，对妇女问题的讨论也出现了空前的高涨。同时，马克思主义妇女观开始传入我国，为妇女运动的发展提供了理论支持。在国外，世界妇女参政运动的高涨，欧洲、美洲等国的妇女争取参政权的胜利极大地鼓舞了中国妇女，她们发起了第二次中国妇女争取政治权利的运动。1922年，北京高校学生成立了妇女参政协会和女权运动同盟会。女权运动同盟会宣言第一次把妇女争取政治权利的斗争和反帝反封建的民族民主革命联系起来，标志着妇女认识水平的提高。但这次女性争取参政权的运动并没有取得实质性的胜利。

笔 记 区

中国共产党的成立使中国妇女运动发生了历史性的转折。从彻底的反封建的革命任务和解放一切被压迫人民的历史使命出发，中国共产党自觉地将妇女运动纳入到新民主主义革命运动之中，使妇女解放运动与新民主主义运动紧密结合在一起。在中国共产党的支持和指导下，第三次中国妇女争取政治权利运动蓬勃发展起来。1922年，中国共产党第二次全国代表大会通过了《关于妇女运动决议》，标志着中国妇女运动进入了一个新的阶段，即新民主主义妇女运动阶段。“二大”还决定设立党中央妇女部，其工作重点是组织妇女开展经济斗争和政治斗争。1931年苏维埃政府颁布了《中华苏维埃共和国宪法大纲》是我国历史上第一部体现男女平等原则的根本大法。它明确规定：在苏维埃政权领域的工人、农民、红军战士及一切劳苦民众和他们的家属，不分男女、种族、宗教在苏维埃法律面前一律平等。16岁以上的公民，不分男女，都享有选举权和被选举权。妇女享有参政权、婚姻自主权、劳动权等一切与男性平等的权利。为了进一步保障妇女的政治权利，中华苏维埃政府随后又颁布了《中华苏维埃共和国选举细则》。在根据地法律的保障下，第三次妇女争取政治权利运动取得了前所未有的成就。

中华人民共和国的成立标志着中国妇女政治权利的发展进入了一个崭新的阶段——社会主义阶段。自中华人民共和国成立以后，先后颁布了四部宪法，分别为1954年宪法、1975年宪法、1978年宪法和1982年宪法。虽然宪法经过不断地修改和完善，当时男女平等这一基本原则没有改变。保护妇女和男子具有平等的参政议政的权利没有动摇过。

二、妇女政治权利的特殊法律保护

（一）《妇女权益保障法》对妇女政治权利的保障

《妇女权益保障法》是中华人民共和国第一部专门以保护妇女权益、实现男女平等为宗旨的基本法律。该法明确规定妇女在政

笔 记 区

治的、经济的、文化的、社会的和家庭的生活等方面享有与男子平等的权利。国家保护妇女依法享有的特殊权益，逐步完善对妇女的社会保障制度，鼓励妇女自尊、自信、自立、自强，运用法律维护自身合法权益。在坚持《宪法》对妇女政治权利规定的基础之上，《妇女权益保障法》用专章来对妇女政治权利进行规定和保护，主要体现在以下几点。

1. 平等权

《妇女权益保障法》第9条规定："国家保障妇女享有与男子平等的政治权利。"

2. 参政权

《妇女权益保障法》第10条第1款规定："妇女有权通过各种途径和形式，管理国家事务，管理经济和文化事业，管理社会事务。"

3. 选举权

《妇女权益保障法》第11条规定："妇女享有与男子平等的选举权和被选举权。全国人民代表大会和地方各级人民代表大会的代表中，应当有适当数量的妇女代表，国家采取措施，逐步提高全国人民代表大会和地方各级人民代表大会的妇女代表的比例。"

4. 监督权

《妇女权益保障法》第14条规定："对于有关保障妇女权益的批评或者合理建议，有关部门应当听取和采纳；对于有关侵害妇女权益的申诉、控告和检举，有关部门必须查清事实，负责处理，任何组织或者个人不得压制或者打击报复。"

除此之外，《妇女权益保障法》对妇女参政议政的权利在《宪法》的基础上作了一些强调性的规定。如《妇女权益保障法》第12条第2款和第3款规定："国家机关、社会团体、企业事业单位培养、选拔和任用干部，必须坚持男女平等的原则，并有适当数量的妇女担任领导成员。国家重视培养和选拔少数民族女干部。"第13条第2款规定："各级妇女联合会及其团体会员，可以向国家机关、社会团体、企业事业单位推荐女干部。"

（二）我国缔结或参加的国际条约对妇女政治权利的法律保障

对于妇女政治权利的保护，除了依据我国既有的法律的保障

笔　记　区

之外，我国还积极地与其他国家进行广泛的交流与合作，这样可以不断地提升我国妇女参政权利的层次。根据我国法律实践，我国缔结和参加的国际条约，除声明保留的条款外，在我国具有法律效力。我国缔结或参加的保护妇女政治权利的主要国际条约有《联合国宪章》、《世界人权宣言》、《公民权利和政治权利公约》、《妇女政治权利公约》、《消除对妇女一切形式歧视公约》等。《联合国宪章》以法律渊源的形式确立了尊重人权和人格尊严的基本原则，为保障妇女政治权利的立法提供了一个总的指导思想。在此原则之下，《世界人权宣言》、《公民权利和政治权力公约》等国际条约的签订确立了妇女政治权利保障的基本框架模式。此后《妇女政治权利公约》、《消除对妇女一切形式歧视公约》等一系列保障妇女政治权利的国际公约相继出现，对妇女政治权利的保障作了细节性补充，形成了配套的法律运行机制。

1. 保障妇女政治权利的国际法基础

《联合国宪章》首先将尊重妇女人权作为联合国乃至国际社会应当遵守的国际法义务，它强调“不分性别，男女平等”，奠定了妇女平等享有的政治权利、妇女政治权利受保障的思想基础和法律基础，这是历史的一大进步。

《世界人权宣言》于1948年12月10日由第三届联合国大会在法国巴黎通过。宣言将联合国倡导的“基本人权、人权尊严及价值以及男女与大小国平等权利”等基本原则具体化，并在一定程度上加以发展。宣言共30条。它庄重的宣布人人不分“任何”区别包括性别区别，享有基本人权。它重申了男女平等，保护妇女权利的原则，规定了妇女享有主张和发表意见的自由，结社和集会的权利，参与治理的权利，平等参加公务的权利。《世界人权宣言》是第一个系统提出保护基本人权具体内容的国际文件，它确定的很多重要原则成为联合国制定有关人权政策和开展人权领域活动的重要依据，因此，也就当然成为有关国际组织制定保护妇女政治权利的规章和在世界范围内开展妇女政治权利活动的重要基础。

《公民权利和政治权利国际公约》于1966年12月16日联合国第21届大会通过。它规定了妇女有发表思想、接受和传播消息的自

笔 记 区

由；和平集会的权利；结社的自由；参与政治的权利等，这些规定为以后国际上妇女政治权利的保护奠定了基础。

2.《妇女政治权利公约》

1952年联合国大会通过了《妇女政治权利公约》，以公约的形式进一步明确了妇女政治权利的有关问题。公约由序言和正文组成，共11条，主要规定了妇女的选举权和被选举权。

《妇女政治权利公约》在序言中规定，承认人人有权直接或经其自由选举之代表参加其本国政府，并有以平等的机会在本国行使公职权利，并愿依《联合国宪章》及《世界人权宣言》的规定，使男女皆能居于平等的地位以享有并行使政治权利，也就是说男女有权平等的参加政府工作。该公约规定，妇女有权参加选举，其条件与男子平等，不得有任何歧视（第1条），妇女有资格当选并任职于依国家法律设立而由公开选举产生的一切机关，其条件与男子平等，不得有任何歧视（第2条），妇女有权担任依国家法律而设置的公职及执行国家法律所规定的一切公务，其条件与男子平等，不得有任何歧视（第3条）。可以说，以国际公约的形式公开确定妇女选举权和被选举权是具有历史性意义的规定，为提高妇女的政治地位创造了有利的条件。

3.《消除对妇女一切形式歧视公约》

《消除对妇女一切形式歧视公约》于1979年12月18日由联合国大会通过，1981年9月3日生效。我国政府于1980年7月17日签署，同年11月4日批准，12月4日对我国生效。该公约的内容非常广泛，包括国籍、接受教育、就业、健康、婚姻家庭的权利。针对妇女的政治权利，该公约第7条规定："缔约各国应采取一切适当措施，消除在本国政治和公共生活中对妇女的歧视，特别应保护妇女在与男子平等的条件下：（1）在一切选举和公民投票中有选举权，并在一切民选机构中有被选举权；（2）参加政府政策的制定及其执行，并担任各级政府公职，执行一切公务；（3）参加有关本国公众和政治生活的非政府组织和协会。"第8条规定："缔约各国应采取一切适当措施，保护妇女在与男子平等不受任何歧视的条件下，有机会在国际上代表本国政府和参加国际组织工作。"《消

笔　记　区

除对妇女一切形式歧视公约》集以往保护妇女政治权利国际公约之大成，是妇女解放运动的重要里程碑。

第三节　国内外妇女政治权利的现状

一、国内女性参政的状况

（一）国内女性参政的现状

在中华人民共和国成立前，妇女长期处于受压迫地位，没有独立的人格及身份，没有法定权利。中华人民共和国成立后，中国妇女在参政权方面有了一定的进步，有些妇女在政治舞台上迅速崛起，积极参与国家事务。60年来，妇女参政日趋成熟，并形成了相应的制度。妇女参政的范围也逐渐扩大，取得了巨大的成绩。改革开放后，中国进入了新的发展时期，宪法和其他的法律进一步规定了妇女享有和男子平等的法律地位，并保障妇女政治权利的实现。并且在1992年通过了《妇女权益保障法》，政治民主权利是各项权利中最重要、最关键的。总之，自改革开放以来，女干部队伍愈渐壮大，女领导数量逐渐增加，女干部素质有所提高。在党和政府的领导下妇女参政发生了很大的变化，同时也取得了丰硕的成果，主要表现在以下几个方面。

1. 妇女的参政水平不断提高

中国政府一向重视妇女参政，始终将推动妇女参政作为国家民主政治建设的一项重要内容。据统计，2008年第十一届全国人大代表中女代表占到了22%。而在此前结束的全国省级领导班子换届中，新一届省级人大、政府、政协领导班子的815名成员中，有106位女性，约占13%。全国656个城市中，有女性市长619人，其中正职女市长31人。由此表现出广大妇女正在积极参与国家、社会事务的决策、管理和监督，充分显露了她们在参政、议政中的热情、勇气和魄力。

2. 女干部比例逐年增加

1951年全国女干部有36.6万人，至1996年全国女干部人数已

笔 记 区

达到1275万人，占干部总数的33.29%，至2007年全国的女干部数量已经接近干部队伍总数的40%，其中，在党和国家领导人中有8位女性，有二百三十多位女性任省部领导。全国女干部和女党员的数量不断增长，比例分别达到39%和20.4%，一大批德才兼备的优秀女性走上各级领导岗位，以突出的业绩赢得赞誉。

3. 妇女人大代表队伍逐渐壮大

妇女参加各级人民代表大会，与男性一起共商国家大事是妇女参政的最高体现。20世纪50年代，全国第一次代表大会选举时，共有女性代表147人，女代表占12%，1975年第四届全国人民代表大会上，共有女性代表653人，占代表总数的22.63%，达到历届最高水平。此后，女性人大代表的比例一直徘徊在22%左右。目前，女性参与地方人民代表选举的比例为73.4%。第十届全国人民代表大会中女代表比例为20.2%，女常委比例为13.2%；全国政协十届一次会议委员中女性比例为16.7%。但也反映了中国参政水平及层次的提高。[①]2007年3月全国人大又正式通过了关于十一届全国人大代表名额和选举问题的决定，要求十一届全国人大代表中，女性代表的比例不低于22%，这是中国首次对全国人大女代表比例做出明确的规定，也进一步地证明和体现了党和政府对女性特别是高层女性参政的重视。

以上数字表明，中国妇女在参政问题上已迈出了重要的一步，妇女参政已成为历史事实，她们在社会主义建设中发挥了重大作用。一大批德才兼备的女性走上了各级领导岗位，这有利于促进国家决策的民主化和科学化，有利于促进我国社会主义和谐社会的构建。中国妇女参政虽然取得了可喜的成绩，但是，传统社会的偏见和价值定位，妇女自身的整体素质状况，妇女干部培养和选拔制度的不健全，工作和家务的矛盾等各个方面的因素阻碍了妇女参政运动的进一步发展。妇女参政水平与西方发达国家相比还有一定的差距。

首先，女性干部的比例低于男性干部。在我国的大部分地区，妇女参加领导班子仅仅是为了性别比例的点缀，并没有认识到女性参政是事业发展的需要。能不提拔的不提拔，必须提拔的少提

① 邹晓红．妇女参政权的现状及困境［J］．长春理工大学学报（社会科学版），2007，（4）．

笔　记　区

拔。这样就导致了女性干部的比例在总体上少于男性。其次，女性担任重要职务的少。处于各级决策部门的女干部大多集中在科、教、文卫上，在党政主干线上和经济综合部门的较少。目前，在各级部门选拔领导时，还是偏重男性，在选举时有时会导向男性，使女性失去很多的机会。据统计，20 世纪 90 年代在全国 69 个大城市的女市长中仅有 3 名正市长。由此看出，干部的结构层次差距较大。最后，社会环境不利于女性参政。社会舆论对女性参政有不良影响。在对公众的调查中发现，各个媒体对女性的一些报导有负面影响，对妇女参政不利。多数人认为女性属于弱势群体，应该受到保护，不应该站在领导者的前沿，有些决策权不能由女性来把握，女性只配当一个配角，不能担当重任。

虽然中国妇女参政已有明文规定，但是难免在实践中出现一些问题，我们只有不断发现问题、解决问题，才能真正使中国妇女实现事实上的参政，发挥她们的潜能。

（二）确保妇女享有政治权利的对策

现在一些国家已经认识到，平等地参加公共生活同时意味着平等地分担家庭责任，这并不仅意味着要改变“男主外，女主内”的传统观念，增加妇女参加政治生活的机会，还意味着男性也要平等地分担家务，给孩子更多父爱的权利。人们似乎应该达成这样的共识，在社会分工中，如果男性在家庭中能够担当重要的角色，也将推动整个社会更快地向文明迈进。

1. 提高妇女受教育水平，保证妇女参政质量

教育是公民政治参与的基础，人的受教育程度与政治参与的积极性和能力成正比例关系。“人们受教育的程度愈高，对民主的要求就愈强烈。”大量研究表明，在现代社会，受教育程度的高低对女性公民的政治态度和政治行为有着相当直接的影响作用。因此，要大力发展教育，增加女性受教育的机会，提高女性的文化素质。现阶段，一是要高度重视女性基础教育，提高女童的入学率和升学率，保证女性受教育的机会。努力提高妇女的思想政治素质，提高妇女干部的政治鉴别力和政治敏锐性。二是要对女性进行多层次、多渠道的继续教育和在职教育，不断提高其综合素质。国家应该根据各级妇女干部的特点，进行分级分类培训，

笔 记 区

组织她们抓紧学习经济、政治、文化、科技、法律、管理等各个领域中反映时代发展的新知识，不断更新知识结构。国家要有计划的选派基础较好、有发展潜力的妇女干部到高等院校进行深造，提高她们的文化知识水平，使她们进一步成为懂业务、懂管理、懂领导的行家能手。国家还应该创造条件，根据工作需要，有计划有组织地将妇女干部派遣到经济发达的地区或者国外学习考察，以开阔其眼界，增长其见识，提高其本领。三是要加强妇女的思想政治教育，提高妇女政治觉悟和政治思想水平。加强实践锻炼，切实提高女领导的领导水平。我们要遵循人才成长的一般规律，舍得将妇女干部特别是年轻女干部放到艰苦环境中锻炼，敢于将她们放到重要岗位上经受考验。国家对妇女干部既要严格要求，又要关心爱护，给她们以理解、关心，满腔热情地支持她们健康成长。

2. 强化主体意识，提高综合素质，形成妇女参政的整体优势

女性意识就是女性能够自觉地意识并履行自己的历史使命、社会责任、人生义务，又清醒地知道自身的特点，并以独特的方式参与对自然和社会的改造，肯定和实现自己的需要和价值的意识。女性主体意识是激发妇女追求独立自主，发挥主动性、创造性的内在动机。只有实质性地增强她们的竞争意识、时代感、政治责任感，同时努力拓展妇女运动的深度和广度，增进妇女间的团结与合作，妇女参政的内涵才能得到进一步发掘。中国社会经历了几千年的封建统治，儒家思想始终占统治地位。重男轻女、男尊女卑成为封建社会传统意识的核心观念，它形成了一整套系统的理论说教和伦理道德规范，并使之渗透到人们日常生活的一言一行。虽然经过近现代长期的民主革命斗争，封建文化遭到一次又一次的猛烈冲击，中华人民共和国的成立又使其失去了生存的社会基础，但是，传统文化总是具有强大的保守性、滞后性。正如恩格斯所说，“传统是历史的惰性力”。几千年的封建传统观念早已入风化俗，渗透到社会生活的各个领域，内化到人们的道德观、审美观，积淀成一种心理定势和潜在意识，体现在多种习俗、舆论以及日常语言中，使其变得根深蒂固，时至今日仍有着强大的影响力。传统观念还大大限制了妇女的活动范围，阻碍了她们能力的发展。

笔　记　区

3. 充分发挥妇联在培养妇女干部工作中的作用

《妇女权益保障法》第13条第2款规定："各级妇女联合会及其团体成员，可以向国家机关、社会团体、企事业单位推荐女干部。"妇联和国家的关系很特殊，妇联就其性质而言，是非政府组织，其章程规定："中华全国妇女联合会是全国各族各界妇女在中国共产党领导下，为争取进一步解放而联合起来的社会群众团体。"也就是说，妇联不是政党或政府机关，也不是社会经济组织和社会文化组织，它是代表妇女权益的社会群众团体，组织的目标是争取妇女进一步解放。但是，妇联又处于政府的构架之中，国家给机构编制、给经费，属党群组织系统，并参照国家公务员管理办法实行管理。妇联的产生和发展满足了两方面的需要。一方面是国家和政府的需要。国家各级政府可以通过妇联联系各族各界妇女，了解她们，关怀她们，需要妇联去宣传妇女、组织妇女、培养妇女人才；依靠妇联团结、发动广大妇女参加社会主义建设。另一方面是妇女解放的需要。妇女的特殊利益和具体利益需要妇联来代表和维护，社会存在的性别歧视等种种妇女问题也需要妇联来解决。因此，妇联实际上起到联结国家、政府和妇女的桥梁和纽带的作用。妇联在向国家机关、社会团体、企事业单位推荐妇女干部时，必须既向国家、政府及用人单位负责，又向广大的妇女负责。要对国家、政府及用人单位负责，妇联就必须保证所推荐的妇女干部政治素质过硬，业务能力突出，有一定的政绩，群众反映良好。要对妇女负责，妇联就必须把妇女权益作为出发点，把关注点放在妇女身上，立足于妇女政治权利的实现上，反映妇女的政治呼声、要求，在保障妇女政治权益上当好妇女的"娘家人"。只有这样，妇联才能做好国家和政府等用人单位的助手，从而实现广大妇女的政治权利，真正起到桥梁和纽带的作用。

4. 确定妇女参与领导班子的比例或配额

我国保障妇女参政的宪法和法律规定多是原则性、宣言性的，在量化的比例规定中法律层级低、效力不足。"适当数量"或"一定比例"、"一名以上"或"至少一名"，这些法律政策规定较为模糊，内容过于弹性，实践中缺乏可操作性。我国男女人口总数大致相当，在各级领导班子中，应该考虑到此因素。保持男女比例均衡才能更好地保障妇女参政权的实现。由于长期以来妇女参政的比例很低，所以现在比例可以提得高一点，如达到30%，然后再逐步提高到40%～50%。这是一个参政的指标，以便落到实处。只有通过法律的形式确定男女参政比例才能使妇女的参政权得到切实的保障。许多国家将配额制作为克服男女参政比例不平衡、促进妇女政治参与的有效手段。到2005年11月，世界上共有92个国家采取了配额制，其中13个国家和地区在宪法中规定妇女参政的比例，有37个国家和地区在选举法等有关法律法规中制定妇女参政比例，有21个国家和地区在宪法或其他法律中规定议会或政府中妇女的比例，世界上72个国家的152个政党在使用配额制。由于各个国家的具体情况不同，妇女参政比例的指标也有所不同，但总的说来，这些国家规定的比例都高于原有的妇女参政水平，一般为30%或1/3，甚至更高。我国在调整领导班子保障妇女参政方面不妨予以借鉴。[①]

5. 明确和落实妇女政治权利的救济机制

现行法律体系缺乏实质性的司法措施以保障妇女参政权的实现。现有的《妇女权益保障法》和《中国妇女发展纲要》都没有法律责任的规定，因而使得妇女参政权等项权利缺乏可诉性，即缺少司法的救济途径。因此，建议法律法规中明确规定对侵犯妇女参政权的行政制裁及其他的制裁措施，并详细规定适用条件。或者由地方政府制定相应规章制度，认真落实。如成都市委市政府在经济社会发展过程中根据《成都市妇女发展规划（2001—2010年）》有意识地发现、培养、提拔女干部，使一批优秀的女干部担任各级领导职务，在各个方面深度参与国家和社会事务管理决策，值得在全国推广。

6. 完善选拔和培养妇女干部的组织制度

首先，要落实女干部培养选拔制度的责任体系、规划体系、考评体系、培训体系及任用体系五大体系。在干部培养选拔过程中，要贯彻公正、公平、公开原则，反对干部培养选拔制度中的

---

① 于芳．中国妇女参政：问题、成因及对策［J］．南昌大学学报（人文社会科学版），2009,（5）．

笔　记　区

腐败，公开招聘的考试方式和内容要更加合理化，对女干部的考核要客观公正，消除对男女干部评价的双重标准，或对女性的特点进行负面评价，建立平等民主的性别评价标准。其次，要建立女性人才库，加强后备力量建设，拓宽女干部选拔的范围和渠道，保证女干部选拔的可持续发展。要对一些好的经验，如“优先提拔女干部原则”、“不予审批原则”、“先进后出原则”、“不占职位原则”等要加以推广。再次，要抓法制建设，明确权利实现的具体途径，明确义务主体及其相应义务，界定违法行为及其法律后果。最后，要把制定符合本单位实际的培养选拔和使用女干部的最低数额比例纳入领导干部任期的目标责任制。如重视发展女党员和民主党派女成员；在大学、企业、科研院所明确规定女干部比例；优化领导班子性别结构，达到男女资源优势互补的需要等。在民主选举中，应逐步建立起候选人性别比例制度。完善对女干部的轮岗交流和挂职锻炼制度，保证女干部和男干部有同样的考察学习和培训提高机会等。各级党政组织在制定选拔和培养妇女干部工作的规划中，应针对本部门女性职工的实际情况，明确规定妇女干部的培养比例指标、职务目标、选拔培养对象的条件、培养期限和培养措施等。在制定规划时，既要根据上级的方针政策和要求，做好女干部需求预测，又要具体与本部门的实际情况结合，以收到更好的效果。强化对妇女干部的组织管理。必须明确各级党委政府在选拔和培养妇女干部方面的具体职责，由各级党委政府的主要负责人领导和督促这项工作，这是完成选拔和培养女干部的重要保证。女干部的选拔和培养工作必须分工到人，各级党委政府应确定专人分管、具体落实这项工作。制定选拔和培养女干部的目标责任制，加强检查指导工作。从各级党委政府到组织部门的分管领导都要根据计划要求，层层制定培养妇女干部的责任目标，提出每年培养妇女干部的计划任务和计划年限。要严格考核分管领导选拔、培养女干部任务的完成情况，并作为考核其工作实绩的重要内容。只有如此，才能为妇女参政议政提供更为强有力的组织制度保证。

二、国外妇女参政的状况

妇女政治权利实现的程度不可能脱离社会的经济、政治和文

笔 记 区

化发展水平，而是伴随着社会的进步不断地发展和提高。正如马克思所指出的："权利永远不能超出社会的经济结构以及由经济结构所制约的社会的文化发展。"

资本主义商品经济的发展为妇女政治权利的复归和实现创造了新的历史契机，资产阶级人权观念的产生和发展则促进了妇女谋求政治权利的运动的开展。1789年10月，随着法国大革命的一声枪响，一群巴黎妇女进军凡尔赛宫，发动了声势浩大的女权运动，世界妇女参政运动随之兴起。到了19世纪中叶，妇女谋求政治权利的运动出现高潮，主要是为了争取妇女的参政权。在英国，妇女们在各地成立了"妇女参政协会"组织，他们通过发表文章、公开演讲、组织沙龙、组织妇女大规模请愿运动，公开要求妇女的选举权和被选举权。1898年，英国各地的"妇女参政协会"合并为"全国妇女选举联合会"，将妇女参政运动不断向纵深推进。1903年，著名的女权主义者潘科赫斯特夫人成立了"妇女社会政治同盟"，此同盟采取集会、游行示威、闯入内阁、火烧车站等极端方式，使妇女参政成为全国瞩目的问题。现在看来，英国妇女为了争取平等的政治权利进行了可歌可泣的勇敢斗争，也付出了沉重的代价：妇女的参政运动遭到了残酷镇压，大批妇女被捕入狱，但是她们在狱中采取绝食的方式继续斗争。在她们的不懈努力下，1907年，英国妇女获得了郡和市议会的地方选举权和被选举权。1918年，英国议会承认年满30岁又拥有一定财产的妇女的选举权和被选举权。1928年，英国妇女最终获得了和男子平等的政治权利。

与此同时，欧洲的其他国家也兴起了妇女政治运动。经过不断的努力和不懈的斗争，欧洲国家的妇女也陆续获得了争取政治权利的胜利。1906年芬兰妇女争得投票权。1913年挪威妇女取得选举权。1915年，丹麦妇女获得选举权。1919年，德国妇女也获得了选举权。法国妇女于1944年获得了选举权。

美国的《独立宣言》是世界上第一部人权宣言，该宣言宣告："我们认为下面这些真理是不言而喻的：人人生而平等，造物主赋予他们若干不可转让的权利，其中包括生命权、自由权和追求幸福的权利。"同样，它对于提高美国妇女权利意识、促进美国权利运动提供了动力。1848年7月19至20日，美国女权主义运动的先

笔　记　区

驱伊丽莎白·凯蒂斯坦顿与其他4个妇女组织召开了讨论社会、公民、宗教状况和妇女的权利问题的会议，并发表了《妇女伤感宣言》，明确提出了妇女应享有和男子一样的政治参与权。在1874年米诺诉哈伯尔塞案中，最高法院一致认为，选举权不能随公民权而生效，各州可以拒绝妇女参加选举。这实际上是重申妇女不享有参政权的原则。为了废除这一歧视性法律，从1890年开始，美国女权主义运动全力组织妇女参加争取参政权的运动。1914年，社会党的妇女全国委员会组织妇女参加争取参政权的运动。1914年，社会党的妇女全国委员会把它大部分时间用在了争取妇女的参政权上，原来不赞同妇女参政的妇女俱乐部也加入了这一运动。到了1916年，来自不同团体和不同社会阶层的妇女都加入到争取妇女参政权的运动中，尽管他们在行动方式上存在着分歧，但在追求目标上是一致的。通过相互配合、共同努力，她们形成了巨大的力量，取得了积极的成果。1919年，美国国会通过了宪法第19号修正案，明确规定了妇女享有选举权和被选举权。1920年，经各州批准正式推行。在美国建国144年后，美国妇女终于享有了参政权。

从1866年英国妇女第一次提出妇女选举权，1869年美国妇女正式提出“妇女参政”口号，到现在世界妇女参政高涨，成为各地的一个共同现象。目前非洲和北欧地区妇女从政的比例比较高。据联合国2010年3月4日出具的一份报告显示，非洲国家女性参政比例超过其他几大洲。在所有的主权国家中，卢旺达女议员比例最高，达56.3%；南非以44.5%位列第三；莫桑比克和安哥拉分别以39.2%和38.6%的女议员比例位列第九和第十。北欧国家妇女在议会中的比例在世界上名列前茅，其中瑞典（45.3%）、挪威（37.9%）、芬兰（37.5%）、丹麦（36.9%），世界排名也名列十甲。在长期的妇女从政的道路上涌现出一批杰出的女政治家。挪威前首相布伦特兰夫人就曾3次组阁；芬兰1990年诞生了世界上首位女性国防部长，2002年选出了本国历史上的首位女总统塔里娅·哈洛宁；2005年6月，姆兰博·努卡出任南非副总统，成为南非职务最高的女性；冰岛1980年就产生了世界上第一个民选女总统维格迪丝·芬博阿多蒂尔，且连任4届；利比里亚总统埃伦·约翰逊·瑟利夫是非洲历史上首位民选女总统；斯里兰卡的S.W.R.D.

笔 记 区

班达拉奈克是世界上第一位女总理；阿根廷的L.庇隆是世界上第一位女总统；印度的I.甘地是世界上任期最长的女总理；英国保守党领袖M.撒切尔蝉联3届英国首相；菲律宾C.阿基诺在总统竞选中获胜。[①]现在活跃在政坛上的菲律宾总统阿罗约、德国总理默克尔、美国国务卿希拉里等。

总之，20世纪是世界妇女政治地位迅速提高的世纪，妇女参政成为"世纪之光"。第一，迄今为止，除巴林、科威特等少数几个国家外，所有国家的妇女都已获得选举权和被选举权，妇女参政首先获得了法律保障。第二，越来越多的女性进入国家最高权力机构。从1960年斯里兰卡的班达拉奈克夫人当选为世界上第一位女总理以来，截至2008年年底，全世界除了3位世袭女王外，先后涌现出三十多位女总理、12位女总统，现在世界上任部长以上领导职务的女性达到了190位之多。第三，妇女的国际政治地位空前提高，在国际事务中的作用不断增大。妇女问题本身已成为国际政治中的重要问题，妇女因素不断对国际社会的决策和发展产生重大影响。

思考题

1. 简述妇女政治权利的内容。
2. 如何促使妇女积极主动参政？
3. 请设计一个促进女性参政的行动计划。

案例分析题

1. 张金花的竞选经历

渤海之滨的某村经济发展程度处于中等水平，全村人口325人，姓氏13个，其中赵、刘、于、滕为四大姓。中华人民共和国成立后，该村先后换过五届村领导班子，核心领导先后由赵、于、刘三大姓氏的人轮流出任。1999年，村干部在大多数村民不知情的情况下，与某报社记者站签订了明显含有侵犯村民利益的土地承包合同，引起村民的不满，于是，在几十名村民的联名下，该

① 许悦．中外妇女参政比例及其思考［J］．哈尔滨学院学报，2008，(1)．

笔 记 区

村开始了历史上第一次的上访、告状活动。在这次活动中，女性参与的人数基本上与男性持平。活动的结果是乡里于1999年12月罢免原来的村干部，用“海选”的方式在村民中民主选举4名村干部。

在准备选举阶段，最主要的活动是选举者和被选举者的资格认定。对于该村来讲，有一个问题就是已婚妇女有无必要像男人一样参加选举活动，尽管许多村民知道在法律上妇女享有同男人一样的选举权和被选举权，但在习惯的思维中，这种权利是可以由丈夫代理的，也就是说，选举的单位由个人变成了家庭，这样一来，妇女的权利就被剥夺了。后经有关部门和选举组织者做工作（并非出于妇女们自身的要求），全村82名已婚妇女最终获得了选举的权利和机会。与上面上访、告状不同的是，在这一阶段拉选票时，妇女很少参与，有的妇女认为：“选就选嘛，干吗还搞这些猫腻”。

在选举阶段，全村共有选民237人，其中女性111人，选举时落实到选民168人，其中女性60人，而男性除个别有事、有病不能到场外，其余全部到场。在这一过程中，有18人参与竞选并发表“施政纲领”，当其中唯一的一位女性张金花在发表施政演说时，下面不时有讨论声：“刘连庆家里的想当村长，她行吗？”“咱这块方圆十里八村的都没有一个女的（村长），我看她不行。”“只要能看好孩子做好饭就是好媳妇，凑什么热闹。”“又要养鸡，又要当官她顾得过来吗？”中午开始投票时，有14位妇女为给孩子准备午饭或别的原因中途退场，没有参加。

选举后统计阶段，在选举出的7名村干部候选人中，张金花获得10张选票，是获得选票最少的候选人。在分析其原因时，张金花说：“最主要还是因为我是个妇女，在农村，妇女还是不行，不过我没想到最后得这么少的选票。”作为丈夫的刘连庆显得比妻子还沮丧，他说：“我真没想到她得到这么少的票，不是我说，她这个人（办事）有股劲头，让她干准行。”需要说明的是，在张金花竞选的过程中，她的丈夫给了她很多的鼓励和支持。

说明：该村历史上五届领导班子中有过2位女性，都是由上级直接任命的。1993年以后，河北省先后出台了农村村民自治条例和民主选举的执行条例。理论上说这不仅为村民行使自己的民主权利提供了法律保证，从一定意义上也可以说，为妇女行使政治

笔 记 区

权利、参与村务管理及决策提供了机会。但是，目前的情况却是该村女性村干部的数量不但没有增加，反而因为村干部绝对数量的减少等原因从村的领导班子中消失了。

请问：（1）在这个案例中，张金花竞选失败的主要原因是什么；（2）女性竞选成功应当具备哪些条件。

2. 吉林省四平市梨树县的选举经验

2002年5月，到了吉林省四平市梨树县第五届村委会换届选举期。为真正发挥妇女在村民自治中的作用，激发妇女的参政热情，提高妇女的政治地位，县妇联面对激烈的挑战，适时调整参与方式和参选战略，改变过去只重视妇代会主任进村委会的视角和做法，将妇女参选工作面扩大到全体女选民。对外做到“抓住契机，主动参与，提前介入，积极协调”。县乡（镇）两级妇联分别深入到全县各乡镇，同当地党委汇报沟通，并将《中华人民共和国村民委员会组织法》（以下简称《村民委员会组织法》）、《农村妇女代表会工作条例》印发到各乡镇作为依据，通过会议、走访等形式据理力争，宣传和坚持村委会中要有女成员的原则。对内做到“宣传发动、选前指导、选中参与、选后培训”。利用妇女之家、妇女活动中心等阵地，开大会教育发动，开小会细致讲解，一是鼓励妇女珍视自己的权利，积极参加投票选举；二是引导妇女明确女村委会成员在维护妇女权益中的作用；三是激励妇女增强竞争意识，积极参与村委会成员的竞选。

其间，县妇联上下协调努力争取，使中国社会科学院、中央党校、国家民政部专家、学者参加的“梨树迁西农村妇女参政议政研讨会”在梨树县召开。会议总结了梨树“海选”的经验，分析研讨了妇女参政议政的现状、问题和优势，提出了许多好的设想和建议，还特别举办了女村官从政交流会和竞选者模拟演讲，由专家进行点评和技巧指导，对妇女进行了一次最实际的参政议政竞争意识与能力的培训，对全县妇女参政参选起到了很大的推动作用。与此同时，妇联干部们还将一些乡镇、村作为跟踪视察点，了解村民对参与竞选的妇女的认可程度、妇女参加投票选举情况等，及时进行宣传和引导。“功到自然成”。在接下来的全县第五次村委会换届选举中，农家女们潇洒登上“海选”大舞台：

笔　记　区

全县共有184535名妇女参加了投票选举，参选率达到98.1%；有816名妇女参加了竞选和演讲，其中有301名当选为村委会成员，这其中有3人当选为主任，2人当选为副主任。郭家镇孙家屯村有54人竞选3名委员，结果有2名妇女获胜当选。

今年48岁的徐淑华，1984年参加村务工作，先后在村里担任过妇代会主任、计生办主任、党支部副书记。在本次换届中，与4名男性一起竞选村委会主任，竞争十分激烈。在第一轮竞选中她没有出线，可她并没有气馁，继续参加竞争。终于在第二轮投票选举中，凭着出色的工作业绩和不俗的实力，以1110票当选，成为林海镇双山村有史以来第一位女村长。为提高新当选的女村委会干部们的执政能力，使其不负众望，当好人民群众的村官，妇联组织"扶上马，送一程"，举办了以学习《村民委员会组织法》为主要内容的法律、政治理论、经济管理以及妇女工作等知识的学习培训班，聘请专家讲课，进行经验交流、工作研讨与考试、考核，给女村官们实实在在地充了一次"电"，收到了事半功倍的效果。在竞选中以95%的选票当选为村主任的赵立杰，上任后便赶上特大旱灾，农业生产与村民收入受到严重威胁。这位女村官临阵不慌，一面积极组织群众打井抗旱，一面调整产业结构，带领村民上致富项目，使得全村农业增产增收成为定局。

请问：（1）对比张金花竞选的经历，找出吉林省四平市梨树县的选举经验；（2）妇联在妇女参政过程中应起哪些作用？

笔记区

第三章　妇女的文化教育权利

导　　言

本章主要包括妇女的教育权利和妇女的文化权利两部分。妇女的教育权利主要包含妇女在入学、升学、毕业分配、授予学位、派出留学等方面的权利，适龄女性儿童、少年接受义务教育的权利，妇女接受高等教育的权利，妇女接受扫盲教育的权利以及妇女接受职业教育和技术培训的权利。本章还涉及妇女文化教育权利的现状与问题，解决问题的对策。此外，还介绍了国外关于妇女文化教育权利方面的规定。本章的重点问题是我国法律对妇女文化教育权利的规定，难点是我国妇女文化教育权利保护所存在的问题以及解决的对策。

学习目标

1. 了解妇女文化教育权利的概念，文化权利和教育权利的属性。

2. 识记我国目前关于妇女文化教育权利的法律规定。

3. 理解妇女文化教育权利的现状、存在的问题和相应的对策，学会运用所学理论知识解决现实问题。

第一节　妇女文化教育权利的基本理论

一、妇女文化教育权利的概念

文化教育权利是指公民依法享有的从国家获得接受文化教育的权利以及从事科学研究、文学艺术创作和其他文化活动的权利。

笔 记 区

文化教育权利包括教育权利和文化权利两方面内容。妇女的文化教育权，即妇女在文化教育方面依法享有的权利和利益。《宪法》第46条第1款规定："中华人民共和国公民享有受教育的权利和义务。"第47条规定："中华人民共和国公民有进行科学研究、文学艺术创作和其他文化活动的自由……"由此可见，文化教育权利是我国《宪法》所确认的公民基本权利，依照"中华人民共和国公民在法律面前一律平等"的宪法原则，我国妇女当然享有这一宪法权利，这是一般意义上的妇女文化教育权。然而就妇女权益保障而言，妇女的文化教育权还具有特殊的内涵，其实质是对妇女作为社会弱势群体的一种特殊保护，即妇女在文化教育方面享有与男子平等的权利。从这个角度出发，对"妇女文化教育权利"这一概念可以从以下几个方面理解。

1. 妇女文化教育权的实质是"平等权"，即妇女在文化教育方面享有与男子平等的权利，这是贯彻男女平等原则的必然要求。对平等权的理解，我们应从实质公平的意义上理解，平等并不是指同等或均等，并不是要求对同样的情况同等对待，它还要求对不同的情况要区别对待。不可否认的是，与男性相比，女性在心理上和生理上都处于相对弱势的地位，因此，"平等"对妇女而言，就不仅要求妇女享有与男性相同的接受教育和参与文化活动的权利，而且，更需要针对女性自身的特点给予特别的保障，这样才能真正实现男女平等，才能更好的维护妇女的文化教育权利。

2. 妇女文化教育权的内涵十分丰富。从教育方面来看，包括入学、升学、毕业分配、授予学位、派出留学等方面的权利。从文化方面来看，包括从事各个领域的科学技术研究、文化艺术创作和其他文化活动的权利。任何个人和组织不得非法干涉。

3. 妇女文化教育权不仅是妇女依法享有的权利，也是妇女依法应承担的义务，因此，妇女享有的文化教育权具有不可放弃性。中华人民共和国成立以来，我国共颁布了四部宪法，其中，前三部宪法一直是规定"公民有受教育的权利"，现行宪法第一次把它规定为"公民有受教育的权利和义务"。之所以这样规定，一方面是因为为公民提供教育资源是国家的义务；另一方面，公民的文化素质是关系到国家发展和民族兴衰的大事，所以现代国家普遍重视公民的教育状况，发展文化教育事业是政府不容忽视的

笔 记 区

义务，努力为公民提供良好的教育环境，构建完善的教育体系。

二、我国妇女文化教育权利的历史

中国两千多年封建社会的延续，使得男尊女卑的伦理观念在人们的头脑中根深蒂固。在男权社会中，“女子无才便是德”一直被中国妇女奉为信条，使她们不能像男子一样接受规范的教育，妇女教育在漫长的中国封建社会始终处于被遗忘的状态。女性文盲状态的普遍性，直到19世纪，东西方联系加强之后才得到改变。维新运动时期，维新人士曾倡导女子教育，并于1898年在上海创办了“务本女学”和“经正女学”。1903年，清政府正式颁布的学制《奏定学堂章程》提及了女子教育，却只是“以蒙养院辅家庭教育，以家庭教育包括女学”，把女子教育限制在家庭中。1907年，清政府学部又颁布《女子小学堂章程》，其中规定男女小学分设，不允许男女混校，女子学习年限比男子短一年。至此，我国女子教育勉强在学制上有了一席地位，但是女子中等、高等教育还是空白，仅有几所外国在我国开办的女子大学。

中国资产阶级民主革命时期，伟大的民主革命家孙中山规定：“凡在自治区域之少年男女，皆有受教育之权利。”他在广东女子师范第二校发表《女子教育之重要》讲演，慷慨陈词：“中国女子虽有二万万，惟于教育一道，向来不注意，故有学问者正少，处于今日，自应认真提倡女子教育为最要之事。”在他的领导下，教育进行了改革，初等小学男女可以同校，并可为女子设立中学和职业学校，女子教育进入了新天地。当时的革命党人还提出“振兴女学”等主张，认为女学不兴是“亡国之源，亡种之源”。1919年，北京女师改为北京女子高等师范学校，开女子高等教育之先河。

1921年，中国共产党成立，从此开创女子教育新纪元。1921年，中国共产党创办平民女校高等班，培养妇女干部。1922年，中国共产党第二次全国代表大会发表宣言，规定“废除一切束缚女子的法律，女子在政治上、经济上、社会上、教育上一律享受平等权利”。1920年，蔡元培任校长的北京大学首开女禁，允许女生入学。1939年，中国女子大学成立，毛泽东在开学典礼上说：

笔　记　区

"女大的成立，在政治上是有着非常重大的目的意义，它不仅是培养大批有理论武器的妇女干部，而且还要培养大批做实际工作的妇女运动的干部，准备到前线去，到农村工厂去。组织二万万二千五百万妇女来参加抗战。假如中国没有占半数的妇女的觉醒，中国的抗战是不会胜利的。"

中华人民共和国成立后，结束了中国女性长期受压迫、受屈辱、受摧残的悲惨历史，女性在政治、经济、文化、社会和家庭生活等各方面均享有与男性平等的权利。由于党和政府一直重视提高妇女社会地位，维护妇女权益，保障女性与男性具有同等的人格和尊严，享有与男性同等的受教育权，从而使女性教育，特别是女性学校教育得到了很大的发展，取得了令世人瞩目的成就。

三、文化权利与教育权利的关系

（一）文化权利与教育权利的双重属性

文化、教育权利属于社会权范畴，是一项积极权利，要求国家为公民实现文化教育权利有所作为。经济、社会和文化权利从宪法权利的分类上说属于积极的基本权利，从而与消极的基本权利相区别。其宗旨在于保障个体公民在物质生活、社会生活和文化生活方面的基本需要，使个人知识、道德与身体得到良好地发展。此权利的提出，从一定意义上说，扩大了国家对公民个人的义务，即使公民免于恐惧和匮乏的义务。[①]受教育权不仅具有自由权性质，意味着国民有接受教育的自由，不受国家非法干涉；也具有社会权或受益权的性质，意味着公民有请求国家实行免费义务教育，以及请求国家积极采取包括为教育提供必要的经费、设立和管理有关教育设施、制定有关制度等在内的措施，以改善各种教育外部条件的权利。文化权利既包含自由权意义上的文化活动的自由，也包括受益权意义上的文化权利。《世界人权宣言》第27条以及《经济、社会和文化权利国际公约》第15条主要就是在这一意义上使用的。并且，我国《宪法》第47条中的第一句说的

① 李步云．宪法比较研究［M］．北京：法律出版社，1998：529.

笔 记 区

是公民进行文化活动的自由，这是自由权意义上的文化权利，第二句则是《宪法》对受益权意义上的文化权利的肯认。[①]

本书赞同第二种观点，宪法学——特别是传统宪法学——基于社会、经济条件的变化，以公民权利与国家权力的关系为标准，将基本权利分为自由权和社会权。这种划分方法反映了资本主义发展过程中，国家权力向市民社会渗透的历史事实，凸显了这两种权利的不同特质。但20世纪特别是第二次世界大战以来，人权观点悄然发生了变化。某些人权具有多种复杂的性格，既具有自由权的性质，又具有社会权之功能。在我国，文化权利所具有的社会权特性决定于《宪法》第47条后半句话的内容，而其自由权特性则不仅缘于《宪法》第47条前半句的规定。事实上，我们无法否认，文化权利的诸多内容，究其实质，与表现自由有着千丝万缕的关联。表现自由（Freedom of Expression），即人民在内心里得拥有任何意见，并将内心的意见自由对外发表。言论与出版是表现自由的主要形式。从事科学研究和文艺创作必然涉及科学研究、文艺创作成果的发表。文化权利如此，教育权利更不例外。教育权利的主要形态即为受教育权。因此我们主要探讨受教育权的双重特性。受教育权的这种复合性与受教育权权利构造、内容和教育形态的复杂性密切相关。通常情形下，基本人权存在着权利主体及其承担客体。前者拥有权利，后者则承担与该权利相应的义务；围绕着权利和义务，两者在某种意义上形成一种互相对应的构造。受教育权是自由权与社会权的统一，其中社会权反映了教育权的实质内容。受教育权的自由权性质要求有能力的公民均等地享有教育权，而受教育权的社会权性质要求国家为那些有能力但因经济等问题不能享有受教育权的公民提供一种条件与环境。

（二）文化权利与教育权利的差异

虽然文化权利和教育权利皆具有社会权与自由权的双重属性，但两者之间尚存在一定的差异。首先，文化权利更多的是自由权，是带有社会权性质的自由权；而教育权利更多的是社会权，是具有自由权性质的社会权。其次，教育权利特别是接受义务教

① 张千帆．宪法学［M］．北京：法律出版社，2004：233—237.

笔　记　区

育的权利在本质上具有被动性，是一种“无可选择”的接受权；而文化权利则属于行为权，即有资格去做某事或用某种方式去做某事的权利。再次，文化权利比较复杂，不仅有广义、狭义之分，还有个人的文化权利与集体的文化权利之别。在国内法层面上，它与言论自由、出版自由等表达自由、宗教信仰自由等须臾不离；在国际法层面上，它与保护文化遗产、具体与人民的文化认同和文化发展相关的那些权利密不可分。因此，文化权利被视为“民族的权利”，在很大程度上是以集体人权的形式出现的。而教育权利则仅是个人人权。最后，从狭义上讲，文化权利的实现离不开教育权利，教育权利是文化权利实现的基础和前提。

（三）文化权利与教育权利的联系

文化权利是包含一国历史文化传统、民族精神等在内的凝结和浓缩，具有文化目的。公民受教育权是公民通过学校和其他的教育设施和途径，学习科学文化知识和专业技能，提高文化素质、政治素质或业务素质和水平的权利，其主要内容即是对本国文化的一种继承和发扬，另外也蕴涵着深远的文化目的。公民享有和行使该项权利一则可以提高自己的文化水平，二则可以提高全民族的文化素质。从这个意义上，我们可以说，公民受教育权是一项基本的文化权利，是公民享受其他权利、得以全面自由发展的前提，在文化权利中占有十分重要的地位。

第二节　妇女文化教育权利的法律规定

一、妇女文化教育权利的法律规范体系

中华人民共和国成立以来，在党和政府的倡导和支持下，国家有关部门经过努力，逐步确立了一套较为完整的保护妇女文化教育权利的法律规范体系。自1949年《中国人民政治协商会议共同纲领》颁布以来，历次颁布的宪法都把妇女与男子享有平等的文化教育权利作为男女平等原则的重要内容加以规定。现行《宪法》第46条第1款规定：“中华人民共和国公民有受教育的权利和

笔 记 区

义务。”第47条规定：“中华人民共和国公民有进行科学研究、文学艺术创作和其他文化活动的自由。国家对于从事教育、科学、技术、文学、艺术和其他文化事业的公民的有益于人民的创造性工作，给予鼓励和帮助。”第48条第1款规定：“中华人民共和国妇女在政治的、经济的、文化的、社会的和家庭的生活等各方面享有同男子平等的权利。”宪法的上述规定表明，凡是中华人民共和国公民，不分男女都享有接受各类教育的权利，不能以男子的普遍教育代替公民的普遍教育，排斥对妇女的教育；同时，妇女在文化上也享有与男子平等的权利，即在从事科学技术研究、文学艺术创作和其他文化活动方面都与男子适用同样的条件，享受平等的机会和待遇，而不能对妇女提高标准。这些规定，不但从根本大法的高度规定了妇女的文化教育权利，而且为保护妇女文化教育权利的立法奠定了基础。

除宪法的上述规定外，我国的一些相关法律法规也强调妇女享有与男子同等的文化教育权利，如《教育法》、《义务教育法》等，除此之外，《中华人民共和国残疾人保障法》确认了女性残疾人的文化教育权利，《母婴保健法》赋予了女性公民接受特殊教育如婚前卫生指导、母婴保健指导的权利。近年来，在宪法和有关法律法规的原则指导下，各地方相继颁布了保护妇女合法权益的实施条例或规定，这些地方性立法也是我国妇女文化教育权利保障法律体系的重要组成部分。

在宪法的原则性指导下，在有关法律法规的基础上，《妇女权益保障法》设专章对妇女的文化教育权利作了全面具体的规定，不但从总体上规定了妇女文化教育权利的内容，而且规定了侵犯妇女文化教育权利行为应当承担的法律责任，从而为妇女享有与男子平等的文化教育权利提供了最有力、最直接的法律保障，这成为我国妇女文化教育权利法律保护体系趋于完备的重要标志。下面我们就《妇女权益保障法》中关于妇女文化教育权利的内容作具体的介绍。

二、妇女教育权利的内容

依据《经济、社会和文化权利国际公约》，教育权利是指“人人有受教育的权利”、“教育应鼓励人的个性和尊严的充分发展，

笔　记　区

加强对人权和基本自由的尊重，并应使所有的人能有效地参加自由社会，促进各民族之间和各种族、人种或宗教团体之间的了解、容忍和友谊，和促进联合国维护和平的各项活动。”[①] 受教育权对于妇女而言，不仅是其生存和发展所必需的，而且也是缩短两性差距的重要途径；对国家和社会而言，妇女接受教育关系到整个中华民族的发展，是妇女对国家对社会应尽的义务。《宪法》第46条第1款规定：“中华人民共和国公民有受教育的权利和义务。”《义务教育法》、《中华人民共和国未成年人保护法》（以下简称《未成年人保护法》）、《妇女权益保障法》等法律法规也从不同的角度规定了女性少年、儿童各个层次的受教育权，其中，《妇女权益保障法》第15条规定：“国家保障妇女享有与男子平等的文化教育权利。”依据《宪法》、《义务教育法》和《妇女权益保障法》等法律的有关规定，妇女享有的教育权利的内容如下。

（一）妇女在入学、升学、毕业分配、授予学位、派出留学等方面的权利

为保障妇女的上述权利，我国主要通过学校和有关部门来贯彻执行，作为主要执行者，学校既是专门从事教育工作的场所，也是保护妇女受教育权利的重要部门。《妇女权益保障法》第16条第1款规定：“学校和有关部门应当执行国家有关规定，保障妇女在入学、升学、毕业分配、授予学位、派出留学等方面享有与男子平等的权利。”（1）各级各类学校在招收学生入学时，应保障女性享有与男子平等的入学机会，使男女两性在同等条件下竞争入学，不得拒绝符合入学条件的妇女入学；（2）在学生毕业分配时，应为女生创造与男性平等的就业机会，一视同仁地向用人单位推荐；（3）学位授予单位应严格依照《学位条例》的规定，对于按规定完成学业符合学校授予条件的女性，学校应当授予其学位，不得人为设置障碍和歧视；（4）在派出留学、进修方面，各单位或各学校应当根据有关规定，坚持男女平等的原则，一视同仁地择优选送。

（二）适龄女性儿童、少年接受义务教育的权利

义务教育是指依照法律规定，适龄儿童、少年必须接受，国

①〔美〕爱德华劳森，董云虎等译．人权百科全书［M］．成都：四川人民出版社，1997：948．

笔 记 区

家、社会、学校、家庭必须予以保障的国民教育。义务教育是我国国民教育的基础，也是提高妇女文化素质的基础。在现代社会，妇女如未接受初等教育，根本无法奢谈社会地位的提高，根据《宪法》关于“普及初等义务教育”的规定，《义务教育法》对实施义务教育作了一般性规定，在此基础上，《妇女权益保障法》对适龄女性儿童、少年接受义务教育的权利作了特殊的保障性规定。

1. 规定政府、社会、学校负有保证适龄女性儿童、少年接受义务教育的责任

《义务教育法》第4条规定：“各级人民政府及其有关部门应当履行本法规定的各项职责，保障适龄儿童、少年接受义务教育的权利。”第11条第1款规定：“凡年满6周岁的儿童，其父母或者其他法定监护人应当送其入学接受并完成义务教育；条件不具备的地区的儿童，可以推迟到7周岁入学。”第18条规定：“学校应当尊重未成年学生的受教育的权利，关心、爱护学生，对品行有缺点、学习有困难的学生，应当耐心教育、帮助，不得歧视，不得违反法律和国家规定开除未成年学生。”从以上法律规定可以看出，我国的适龄儿童和少年必须接受国民义务教育，同时，国家、社会、学校必须保障适龄儿童、少年的国民义务教育权的实现。《妇女权益保障法》第18条第3款规定：“政府、社会、学校应当采取有效措施，解决适龄女性儿童少年就学存在的实际困难，并创造条件，保证贫困、残疾和流动人口中的适龄女性儿童少年完成义务教育。”为使上述规定落到实处，政府、社会、学校应采取有效措施，保证适龄女性儿童、少年受完当地规定年限的义务教育，如中国儿童少年基金会发起并组织实施的“春蕾计划”，它以辅助国家推行义务教育、救助失学女童重返校园为长期的战略任务，在海内外广泛募集办学资金，分配到各贫困地区，它一般依附当地学校开办“春蕾女童班”，招收贫困家庭女童入学，实行寄宿制，即衣、食、住、行、学全部包下来，保证贫困家庭的女童获得接受教育的权利。

2. 义务教育具有强制性，对于不同的教育主体来讲，义务教育既是权利，也是义务

国家要提供各种条件以使全国每个儿童和少年都能享受到规

笔　记　区

定的九年义务教育，父母或监护人也要保证自己的子女按时接受义务教育。《未成年人保护法》第13条规定："父母或者其他监护人应当尊重未成年人受教育的权利，必须使适龄未成年人依法入学接受并完成义务教育，不得使接受义务教育的未成年人辍学。"在此一般性规定的基础上，《妇女权益保障法》对适龄女性儿童、少年的义务教育权利作了特殊规定，该法第18条第1款和第2款规定："父母或者其他监护人必须履行保障适龄女性儿童少年接受义务教育的义务。除因疾病或者其他特殊情况经当地人民政府批准的以外，对不送适龄女性儿童少年入学的父母或者其他监护人，由当地人民政府予以批评教育，并采取有效措施，责令送适龄女性儿童少年入学。"从以上规定可以看出，送适龄女性儿童、少年入学接受九年义务教育是一项强制性规定，保障适龄女性儿童、少年接受义务教育是父母或者其他监护人的法定义务。除非出现以下情况，履行相关手续，即适龄儿童少年因疾病或特殊情况需要或者免予入学的，由其父母或其他监护人提出申请，经当地人民政府批准，可以免予或暂缓入学。对于申请的具体程序，《义务教育法实施细则》第12条规定："适龄儿童、少年需免学、缓学的，由其父母或者其他监护人提出申请，经县级以上教育主管部门或者乡级人民政府批准。因身体原因申请免学、缓学的，应当附具县级以上教育主管部门指定的医疗机构的证明。缓学期满仍不能就学的，应当重新提出缓学申请。"

（三）妇女接受高等教育的权利

女性的进步要依靠教育的普及和提高。判断一个社会是否文明以及程度如何，不仅要看教育所惠及的人数多少，还要看教育程度的高低，我国高等教育自1999年起，以《面向21世纪教育振兴行动计划》为契机，实现了办学规模的快速增长，到2001年全国高等教育的入学率基本达到13.5%，2002—2006年依然保持了较快的增长速度。高等教育体制的转变，大众化教育局面的形成，对于女性接受高等教育来说无疑是一个重要的机遇，很多发达国家的情况表明，在高等教育普及化的过程中，女性接受高等教育的比例大大增加，美国一份调查资料显示，女性上大学的人数从原来的极度不平衡的水平发展到男女比例基本持平。1990年，我

笔 记 区

国女大学生所占比例为33.7%，到2001年则达到42%。伴随着教育机会的增加，女性对自我的认知，对命运的自主支配能力，对社会的融入性和适应性都大大增强，女性在现代社会中所发挥的作用和价值已经越来越接近于男性，因此，女性接受高等教育是实现女性充分发展的必然要求。

然而，受传统观念和经济发展条件等因素的影响，尽管在女性接受高等教育比例逐年提高的今天，城乡差别、专业选择、就业前景以及就业后的生存状态都是妨碍女性进步的重大问题，这些挑战在一定程度上影响社会主义和谐社会的构建。具体而言，主要体现在以下几个方面。

1．女性接受高等教育的城乡和地区差异比较显著。从总体上看，女性接受高等教育的比例越来越高，如北京、上海等大城市，女性的入学率已与男性相等甚至有超过男性之势。但是值得注意的是，贫困地区女性的入学率依然十分低下。受传统观念的影响，家庭对于男女性的期望值不同，导致女性失学率居高不下。近年来的高等教育大众化未能为男女性提供均等的接受高等教育的机会，相反，高等教育规模的扩大意味着边远贫困地区与发达地区的女性在接受高等教育方面的差距将越拉越大。

2．从女性接受高等教育的层次和学科专业选择来看，女性仍处在劣势地位。从全国范围来看，女性接受高等教育的层次偏低，由低到高依次递减。大部分女性接受的是成人教育或高等职业教育，她们选择的专业也多局限在人文社科类。这说明女性接受高等教育尽管已经在向传统意义上的“男性领域”拓展，但是进展有限，女性在学科选择上依然主要局限在“女性范畴”。

3．从女性就业过程中遭遇的困境来看，性别歧视仍是一个不容忽视的问题。女大学生就业难的问题有着深刻的客观因素与社会根源，女性本身生理条件的制约、传统观念以及社会角色的冲突都是很难在短期扭转的因素。很多的用人单位在招聘时会明确表明只要男生，这就把优秀的女性排除在外，一些单位为了拒绝招收女毕业生，甚至还搬出了诸多荒唐的理由。这都使得许多的女大学毕业生空有梦想，很难就业。即使勉强就业，女性就业后的生存状态也不乐观，为此，我国《妇女权益保障法》第16条规定：“学校和有关部门应当执行国家有关规定，保障妇女在入学、升学、毕业分配、授予学位、派出留学等方面享有与男子平等的权利。学校在录取学生时，除特殊专业外，不得以性别为由拒绝录取女性或者提高对女性的录取标准。”

（四）妇女接受扫盲教育的权利

中华人民共和国成立初期，我国每10个妇女中有9个是文盲，到了20世纪50年代，政府开展了三次大规模扫盲活动，使1600万妇女脱盲，我国实行改革开放政策后，经济的快速发展对女性素质提出了更高要求，扫盲教育愈加需要和紧迫，在全社会的共同努力下，妇女文盲率大幅度下降。1990—2002年，全国共有5040万人脱盲，其中62%是妇女。男女文盲率的差别由1990年的19个百分点缩小到2000年的8.5个百分点。青壮年妇女文盲数量由1990年的4443万人降低到2000年的1503万人，青壮年妇女文盲率由1990年14.78%降到2000年的4.21%，妇女文盲下降的幅度超过了全国文盲平均下降幅度，尽管如此，截至2002年，中国仍有5500万妇女文盲，占现有文盲总数的7成。教育部门将扫除妇女文盲作为扫盲工作的重点，建立了扫盲工作责任制，把妇女扫盲任务落实到村、落实到人。教育部门设立了国家级妇女和少数民族扫盲项目，对经济和教育条件较差的地区，在政策和资金方面实行倾斜；国家级扫盲奖励经费重点奖励扫除妇女文盲先进地区。

扫除文盲是全民教育的主要内容之一。2000年4月，联合国教科文组织《达喀尔行动纲领》确定的全民教育六项主要目标中有两项涉及扫盲，即确保通过公平获得必要的学习机会学习各种生活技能来满足所有青年人和成年人的学习需求；2015年以前使成人脱盲人数，尤其是妇女脱盲人数增加50%，所有的成年人都有接受基础教育和继续教育的机会。达喀尔会议之后，中国政府制订了《中国全民教育行动计划（2000—2015）》，把进一步扫除成人文盲（尤其是妇女）作为全民教育发展的重点领域之一，扫盲工作不仅关系女性个人的发展，更重要的是，母亲的教育水平将影响其子女的健康成长，直接影响下一代人口的整体素质。《妇女权益保障法》第19条规定：“各级人民政府应当依照规定把扫除妇女中的文盲、半文盲工作，纳入扫盲和扫盲后继续教育规划，采取符合妇女特点的组织形式和工作方法，组织、监督有关部门具体实施。”具体而言，体现在以下几个方面：第一，增强扫盲

笔 记 区

责任意识，明确目标任务；第二，多种形式扫盲，注重扫盲质量；第三，健全扫盲机构，建立扫盲基地和师资队伍；第四，加大扫除妇女文盲的舆论宣传力度，消除重男轻女思想的影响，提高全社会对扫除妇女文盲重要性的认识；第五，广泛开展扫盲后巩固、提高工作。

（五）妇女接受职业教育和技术培训的权利

1. 我国妇女职业教育状况

职业教育和技术培训是在各级普通教育的基础上，为了适应社会的进步及国家政治、经济、文化建设的需要，而对各行各业的岗位人员不断进行思想、文化、专业知识和技能培训的教育。职业技术教育是现代教育的重要组成部分，是工业化和生产社会化、现代化的重要支柱，因此，我国《妇女权益保障法》第20条规定："各级人民政府和有关部门应当采取措施，根据城镇和农村妇女的需要，组织妇女接受职业教育和实用技术培训。"

与普通教育相比，职业教育具有不同的机制和教育主体，其教育学制相对灵活，更侧重实际能力的培养，具有很强的针对性。对女性从业人员进行职业教育和技术培训，可以直接有效地提高女性劳动者和工作人员的素质，提高女性职工的文化、技术、专业水平，促进知识更新，将有利于整个妇女文化素质和科学技术水平的提高，对妇女参与社会生产、社会竞争至关重要。

女性接受职业教育主要通过中高等学校职业教育、普通教育中的职业教育和短期职业培训。此外，城市职工的岗位培训、下岗女工再就业培训、农村妇女的实用技术培训也是妇女接受职业教育的重要途径。中等职业教育机构主要有普通中等专业学校、职业学校和技工学校等组成。近年来，职业教育的形式日益多样化，越来越多的女性获得了接受职业教育的机会，中等职业学校女生数量增长较快，专业分布也日趋合理。

2. 女性职业教育的发展的要求

（1）要着眼于社会经济发展对女性人才的需要。我国经济的快速发展为女性提供了大量的就业岗位，女性就业结构不合理的状况有所缓解，但从总体上来看，女性就业层次低的状况并未从根本上予以改变，女性从业者依然主要以从事农业和餐饮及旅游

笔　记　区

等服务行业为主，普遍存在低技能、低质量的状况，因此，女性职业教育发展中应当强调从业技能的训练、提高应变转岗能力，而决不能偏离实际空谈提高素质，更不能不切实际的瞄准高技能行业和管理行业。确定女性职业教育发展的层次和目标，开办学校和设置专业等，都应当立足于广大女性的就业状况、职业趋向。

（2）要符合不同区域女性的实际。不同地区经济发展水平各异，发展女性职业教育应区别对待。与农村比较，我国广大城市教育的普及程度要高，基本实现了九年义务教育。这一方面为城市女性的基本生活提供保障，并为实现自我发展提供可能，另一方面也为她们接受多种形式的职业教育和技术培训奠定了基础。在城市女性中存在着极大的学习需求和优势，她们希望通过接受教育获得更大的发展，其中值得注意的是城市女工，她们为我国的体制转变做出了巨大的贡献，但也承受了因此带来的困扰，转岗能力差、再就业质量低，择业过程中还存在一些不容忽视的心理问题，如盲目追求工作清闲、对工资待遇提出不符合实际的要求或自我轻视等。因此，在针对城市女性的教育活动中应区别对象，提供多样化的教育途径，同时要加强正确的择业就业观念教育。而对于边远地区女性来说，接受教育或培训可能会意味着付出较多的时间和精力，这会造成家庭收入的减少，因而她们更渴望培训会带来经济效益。另外，与城市女性相比，农村女性在接受基础教育上会存在或多或少的缺失，在接受培训的能力上有所欠缺，因此，应特别注意设计培训的内容，符合这部分女性的需求。

（3）要多形式地办学，积极吸纳社会力量参与进来。我国人口众多，就业个体需求和区域之间存在很大差异，面向女性的培训数量大，培训目标和层次多样，仅仅依靠教育部门举办的学校职业教育不能满足这一需求，这就要求多形式办学，尽可能满足不同层次女性的要求。第一，培训类型和形式多样化。既重视就业前学校职业教育、全日制教育，也关注在职教育、脱产培训、专业转岗培训、业余函授教育和短期培训等。第二，培训主体多元化。企事业单位、妇联、科技部门、劳动部门及符合资质的个人都可以参与到职业教育和培训中来。第三，资金筹措渠道多样化。女性素质的提高是全社会共同的责任，各级政府组织和各行业部门应制定政策，引导多种力量投入到女性职业培训中，同时设立专项资金支持女性为培训对象的培训机构。

笔 记 区

（4）要激发女性自身的激情，注重对女性的心理关怀。美国心理学家奥图认为："只要人受某种角色的束缚，就会降低其潜能角色，使人僵化，限制人的活动和创造力"。我国传统社会将女性的角色定位于封闭的家庭中，导致许多女性的才能、智力都被淹没在家庭的琐事当中。社会生产力的发展和经济的进步带来了人们观念的转变，女性走出家庭、走向职场已经成为人们普遍认同的事实。但是现在的社会结构一方面要求职业女性广泛参与社会生活，协调和兼顾社会角色和家庭角色的关系；另一方面，传统的社会道德和家庭伦理又习惯性地将女性囿于"贤妻良母"的角色中。一方面表面上给予女性和男性同等的竞争机会，另一方面实质上又用传统的规范要求女性。这些现象造成了职业女性无法摆脱的角色冲突和心理障碍。

三、妇女文化权利的内容

文化权利是人人享有的基本权利之一。《世界人权宣言》第27条规定："人人有权自由参加社会的文化生活，享受艺术，并分享科学进步及其产生的福利。人人对由于他所创作的任何科学、文学或美术作品而产生的精神的和物质的利益，有享受保护的权利。"《经济、社会和文化权利国际公约》第15条第1款规定："本公约缔约各国承认人人有权：（甲）参加文化生活；（乙）享受科学进步及其应用所产生的利益；（丙）对其本人的任何科学、文学或艺术作品所产生的精神上和物质上的利益，享受被保护之利。"由此可见，文化权利应包括以下内容：人人有参与文化生活的权利；享受科学进步及其应用产生的福利的权利；作者对其本人的任何科学、文学或艺术作品所产生的精神上和物质上的利益，有享受保护的权利；科学研究和创造性活动所不可缺少的自由等。文化权利的核心是公平性。文化公平是指人人都拥有平等享受文化资源的机会和权利，这种机会和权利不受性别、种族、身份、阶层等因素的影响。《妇女权益保障法》所指"妇女的文化权益"，是指妇女参与文化活动并享受其成果及利益的权利。依据《宪法》的规定，妇女的文化权利包括以下两方面内容：一是文化活动参与权，即与男子一样有从事科学、技术、文学、艺术和其他文化活动的自由；二是智力成果权，即妇女对其科学技术研究或文学艺术创作活动所取得的成果，与男子一样享有有关法律赋予的权利。

笔　记　区

（一）妇女的文化活动参与权

1. 妇女有进行科学研究的自由

当前，随着经济全球化、科技全球化进程的加快，妇女在科学研究中的重要性得到了广泛的关注。“人类必须解决这个问题——为妇女参与科技提供平等的机会。”全国人大常委会副委员长、中国科学院院长路甬祥在“妇女与科学”国际研讨会开幕式上说，这里的“科学”是广义的，既包括自然科学，也包括社会科学；既包括技术科学、应用科学，也包括基础理论科学。妇女有进行科学研究的自由，意味着国家和有关部门应为妇女从事科研工作提高良好的平台，鼓励妇女根据自己的研究提出自己的学术见解，自由地进行学术交流和讨论。任何组织和个人不得对妇女的科研活动加以限制。有资料显示，在中国，女性科技人员在科技队伍中的比例逐步提高，目前已占中国整个科技队伍的1/3以上，其中有七十多位女科技人员成为中国科学院或中国工程院院士。但是，就工程领域而言，女技术员、女技师、女工程师、女院士的比例明显偏低。因此，改变妇女在科技领域中的弱势地位，提高妇女在科学研究领域的发言权，发挥其在科技发展中的作用，无疑是人类社会实现男女平等的紧迫要求和战略任务。

2. 妇女有从事文学艺术创作的自由

文学艺术创作是公民表达思想的一种形式，与男性相比，女性更易形成对事务的感性认识并通过相关载体表达出来，我国法律保障妇女可以自由地、充分地发挥自己的文学艺术创作才能，创作各种形式的文学艺术作品，自由发展自己的艺术风格。

3. 妇女有从事其他文化活动的自由

妇女有权参加其他各种有益身心健康的文化娱乐活动和体育活动，以丰富自己的精神世界，提高文化素养。

（二）妇女的智力成果权

智力成果权是指公民、法人对自己创造性的智力活动成果依法享有的包括人身权利和财产权利在内的民事权利。在我国，智力成果权是著作权、发现权、发明权和其他科技成果权以及专利权、商标权的总称。《妇女权益保障法》所称的智力成果权，是指妇女对自己通过科学技术研究和文学艺术创作所取得的创造性的

笔 记 区

智力活动成果依法享有的权利，主要包括著作权、发明权、发现权、专利权、商标权和其他科技成果权。著作权等知识产权在《民法通则》、《中华人民共和国专利法》（以下简称《专利法》）、《中华人民共和国著作权法》等法律中都进行了相应的规定，在此不做赘述，现在简单介绍一下其他科技成果权。其他科技成果权是指公民、法人对发现、发明以外的科技成果依法享有的权利。根据我国法律的规定，其他科技成果权主要包括科技进步奖励权和合理化建议与技术改进奖励权。科学技术是第一生产力，为全面建设小康社会、加快推进现代化事业，我国一贯重视发展科学技术，大力实施科教兴国战略、人才强国战略，重视对作出突出贡献的科学技术人员和组织给予奖励，并且通过相关法律使其制度化，《国家科学技术奖励条例》第1条规定："为了奖励在科学技术进步活动中作出突出贡献的公民、组织，调动科学技术工作者的积极性和创造性，加速科学技术事业的发展，提高综合国力，制定本条例。"第2条规定："国务院设立下列国家科学技术奖：（一）国家最高科学技术奖；（二）国家自然科学奖；（三）国家技术发明奖；（四）国家科学技术进步奖；（五）中华人民共和国国际科学技术合作奖。"

总之，凡我国宪法和法律赋予公民的从事科学、技术、文学、艺术和其他文化活动的自由及对智力劳动成果享有的权利，妇女与男子均平等享有，国家机关、社会团体和企事业单位等必须严格依法办事，保障妇女上述权利的实现，这是《妇女权益保障法》设立保护妇女文化权利的宗旨。

第三节　我国妇女文化教育权利的现状

一、妇女文化教育权利的成就

（一）在法律保障方面，我国已基本构建起保障妇女文化教育权利的法律、法规体系

《宪法》第46条第1款规定："中华人民共和国公民有受教育的权利和义务。"第48条第1款规定："中华人民共和国妇女在政

笔　记　区

治的、经济的、文化的、社会的和家庭的生活等各方面享有同男子平等的权利。”这些规定为我国妇女在义务教育，中、高等教育，成人教育及其他各类教育中享有与男子平等的权利提供了法律依据。进入90年代以来，我国又制定了《教育法》、《中华人民共和国职业教育法》、《中华人民共和国高等教育法》、《义务教育法》、《未成年人保护法》等一系列法律，同时，我国政府还制定了《中国妇女发展纲要（1995—2000年）、（2001—2010年）》、《全国教育事业第十个五年计划》、《全国教育事业“九五”计划和2010年发展规划》、《中国儿童发展纲要（2001—2010年）》、《千年目标》等文件，通过这一系列法律、法规和纲领性文件的制定，我们可以看出：第一，随着妇女教育受重视程度的不断提高，我国政府从提出男女享有平等的文化教育权利，到强调保障女子在入学、升学、就业、授予学位、派出留学等方面享有同男子平等的权利，规定越来越具体；第二，我国政府从意识到由于经济、历史、文化等方面的因素，女性仍处于不利地位，到单独提出保障女子受教育权和一系列政策措施，其认识是不断深化的，从而形成了一个多层次、多角度保障妇女文化教育权利的法律规范体系，并促进各级各类妇女文化教育事业取得了重大进展。

（二）在制度保障方面，我国采取特殊措施来促进女性文化教育事业的发展

20世纪90年代以来，我国确立了教育优先发展的战略地位，大力实施科教兴国战略。近年来，在各级政府和全社会的支持下，国家“贫困地区义务教育工程”、“两基攻坚计划”和“211工程”等大型教育发展项目的实施，有力促进了各级教育的发展。2004年我国用于农村义务教育的国家财政性教育经费达1393.62亿元，是1995年的2倍。国家通过多渠道筹集资金设立中小学助学金，并由政府拨款实行免书本费、免杂费、补助寄宿生生活费的“两免一补”政策，重点扶持中西部农村地区家庭经济困难的学生就学，除此之外，为切实保障妇女的受教育权，政府还采取了许多的特殊措施：在正规教育中，国家积极采取措施，提高女性入学率、在学率和升学率，努力消除两性在接受教育机会上的差距。针对部分边远、贫困和少数民族地区女性就学存在的实际困难，采取

笔 记 区

办女童班、办女校、实现免费上学等办法，努力消除女性接受学校教育的障碍。另外，大力发展多种形式的非正规教育、扫盲教育，把妇女扫盲与学习农业科学技术相结合，与贫困地区的脱贫致富结合，与普及法律知识，维护自身权益结合，收到了良好的社会效果。

(三)在体系构建方面，我国正着力建设完善的妇女教育体系

妇女教育体系是以提高妇女素质为宗旨，多层次、多类型、多形式、多功能的教育子系统，是国家教育体系的重要组成部分，是国家教育体系建设的重要内容。建设妇女教育体系是落实科学发展观、构建社会主义和谐社会的客观要求；是贯彻男女平等基本国策、全面促进妇女发展的迫切需要。目前，我国正在着力从以下几个方面做好工作：（1）认真落实保障妇女权益的各项法律法规，大力提高我国女性人口的平均教育水平；（2）切实办好各级女子院校，着力培养大批优秀女性专门人才；（3）加强妇女培训基地建设，大力开展针对妇女干部和基层妇女的各类培训；（4）注意把性别意识教育引入教学过程，积极传播先进性别文化。

(四)在各种类型的教育层面上，女性的文化教育事业都取得了可喜的成就

1．在基础教育领域，女性获得了与男性平等的受教育机会。据教育部门统计，1995年，小学女童的入学率是98.2%，与男童相差0.7个百分点。2006年中国小学女童的净入学率已经达到99.29%，比男童高出0.04个百分点，这是中国小学女童净入学率首次高于男童。1995年中国普通初中在校生女生比例占到45.6%，2003年这个比例增加到47.4%，而初中女生的辍学率也从1995年的3.39%下降到2004年的2.19%，下降了1.2个百分点。普通高中在校生中女生的比例也从1995年的40%上升到2003年的45.1%，提高了5.1个百分点。目前，在全国尤其是以城市考生为主的地区，女生升学的比例递增速度非常快。2009年，上海、北京、天津、新疆等地，高考录取比例已经出现女生反超男生的现象。

2．在高等教育领域，女性的受教育程度明显提高。1995年普通高等学校在校生中女生的比例为35.4%，到2004年这一比例上

笔 记 区

升到44.5%。在读硕士、博士研究生中女生所占比例也从1995年的21%和14%增长到2003年的39.9%和29.2%。

3. 在职业教育和培训方面，女性在职业学校的比重逐年增加，已超过总人数的50%。到2003年年底，全国已建立了一千六百多所女子中等职业学校和3所女子职业大学，开设了六十多个适合妇女的专业。这些院校以及各地的妇女活动中心在促进妇女的终身教育与培训方面发挥了积极作用。

4. 在科技领域，政府十分重视对女科技人员的培养，改善其工作条件和生活条件，鼓励和扶持她们进行科学研究。截至2008年，女性院士约占两院院士总数的5.01%。女院士们在数学、物理、化学、生物学、地理学及机械与运载学、信息与电子工程学、化工冶金与材料学、能源与矿业学、土木水利与建筑学、医药卫生学等学科领域取得了令人瞩目的成就。

二、妇女文化教育权利存在的现实问题

与旧中国相比，当代中国妇女的文化教育权利状况发生了巨大的变化，但是，我们应当清醒地认识到，与发达国家相比，我国妇女的文化教育保障水平仍然是相当落后的，我国妇女的整体文化素质与社会主义物质文明和精神文明的需要还有很大差距。

1. 妇女权益保障方面的法律法规有待进一步改善。法律的健全和完善对于妇女权益的保障工作来说是一个必要条件，虽然我国在妇女权益保障立法方面有了长足的发展，但从司法实践的效果来看，主要存在以下几方面的问题。

（1）法律责任条款弱化，缺乏惩处侵犯妇女权益的力度。法律责任是一项法律法规能够得到有效实施的重要保证，法律的实现，就是法律的生命，而我国现行的法律规定显然有所欠缺，如根据《妇女权益保障法》的规定，父母或者其他监护人是保障适龄女性儿童、少年接受义务教育的义务主体，对不送适龄女性儿童、少年入学的父母或者者其他监护人，由当地人民政府予以批评教育，并采取有效措施，责令送适龄女性儿童、少年入学。从这一条款可以看出，违反义务的父母或者其他监护人，承担责任的方式是批评教育，并被责令送女童入学，这种救济方式没有多

笔 记 区

大的威慑力，如果经批评教育，父母或其他监护人仍然坚持不送女童入学接受义务教育，如何救济却不得而知。

（2）法律规定过于笼统、抽象，缺乏可操作性。如《妇女权益保障法》第16条规定："学校和有关部门应当执行国家有关规定，保障妇女在入学、升学、毕业分配、授予学位、派出留学等方面享有与男子平等的权利。学校在录取学生时，除特殊专业外，不得以性别为由拒绝录取女性或者提高对女性的录取标准。"何谓"特殊专业"，由哪个部门来界定，实践中往往把核定"特殊"的权力交给行政部门，该条所称的"入学、升学、毕业分配、授予学位、派出留学"等都是在教育行政部门的指导下，委托教育机构行使的，这样在"特殊"的确定上，就缺乏统一的标准，因此，这一规定无法使妇女真正享有平等的地位。而且这一条看似贯彻了"男女平等"原则，却忽视了差别原则和需要原则，违背了教育规律。

（3）执法主体不明确。在《妇女权益保障法》关于妇女文化教育权利和法律责任的条款中，多次涉及"各级人民政府及有关部门"，首先，各级政府没有设立专司妇女维权工作的机构，通常都是由各部门各司其职，且相互间职责划分不明确，缺少统一的管理机制，协调性差，并容易发生部门间互相推诿、扯皮的现象。其次，妇联作为维护各族各界妇女利益的代表，只是一个人民团体，缺乏应有的管理职能，妇联能做到的只是疏导教育工作，无法从根本上解决问题。再次，由于执行主体不明确，尚未形成完整的社会化维权工作的格局，这就使法律中的许多条文成为宣示性的，未明确有关部门的权利义务，导致主张权益的妇女最终只得到一个"口头"公正，实质的权利无法得到保障。

2．在妇女接受教育的平等机会方面，同男性相比，女性的教育参与率偏低，12—18岁大龄女童的失学和辍学是女童教育问题中的重要部分。教育公平的核心是教育机会均等，就是使适龄儿童都享有均等的入学机会，对有限的教育资源加以利用，但目前我国客观存在的社会差异对教育机会均等产生了一定的限制作用，社会差异主要体现为地区差异、阶层差异和性别差异。在农村，尤其在偏远和少数民族地区，女童难以公平地获得各个层面

笔　记　区

上的受教育机会，不仅比男孩提前辍学，而且辍学率也很高。她们的生存状况往往因为失去教育机会而更糟，发展前景也大大不利于同龄的男性。

3．在妇女接受教育的结构方面，教育层次越高，女性的参与率越低。基础教育的普及和高校扩招政策的实施使女性进入高等教育的人数和专业选择的范围也相应扩大，但女性选择的科系较集中于女性传统角色的领域，学科专业的职业声望越高，女性进入的机会越少，同时，入学机会的整体性别差异依然存在；女性入学机会的城乡差别十分显著；女性入学机会的阶层差异很大。

4．在妇女接受扫盲教育和终身教育方面，仍存在着很大的局限性。这类教育大都缺少投资和可行方案且缺乏连贯性，因而很难引起社会广泛和持久的关注。目前全国15岁以上文盲人口数为8507万人，人口粗文盲率为6.72%，其中女性占70%，约有一半在西部，且扫盲巩固率低，复盲率高。终身教育普遍存在对性别的传统定型，不能满足妇女生活的多样性需求。

5．对妇女特别是在职妇女进行新科技和信息技术的培训重视不够，对女性培训成本投入不够，使得妇女个人承担的培训成本高于男性，限制了女性实现自我发展的机会。女性在面对入世挑战中有可能成为潜在的失业者；同时，培训内容局限于依传统性别角色定位的家政、保姆、家庭护理等少数领域；由于资源不足及培训渠道不畅通等原因，能接受培训的妇女数量有限，而且存在着很大的地域差异。

三、影响妇女文化教育权利的因素

法律是维护妇女权益、提高妇女地位、促进男女平等的重要武器，但它又绝不是保障女性权益的唯一途径。从我国妇女文化教育权利的现状来看，妇女仍处于弱势地位，出现这种状况有深刻的历史根源和社会根源，改变这种状况则是一项复杂的社会系统工程，随着我国改革开放的逐步深入和现代化建设的进行，一些新问题的出现还会增加这一社会系统工程的 复杂性，因此有目的、有步骤地推动妇女权益的保障工作仍然是当代中国面临的一项重要课题。

笔 记 区

1. 我国是一个经济不发达、地区发展很不平衡的国家，无法为保障妇女的文化教育权利提供足够的物质基础。文化教育事业的发展是以生产力发展为基础的，然而目前我国的经济发展水平对教育的支撑力还较差，这一方面表现在政府对教育的投入上，另一方面表现在家长，尤其是广大农民对女童入学和接受更多教育的经济承受能力上。经济发展水平不仅为教育提供物质、资源条件，而且创造和激发教育需求，而我国的生产方式和妇女就业状况对妇女教育进一步发展的推动力不强，我国无论在劳动力分布还是产值分布方面，第一产业都占很大的比重，新兴的第三产业多半为劳动密集型产业，女性在这种产业布局中往往处于劣势，用科技知识武装自身尚未成为女性的强烈要求。

2. 长期形成并已积淀到人的意识中的深层次的传统观念已成为一种强大的惯性制约力量。我国有几千年两性不平等的历史，两性不平等的性别观念作为深层文化结构和社会心理至今还在很大程度上左右着国民和社会对性别的认知，其中最典型的就是"男尊女卑"的伦理道德和"男主外女主内"的性别角色分工模式。虽然在理论上这些思想已没有了生存的价值，但在现实生活中却仍然根深蒂固，仍然是女性实现文化教育权利的羁绊。对性别差异、性别角色期望的认识偏差带来性别分工的片面性，在教育上，直接影响家长在家庭中的教育决策，从而导致干预、侵犯以至剥夺妇女受教育的权利这些违法行为的发生，同时又影响女性争取受教育权利的觉悟、勇气和信心，这些不利因素是最终导致女童辍学、失学，影响女性学历、专业层次的社会根源和思想根源。

3. 社会性别意识研究的欠缺，导致公众缺乏对女性文化教育权利的关照。社会性别是生理性别的对称，是指人们所认识到的男女两性生理差异以外的社会差异，将社会性别区别于生理性别并深入诠释其内涵是西方妇女运动的成果。长期以来我国的文化教育事业是在无性别差异的基础上发展起来的，不可否认的是，生理发展的性别差异是客观存在的，所以性别公平必须建立在充分承认性别差异的基础上，它要求：首先，基于两性平等的理念，我国的法律和相关的政策应在相同情况下给予两性同等待遇；其次，不应抹杀和漠视女性的自然生理差异和社会性别差异，因而

笔　记　区

有必要据此规定专属于女性享有的专有权利和特别措施。我国近几年所制定的一系列针对女性的发展纲要，以及采取的诸如“春蕾行动”等措施，是在承认性别差异的基础上对保障女性文化教育权利的适当倾斜，做到既承认差别又保证机会均等，既承认差别又有效地缩小差距。

4．女性自身心理因素的不良影响未形成正确的性别认同。随着现代社会文明程度的提高，社会对女性给予了很大的关注，女性对自身价值也有了一定程度的认识和觉醒。但是，我们也不能否认一个客观事实：仍有不少的女性自身还存在着一定程度的心理禁锢，表现在思想未能冲出传统模式，满足于传统“贤妻良母”角色，自觉或不自觉地塑造自己自卑自弱的社会形象来迎合传统观念对女性的要求及社会偏见对女性角色的期待；情感较脆弱，意志品质较薄弱，往往自觉地放弃竞争，放弃接受继续教育、专业深造、自我素质提高的机会，从而使法律上对于妇女文化教育权利的规定成为一纸空文。从根本上说，提高中国妇女的地位，真正实现男女平等，最终取决于女性整体素质的提高，作为现代女性，要树立自尊、自信、自立、自强的意识，努力学习，应当充分认识新世纪的时代特征和发展趋势，增强与时俱进的现代意识，保持独立健全的人格。

四、完善妇女文化教育权利的对策

作为社会生活中的重要角色，妇女享有国家所提供的文化教育方面的发展成果，这不仅是妇女完善自身的需要，也是推动社会发展的重要力量。我国经历了漫长的封建社会，重男轻女的传统观念给人们的思想带来了难以打破的束缚，现实的生产生活状况不能为社会中每一个个体的发展提供有力支撑，因此，妇女文化教育权利的完善是一项艰巨的社会系统工程，需要政治、经济、文化、思想等方方面面的变革。

（一）大力发展社会生产力

大力解放和发展社会生产力才能为妇女文化教育权利的享有和实现提供具有决定意义的物质条件和精神条件。社会生产力水

笔 记 区

平的提高使妇女逐步从繁重的家务负担中解放出来，可以有更多的时间学习，扩大对国家和社会事务的参与。同时，生产力水平提高所带来的文化教育事业的发展，又会丰富妇女文化教育权利的内容，在这个相互促进的过程中，妇女的社会价值得到充分展示，使社会更加认同并尊重妇女的地位和作用。

（二）进一步完善妇女文化教育权立法，加大执法监督力度

我国已基本形成了保护妇女文化教育权利的法律体系，在今后的工作中还应该加大力度，主要表现在以下几个方面。首先，增强法律规定的可操作性。保护妇女文化教育权利的有关法律在现实中并没有完全执行，原因是多方面的，其中法律的规定过于抽象、可操作性不强是一个重要原因，而且，对于许多侵犯妇女文化教育权的行为没有规定具体的制裁措施，欠缺责任条款，使得相关主体的违法成本极低，有损法律的权威。其次，应当加强执法力度，严惩侵犯妇女权利的侵权行为。最后，在完善立法和执法的同时，还要建立配套的妇女文化教育权利监督系统，以纠正有法不依、执法不严的现象。

（三）提高政府的妇女权益平等意识

通过研究其他国家的权力实践表明，提高政府的妇女权益平等意识，特别是妇女接受教育权益的平等意识具有重要的现实意义。发展文化教育事业，提高国民的素质已经进入了政府的视野，女性在社会中的独特地位决定了她们的素质，决定了国家和民族的未来，尽管女性的维权活动是一个社会系统工程，需要方方面面的努力，但政府的主导作用始终是一个公认的问题，政府利用手中的公共资源，运用其影响力，采取有力的手段，从而为妇女文化教育权利的实现提供强有力的支撑。

（四）增强妇女的权利意识和法律观念

如前所述，我国有关妇女文化教育权利的立法已基本形成体系，相关维权网络也已经构建，司法部门和执法部门也依法采取各种措施进行妇女维权。但是作为新世纪的妇女，不能始终处于被动的接受保护的地位，而是应该把握法律所赋予的力量勇于并且善于实行有效的自我保护，而进行自我保护的先决条件就是拥有相应的法律知识。我国是一个有着两千多年封建专制历史的国

笔　记　区

家，封建专制观念根深蒂固，部分妇女特别是文化层次相对比较低的妇女仍然存在自卑、依附、被动、服从的观念，思想意识中没有任何权利观念，而且在我国国民的观念中普遍存在厌讼心理，如果不改变这种状况，妇女没有权利意识，不知道如何去维护自己的合法权利，那么，立法再完备、维权机构再健全，维护妇女的合法权益还不能落到实处。所以，在建设法治国家的今天，强化妇女的法律意识，特别是权利意识显得尤为重要。

（五）充分发挥妇联和其他社会组织的作用

伴随着我国政治体制改革的步伐，政府从“无限政府”转变为“有限政府”，原本属于政府的一部分职能就让渡给了一些具有相关职能的社会组织，妇联作为党和政府联系妇女群众的桥梁和纽带，作为国家政权的重要社会支柱，作为妇女“半边天”的娘家，在维护妇女文化教育权利方面有着其他组织不可替代的作用。妇联可以通过监督各级政府落实保障妇女文化教育权的情况，推动权利的实践；可以以妇女权益代表的身份针对侵害妇女权益的行为开展维权活动；可以向立法机关提供立法建议等。

（六）转变妇女文化教育权的研究思路

现有的妇女权利研究模式在方式上存在诸多问题，这促使我们不得不变换角度。这种转换具体体现在以下三个方面。首先，从女性伦理视角出发，加入关怀因素，在具体事务上从女性心理出发，理解女性的关切，从而走出传统价值本身所具有的二分性因素的对立。其次，从女性主义的研究视角出发，强调和尊重人的差异性和多元性，反对无原则、无区别的平等与差异的对立，倡导传统法律话语的转变。最后，从更深层次中超越本质性与建构性的二元化对立，最终走向一条没有男女划分的发展道路。

第四节　国外妇女文化教育权利的状况

妇女作为人类的重要组成部分，起初并没有取得与男子同等的权益，为此，西方资本主义国家的女性率先掀起了争取权利的

笔 记 区

运动，最终建立了维护妇女权益的保障机制，并且对其他国家的妇女维权事业产生了深远的影响，也极大地提高了这些国家妇女的社会地位。一个国家，其法律制度对妇女这一特殊群体的保护水平反映了这个国家的法制水平和文明程度。即使是在对妇女态度一贯低调的斯里兰卡，也在宪法的一项包括性别在内的一般不歧视性条款之后规定：本条款之任何规定不得阻碍旨在改善妇女、儿童和残疾者地位的法律、次级立法或行政原则的规定。[①]由于各个国家的经济、历史、传统的不同，全世界很多的国家采取多样的措施努力做好妇女文化教育权利保障工作，积累了丰富的经验，值得探讨，它将对我国的妇女文化教育权利保障工作有所启迪和借鉴。

一、日本

日本在封建时代就十分重视教育。在江户时代（1603—1867年），日本国民的识字率和日常计算能力在世界上已居先列。由于中国儒家思想对日本的强烈影响，“男尊女卑”被视为天经地义，服从自己的丈夫被当作女人一生中伟大的义务。在这种思想的支配下，日本妇女的受教育机会十分有限，一般只学习音乐、美术、舞蹈、茶道和花道。1868年的明治维新标志着日本结束了闭关锁国的政策。当时日本社会上广泛流行的一个口号是“和魂洋才”，西方近代思想和学术开始大量地涌入日本。这不仅对日本资本主义的发展具有重要意义，也对日本的教育产生了重大影响。据统计，“到1868年，约有40%的日本男孩和10%的日本女孩接受家庭以外的某种类型的正规教育；到1900年，90.35%的男孩和71.73%的女孩都能上小学；1930年，女孩入学率与男孩小学入学率之比达到99.5%；到1935年，日本已基本上消灭了文盲，可以说，日本在保障妇女受教育权方面做出了突出的贡献，这些与该国有关妇女教育的制度和措施是密不可分的。日本政府注重从制度上保障妇女受教育权的实现，日本的现代教育制度虽然是明治维新之后确立的，但已基本形成了重视义务教育和高等教育的传统。”[②]

① 〔加〕丽贝卡·J.库克，黄列译．妇女的人权——国家和国际的视角［M］．北京：中国社会科学出版社，2001：45．

② 小林雅之，何培忠．日本的教育与教育政策［J］．国外社会科学，2004．

笔　记　区

自明治维新以后的历届政府都非常重视妇女文化教育工作。明治维新后，日本政府按照西方的教育模式建立本国的教育体制，极力鼓励女子入学，并且先后建立了女子师范等私立女子学院。第二次世界大战以后，在美国教育体制的影响下，日本社会确立了教育机会均等的原则。从此，日本妇女进入高等教育的渠道也畅通无阻。值得一提的是，日本政府针对落后地区和弱势人群采取特殊的教育政策和教育立法。如1956年日本政府制定了《关于国家援助就学困难儿童和学生的就学奖励的法律》，规定由国家在预算范围内援助因经济缘故而就学困难的儿童和学生；1954年制定并于1985年修订了《偏僻地方教育振兴法》，并制定了《偏僻地方教育振兴法施行令》和《偏僻地方教育振兴法施行规则》保障该法律实施。此外，日本还专门制定了《孤岛振兴法》和《大雪地带对策特别措施法》，对国家给予落后地区财政支持做出了规定。在这种特殊的制度之下，日本贫困地区的女童入学、妇女教育等问题得到了迅速、圆满的解决，日本妇女的受教育权因制度上的保障而得以充分实现。

二、欧美国家

欧美国家在妇女教育制度上开世界之先锋。受教育权作为公民的基本权利，在法律上予以确认并制度化的历史，源自于欧美国家。“最早把受教育权作为权利写入宪法的是在1791年的法国大革命时期,《人权宣言》的发展，使‘教育机会均等’成为资产阶级民主思想的理想与目标，随着经济的发展和社会进步，全民教育、终身教育已成为当今世界教育活动的必然趋势。”[①]几乎与法国并驾齐驱，德国的妇女教育也起步较早。18世纪以来，妇女的教育问题在德国开始受到某些教派和中产阶级上层人士的关注，社会上也出现了女子中学。[②]随后，德国政府加紧制定教育政策，开展教育立法，其中力倡男女教育机会平等。虽然“世界各国的高等教育机构最初都是为男子所设而拒女子于门外”，但在1900—1908年，德国妇女逐渐赢得了与男性同等的进入高等学府

---

① 高崇慧．女性受教育权的法律保护［J］．云南师范大学学报（教育科学版），2002，（5）．

② 陈其逊．德国妇女运动的历史与形状［J］．德国研究，2000，（1）．

笔 记 区

深造的权利。19世纪30年代，在第一次欧美运动的鞭策之下，美国首次出现了男女同校的学院和单独设校的女子学院，美国妇女接受高等教育已处于世界前列。美国妇女接受教育的辉煌历史同样离不开政府相关制度与政策的保障。美国教育政策关注教育公平，追求教育机会公平，追求教育资源分配公平，追求公众参与决策的公平以及对弱势群体教育给予补偿。第二次世界大战后，美国出台一系列相关政策和法律，确保男女教育机会的公平与均等，使美国妇女获得成功的教育权益。欧美国家还注重把制度落实在具体措施上。如德国政府将提高妇女在职业教育和培训中的比例作为目前和今后职业教育的一个重点。德国前总理施罗德和德国工会总会也多次在各种场合呼吁经济界勇于承担妇女教育的社会责任，提供更多的资金和机会给那些希望参加培训的青年妇女。德国政府还提出自己建立培训中心，并加强那些由自己出资或出资资助的企业培训中心的建设。为确保教育机会均等，德国政府最大可能地帮助那些在物质、社会和文化等方面处于不利境地的公民，特别是妇女，使他们有机会接受教育和培训，帮助他们实现对生活的向往。“谁都不会因为无钱而不能接受教育和培训”，这是联邦政府对国民做出的承诺。为此，德国政府从2001—2005年拨款1.05亿马克，用于改善不利群体的职业教育和培训问题。而且，在欧美国家还形成了以女性的视角来体验、考察、解决教育问题的理念——女性主义教育（FeministEducation），这种教育新思想在西方教育领域独树一帜。随着时代的发展，这种教育思想已经形成了较为成熟的理论体系，成为世界上其他国家教育活动的榜样，其影响越来越大。

三、国外妇女教育经验对我国的启示

（一）政府应在女性教育文化权利发展中发挥主导作用

文化教育事业的发展离不开国家权力的发挥，重大教育问题的解决必须有政治权力的介入和推动。如德国政府根据其特定的社会背景，实行职业义务教育政策、职业培训促进政策和中小企业扶持政策等一系列有利于职业教育发展的政策，用政策的手段来推进职业教育的发展。美国政府在女子高等教育的发展中也起

笔　记　区

到了重要的推动作用，1818年，美国高等教育的先驱者埃玛·威拉德呈给纽约州州长的《改进妇女教育方案》，要求州政府为创办女子教育学院投资，并让女子与男子获得相同的受教育权利。州长敦促州议会通过了该方案，这在美国女子教育的出现进程中起了决定作用。1864年林肯总统签署的《赠地法案》规定联邦向各州赠与联邦土地，资助各州农业和工艺教育的发展，为男女同校的实行提供了保证。此后，美国政府对女性教育的发展进行了多次财政拨款，保障了女子高等教育不断地向前发展。近现代的中国政府也在不同程度上促进了女性教育文化事业的发展，如在义和团运动后，在民间力量的推动下，1906年慈禧太后谕学部兴办女学，广东在1906年兴办了广东官立女子师范。1907年以前，中国女学一直没有得到法律的承认。1907年3月，清政府颁布了中国第一个女学堂章程——《学部奏定女子小学堂章程》和《学部奏定女子师范学堂章程》，正式承认女学的合法性。

从政府的职能和其特殊的地位来看，只有政府才能在发展妇女文化教育事业中发挥主导作用。首先，政府的主导作用具有法律规定性。根据《宪法》的规定，地方各级人民政府是地方各级国家权力机关的执行机关，是地方各级国家行政机关；县级以上地方各级人民政府依照法律规定的权限，管理本行政区域内的经济、教育、科学、文化等行政工作。现行《妇女权益保障法》突出政府及相关部门促进妇女权利实现的责任，明确了国家负有采取必要措施，逐步完善保障妇女权益的各项制度，消除对妇女一切形式歧视的义务与责任。《妇女权益保障法》第18条第3款规定："政府、社会、学校应当采取有效措施，解决适龄女性儿童少年就学存在的实际困难，并创造条件，保证贫困、残疾和流动人口中的适龄女性儿童少年完成义务教育。"第21条规定："国家机关、社会团体和企业事业单位应当执行国家有关规定，保障妇女从事科学、技术、文学、艺术和其他文化活动。"由此可见，政府的主导作用具有不可替代性。

（二）妇女文化教育权利保障应实现制度化、常规化

权利是现代法律秩序的基石。权利作为现代法律的核心概念，其内容涵盖了个人在生命、财产、人身自由、享受医疗保健、接受教育，继承语言、文化和保持信仰、就业、迁徙、保护个人隐

笔 记 区

私、参与诉讼、表达意愿等方方面面的利益要求，构成了法律人格的基本内容。权利、义务、责任构成了现代法律的主观领域，权利是这一领域的核心。义务和责任均以权利为依归，以权利为导向，在逻辑和价值上以权利为其法理的前提或根据。权利保障的法律化是实现权利的有效途径。从日本、美国、德国的实践来看，将对妇女的文化教育权利保障上升为法律或制定政策，才能实现权利保障的常态化。近年来，我国非常重视对妇女权益保护的立法工作，将实践中成熟的做法固定下来，可以避免执法者的变动而导致政策的不连续性。

（三）重视理论研究的引导作用

西方女性主义是指产生于欧美国家，以消除性别歧视、实现男女平等为目标的思潮和运动。18世纪法国大革命后，阿伦普·德·古杰发表的《妇女和女公民权利宣言》一书标志着西方女性主义思潮和运动的正式形成。美国妇女教育权利的获得与第一次妇女解放思潮有密切关系，女性应不应该有受教育的权利以及应该受什么样的教育是这次思潮的争论焦点之一。20世纪初，中国知识分子引进英文feminism时，也把西方的女权主义运动和女性主义思潮引了进来，尤其是自20世纪80年代末以来，随着改革开放的展开，世界妇女第四次代表大会于1995年在北京召开，我国的女性主义理论迅速发展起来，且硕果累累。女性主义理论以性别差异和不平等的根源、结果和解决途径的理论假说为基础，为女性主义实践提供了理论指导，同时又提供了基于女性价值的理解世界、理解生活的一种新的方式。在女性教育问题上，对女性教育不正确的认识和态度在一定程度上导致了女性受教育权的实现程度，科学的女性理论可以在实践中起到潜移默化的作用。

思考题

1. 简述妇女文化教育权利在妇女权利体系中的地位。
2. 简述妇女文化教育权利的内容。
3. 如何完善妇女文化教育权利体系？
4. 简述影响妇女文化教育权利的因素及对策。

笔　记　区

案例分析题

小兰在某实验初级中学上初三，临近中考，学校搞了一次摸底考试，并划定了一个分数线，规定凡低于这个分数线的学生都将被班主任“劝退”，不能报名参加当年的中考。考试结果出来，小兰的名字赫然在被“劝退”之列。小兰的父亲认为女孩子学习不好，考不上好大学还不如出去打工，也动员小兰退学，并表示不再为孩子支付学费。

请运用《妇女权益保障法》等法律分析此案中的违法之处。

笔 记 区

第四章 妇女的劳动与社会保障权利

导 言

本章主要包括妇女的劳动权利和妇女的社会保障权利两大部分内容。在妇女的劳动权利中主要讲授妇女的平等就业权、男女同工同酬权、妇女的休息休假权和劳动安全卫生保护权，重点问题是妇女特殊劳动保护权利的现状及对策，主要涉及妇女在经期、孕期、产期、哺乳期受到特殊保护及女职工劳动禁忌范围的规定。在妇女的社会保障权利中主要讲授妇女的社会保险权，重点问题是生育保险的内容、现状及解决对策。本章的难点问题是如何解决就业性别歧视、如何实现男女同工同酬以及如何扩大生育保险的覆盖面。

学习目标

1. 了解妇女劳动与社会保障权的概念及一般保护的内容，理解妇女劳动与社会保障权相关法律规范。

2. 识记妇女劳动与社会保障权特殊保护的内容。

3. 培养学生运用所学理论知识解决现实中妇女劳动与社会保障权利受侵害问题的能力。

第一节 妇女劳动与社会保障权利的基本理论

劳动是个人生存与社会发展必不可少的条件，是宪法规定的

笔　记　区

公民的基本权利，也是公民的基本义务，社会保障权与劳动权紧密结合。妇女作为我国公民的一部分当然享有劳动权与社会保障权。

一、妇女劳动与社会保障权的概念

（一）妇女的劳动权

劳动权是指劳动者依照法律法规的规定或者劳动合同的约定，应当享有的就业权、劳动报酬权、休息休假权、福利待遇权、劳动保护权、职业培训权、集体协商权、企业民主管理权以及创造性工作受鼓励权和获得帮助权等。

妇女的劳动权是指依照法律法规的规定或者劳动合同的约定，赋予妇女在劳动关系方面的基本权利。对女性劳动者来说，劳动权不仅是谋生的手段，也是妇女在家庭和社会中获得独立地位的重要条件。因此我国法律法规不仅赋予妇女一般的劳动权利，即妇女在整个劳动过程中享有与男子同样的权利；还基于妇女自身的生理特征和社会角色赋予其不同于男子的特殊劳动权利，也就是说我们要对妇女的劳动权给予倾斜式保护，在西方往往被称为纠偏措施。

（二）妇女的社会保障权

“社会保障”一词最早出现于1935年美国总统罗斯福签署的《社会保障法》中。后来1941年的《大西洋宪章》、1944年的《费城宣言》和1948年的联合国《人权宣言》中都先后使用了这一词。1952年第35届国际劳工大会通过了《社会保障公约》，规定了社会保障的基本准则。此后“社会保障”一词及其概念为世界各国所普遍采用。

社会保障权又称福利权，即公民要求国家通过立法来承担和增进全体国民的基本生活水准的权利，具体是指个人和家庭在遭受工伤、职业病、失业、疾病、生育和老年时从政府和社会获得保障一定生活水平的固定收入和其他各种补助的权利。社会保障权是我国宪法规定的公民的一项基本权利，旨在保障公民个人和家庭基本生活需要并提高生活水平、实现社会公平和社会进步。

笔 记 区

妇女的社会保障权是特别强调妇女在遭受年老、疾病、伤残、失业风险以及遭受自然灾害等其他风险时，享有从国家、社会和他人获得物质帮助、解决生活困难的权利。由于我国的社会保障制度是以弱势群体为主的，因此妇女作为弱势群体之一，除了享有一般意义上的社会保障权之外，还基于自身特殊的生理特征享有不同于男子的特殊社会保障权，如法律赋予妇女享有的与其自身密切联系的生育保险权。

二、妇女劳动与社会保障权的内容

（一）妇女劳动权的内容

在妇女的各项权利中，劳动权是一项重要的经济权，是妇女其他权利的物质基础。具体来说，妇女的劳动权主要包括以下内容。

1. 妇女享有劳动就业的权利

在我国，年满16周岁的女性，依法享有劳动就业的权利，主要包括平等就业和选择职业的权利、招工时不得歧视妇女、不得无故辞退女职工，在晋级、晋职、评定专业技术职务等方面，应当坚持男女平等的原则，不得歧视妇女四个方面。

2. 妇女有获取劳动报酬的权利

妇女有获取劳动报酬的权利是指妇女有权根据自己的劳动取得相应的报酬，有权要求实行同工同酬，有权要求最低工资保障、工资支付保障和实际最低工资保障，有权要求用人单位依法支付其在法定休息休假期间以及依法参加社会活动期间的工资。

3. 妇女享有休息休假的权利

休息休假权又称休息权，是宪法规定的公民的基本权利，也是劳动法规定的劳动者应当享有的权利。我国法律法规保障男女职工享有平等的休息休假权。

妇女的休息、休假权是指妇女在国家规定的法定工作时间外自行支配的时间，包括妇女工作间隙休息、每天休息的时数、每周休息的天数以及公休节假日、带薪年休假、探亲假等。

笔 记 区

4. 妇女有获得劳动安全卫生保护的权利

劳动安全卫生法律制度是指国家为了保护劳动者的生命安全和身体健康而制定的各种法律规范的总称，包括劳动安全法律制度、劳动卫生法律制度和企业安全卫生管理制度。妇女享有与此相关的法律保护。具体而言，包括以下权利：对用人单位管理人员违章指挥，强令冒险作业，妇女有拒绝执行的权利；对危害生命安全和身体健康的行为，妇女有权提出批评、检举和控告；从事有职业危害作业的妇女，有权要求进行定期健康检查；职业禁忌症患者有权要求不从事所禁忌的工作；职业病患者有权要求及时治疗并调离原岗位。[①]此外，妇女还享有特殊的劳动安全卫生保护，如“四期”保护和女性禁忌劳动范围的保护。

5. 妇女享有接受职业技能培训的权利

职业技能培训主要是指根据社会职业的要求以及妇女择业的意愿，对求职的和在职的妇女进行的旨在提高其专业技术知识和实际操作技能的教育和训练。接受职业培训可以提高广大劳动妇女的劳动技能和个人能力，增强其就业竞争力。

6. 妇女有提请劳动争议处理的权利

劳动争议处理的权利主要是指当妇女与用人单位发生纠纷时，妇女有权通过法律途径提请劳动争议处理。妇女可以依法申请调解、仲裁、提起诉讼，也可以协商解决。

除上述六项劳动权利以外，妇女还享有参加工会组织与企业民主管理的权利、集体协商的权利以及创造性工作受鼓励和帮助权等。

（二）妇女社会保障权的内容

妇女的社会保障权是《妇女权益保障法》在2005年修改时所着重强调的一项妇女的重要权利。

社会保障被形象的称为“社会的安全阀”，能够维护社会的稳定和促进经济的发展，是构建和谐社会的重要组成部分。国家大力发展社会保障制度，利用财政资金、公民缴费以及社会和个人捐赠资金等给予遭受年老、疾病、伤残、失业等风险的妇女物

① 康均心．妇女权益保护及救济理论与实务［M］．武汉：武汉大学出版社，2004：217.

笔 记 区

质帮助。由于我国近几年妇女就业难、下岗失业多，对妇女社会保障权的保护更显必要。

一般而言，妇女的社会保障权包括社会保险权、社会救助权、社会福利权和医疗卫生权等。具体来说，社会保险是指国家通过立法手段，建立社会保险基金，在劳动者遇到年老、疾病、伤残、失业等风险时，从社会保险基金中获得物质帮助以保障基本生活的一种制度。社会保险包括养老保险、医疗保险、失业保险、工伤保险和生育保险。社会救助是指没有参加社会保险的妇女遇到年老、疾病、伤残或其他生活困难或者虽然已经参加社会保险但所获得的社会保险待遇仍不足以维持基本生活时，从国家和社会获得帮助的一种社会政策。社会福利权是指国家和社会通过建立必要的设施和提供必要的帮助保障妇女享有的必要的生活服务并促使其生活质量不断改善的一种社会政策，如城市通过建立社会福利院对特定对象提供服务；妇女同男职工一样享有带薪休假权、冬季取暖补贴、上下班交通补贴，以及住房公积金、住房补贴等其他福利待遇。医疗卫生权是指国家和社会通过建立医疗卫生机构、培养医疗卫生人员和发展药品产业以及建立医疗保险制度、提供计划生育服务和加强疾病控制等公益性、服务性的事业，保障妇女身体健康、提高妇女生活质量的一种社会政策。

此外，国家还提倡和鼓励为帮助妇女而开展的社会公益活动。帮助妇女的社会公益活动是指国家举办的、社会自发举办的各种非营利组织针对遭遇贫困、侵害等种种困难的妇女所提供的无偿的支持和援助活动。如妇儿工委和国务院扶贫办针对贫困母亲于2005年1月启动的“中国母亲援助”活动，全国妇联、妇儿工委针对西部贫困母亲于2003年开展的“母亲健康快车”活动，全国妇联从1996年开始为贫困妇女提供的小额循环扶贫项目和从2000年起为改善妇女生活环境而开展的“大地之爱·母亲水窖”项目，中国人口福利基金会、中国计划生育协会和中国人口报社于1995年年初共同发起的“幸福工程——救助贫困母亲行动”，以及全国妇联及其他各种非营利组织为妇女提供的法律援助、生活救助等方面的活动等。[①]

从程序方面来讲，妇女社会保障权的内容主要包括以下几个方面。

---

① 顾秀莲．妇女权益保障法学习读本［M］．北京：中国法制出版社，2005：100.

笔　记　区

1. 社会保障利益请求权

社会保障利益请求权即妇女向有关社会保障机构请求给予社会保障的权利，如提出申请、申请登记等。

2. 社会保障利益受领权

社会保障利益受领权即妇女接受、领取社会保障利益的权利，如领取退休金、失业保险金等。

3. 社会保障利益处分权

社会保障利益处分权即妇女决定是否接受社会保障利益和自主支配所取得的社会保障利益的权利。

4. 社会保障利益救济权

社会保障利益救济权即当妇女的社会保障权不能正常实现时，请求行政机关、司法机关或仲裁机构依法给予保护的权利。

第二节　妇女劳动与社会保障权利的相关法律规定

男女平等是我国的一项基本国策，并于2005年《妇女权益保障法》修改时首次被写入我国的法律中。男女的劳动权与社会保障权平等也是我国法律面前人人平等的应有之意。女性基于其自身的生理特征、社会角色以及历史传统的影响，除了享有与男性一样平等的劳动与社会保障权利以外，还应该享有法律的特殊保护。目前，我国关于妇女劳动与社会保障权利的立法主要有1988年颁布的《女职工劳动保护规定》、1990年颁布的《女职工禁忌劳动范围的规定》、1992年通过2005年修订的《妇女权益保障法》、1994年通过的《劳动法》以及2008年先后实施的《中华人民共和国劳动合同法》（以下简称《劳动合同法》）、《中华人民共和国就业促进法》（以下简称《就业促进法》）和《中华人民共和国劳动争议调解仲裁法》（以下简称《劳动争议调解仲裁法》）。另外还有1990年我国批准通过的《关于男女工人同工同酬的公约》和1980年我国批准加入的《消除对妇女一切形式歧视公约》等。

笔 记 区

一、妇女劳动与社会保障权利的一般保护

我国相关的法律和行政法规均规定了男女平等，如《宪法》第48条规定："中华人民共和国妇女在政治的、经济的、文化的、社会的和家庭的生活等各方面享有与男子平等的权利。国家保护妇女的权利和利益，实行男女同工同酬，培养和选拔妇女干部。"《婚姻法》第15条规定："夫妻双方都有参加生产、工作、学习和社会活动的自由，一方不得对他方加以限制和干涉。"然而事实上和男子相比，我国妇女在社会生产和生活中仍然处于弱势地位，其劳动权和社会保障权受侵害的现象比较多。所以，保障妇女不受歧视地享有与男子一样的劳动权与社会保障权是实现男女平等的前提。

（一）妇女劳动权的一般保护

妇女劳动权的一般保护主要包括妇女的劳动就业权、劳动报酬权、休息休假权、劳动安全卫生权、妇女接受职业技能培训的权利五个方面。

1. 妇女劳动就业权的一般保护

我国制定了一系列有关保护妇女就业权的法律法规，形成了以《宪法》、《劳动法》、《妇女权益保障法》等法律为核心的，包括地方法规、部门规章在内的较为完整的保护妇女劳动就业权的法律体系。

我国法律规定妇女享有与男子平等的就业权，禁止就业中的性别歧视。《劳动法》第3条第1款中规定，劳动者享有平等就业和选择职业的权利。第12条规定："劳动者就业，不因民族、种族、性别、宗教信仰不同而受歧视。"第13条规定："妇女享有与男子平等的就业权利。在录用职工时，除国家规定的不适合妇女的工种或者岗位，不得以性别为由拒绝录用妇女或者提高对妇女的录用标准。"《妇女权益保障法》第22条规定："国家保障妇女享有与男子平等的劳动权利和社会保障权利。"第23条规定："各单位在录用职工时，除不适合妇女的工种或者岗位外，不得以性别为由拒绝录用妇女或者提高对妇女的录用标准。各单位在录用女

笔　记　区

职工时，应当依法与其签订劳动（聘用）合同或者服务协议，劳动（聘用）合同或者服务协议中不得规定限制女职工结婚、生育的内容。禁止录用未满16周岁的女性未成年人，国家另有规定的除外。”2008年1月1日开始实施的《就业促进法》第27条第1款和第2款明确规定：“国家保障妇女享有与男子平等的劳动权利。用人单位招用人员，除国家规定的不适合妇女的工种或者岗位外，不得以性别为由，拒绝录用妇女或者提高对妇女的录用标准。”

不得无故辞退女职工，不得因女职工结婚、怀孕等为由，解除与女职工的劳动合同。尤其要禁止在女职工退休时的性别歧视，女职工没达到法定退休年龄的，不得强迫女职工退休，女职工符合退休条件并自愿退休的，不得阻碍女职工退休。根据相关法律规范，企业职工退休的法律情形有：（1）在实行劳动合同制的企业中，男年满60周岁，女满55周岁就可退休；（2）从事井下、高空、高温、特别繁重体力劳动或其他有害身体健康的工作，男年满55周岁、女年满45周岁，连续工龄满10年；（3）男年满50周岁、女年满45周岁，由医院证明并经劳动鉴定委员会确认为完全丧失劳动能力的；（4）因工致残，由医院证明并经劳动鉴定委员会确认完全丧失劳动能力的。

晋职、晋级、评定专业技术职务等方面不得歧视妇女。《妇女权益保障法》第25条对此作了直接规定，第57条第3款还规定：“违反本法规定，侵害妇女文化教育权益、劳动和社会保障权益、人身和财产权益以及婚姻家庭权益的，由其所在单位、主管部门或者上级机关责令改正，直接负责的主管人员和其他直接责任人员属于国家工作人员的，由其所在单位或者上级机关依法给予行政处分。”《劳动法》第95条规定：“用人单位违反本法对女职工和未成年工的保护规定，侵害其合法权益的，由劳动行政部门责令改正，处以罚款；对女职工或者未成年工造成损害的，应当承担赔偿责任。”

2. 妇女劳动报酬权的一般保护

妇女享有劳动报酬权是我国《宪法》和《劳动法》中贯彻“按劳分配原则”和“同工同酬原则”的具体体现。按劳分配是我国《宪法》明确规定的社会主义分配原则，同工同酬与之有着密不可

笔　记　区

分的联系。按劳分配是指按照劳动者完成的劳动数量和质量来确定劳动报酬，付出一样的劳动就应当获得一样的报酬。因此当女性劳动者与男性劳动者完成同质同量的劳动时，法律就保护她们获得与男性一样的劳动报酬。我国法律关于妇女劳动报酬的保护主要体现在四个方面，即男女同工同酬和最低工资保障制度，侵犯妇女劳动报酬权的法律责任，女职工的工资权益。

《宪法》第48条第2款规定："国家保护妇女的权利和利益，实行男女同工同酬，培养和选拔妇女干部。"《妇女权益保障法》第24条规定："实行男女同工同酬。妇女在享受福利待遇方面享有与男子平等的权利。"我国已经批准加入的第100号《国际劳工公约》也规定："对男女工人同等价值的工作给予同等报酬。"我国于1990年批准加入的《关于男女工人同工同酬的公约》解释："男女工人同工同酬指报酬率的订定，不得有性别上的歧视。"

法律强调了最低工资保障制度。最低工资是指劳动者在法定工作时间内提供正常劳动的前提下，其所在企业应支付的最低劳动报酬。《劳动法》第48条规定："国家实行最低工资保障制度。最低工资的具体标准由省、自治区、直辖市人民政府规定，报国务院备案。"根据《企业最低工资规定》中的规定，最低工资标准不包括下列项目：延长工作时间工资；中班、夜班、高温、低温、井下、有毒有害等特殊工作环境、条件下的津贴；法律法规和国家规定的劳动福利待遇等。

我国法律规定了侵犯妇女劳动报酬权的法律责任。根据《劳动法》第91条的规定，侵犯妇女劳动报酬权的，由劳动行政部门责令改正，并支付赔偿金。1994年发布的《违反和解除劳动合同的经济补偿办法》第4条规定："用人单位支付劳动者的工资报酬低于当地最低工资标准的，要在补足低于标准部分的同时，另外支付相当于低于标准部分25%的经济补偿金。"[①]（如果是在2008年1月1日《劳动合同法》施行后签订的劳动合同，经济补偿办法按《劳动合同法》的规定）

用人单位应依法支付妇女工资，对于妇女加班加点等延长劳动时间的，应当依法支付相当的劳动报酬。《劳动法》第50条规定：

① 林建军．妇女法基本问题研究［M］．北京：中国社会科学出版社，2007：144.

"工资应当以货币形式按月支付给劳动者本人。不得克扣或无故拖欠劳动者的工资。"第51条规定："劳动者在法定休假日和婚丧假期间以及依法参加社会活动期间，用人单位应当依法支付工资。"

3. 妇女休息休假权的一般保护

（1）关于日休息时间的规定。

妇女同男职工一样享有标准工作日之外的休息时间。1995年修改的《国务院关于职工工作时间的规定》第3条规定："职工每日工作8小时，每周工作40小时"。也就是说每日24小时，除了8小时之外，其余的16小时都属于劳动者的休息休假时间，由劳动者个人进行自由支配。禁止用人单位随意延长女职工的劳动时间。《劳动法》第41条规定："用人单位由于生产经营需要，经与工会和劳动者协商后可以延长工作时间，一般每日不得超过1小时；因特殊原因需要延长工作时间的，在保障劳动者身体健康的条件下延长工作时间每日不得超过3小时，但是每月不得超过36小时。"

（2）关于周休息时间的规定。

周休息时间又称公休假日休息，是指劳动者在一周内享有的连续休息一天以上的休息时间。《劳动法》第38条规定："用人单位应当保证劳动者每周至少休息1日。"根据修改后的《国务院关于职工工作时间的规定》，我国目前基本上已经实行"五天工作制"。企业职工每周工作时间之外可以连续休息两天，一般安排在周六和周日。

（3）关于法定节假日休息的规定。

妇女享有法定节假日休息权。节日休息是指由国家法律法规统一规定的用以开展纪念、庆祝活动和休息的时间。根据《劳动法》第40条的规定，每逢元旦、春节、国际劳动节、国庆节和法律法规规定的其他法定休假节日，用人单位应当依法安排劳动者休假。2007年国务院修订的《全国年节及纪念日放假办法》规定，元旦（1月1日）、清明节（农历清明当日）、劳动节（5月1日）、端午节（农历端午当日）、中秋节（农历中秋当日）各放假1天，春节（农历除夕、正月初一、初二）和国庆节（10月1日、2日、3日）各放假3天。根据该办法第6条的规定，如果上述节日适逢星期六、星期日的，应当在工作日补假。该办法第4条规定："少数民族习惯的节日，由各少数民族聚居地区的地方人民政府，按照

笔　记　区

各该民族习惯，规定放假日期。”女职工如果为少数民族的也当然可以享受。

（4）关于带薪年休假的规定。

女职工同男职工一样平等的享有带薪年休假的权利。《劳动法》第45条规定：“国家实行带薪年休假制度。劳动者连续工作1年以上的，享受带薪年休假。具体办法由国务院规定。”2007年12月国务院颁布的《职工带薪年休假条例》规定，职工累计工作已满1年不满10年的，年休假5天；已满10年不满20年的，年休假10天；已满20年的，年休假15天。对职工应休未休的年休假天数，单位应当按照该职工日工资收入的300%支付年休假工资报酬。另外，带薪年休假期间如遇到法定节假日的应往后顺延。

（5）关于探亲假的规定。

女职工依法享有探亲假的权利。根据《国务院关于职工探亲待遇的规定》，探亲假的具体假期为：职工探望配偶的，每年给予一方探亲假一次，假期为20天。如果因为工作需要，本单位不能给予假期，或者职工自愿两年探亲一次，可以两年给假一次，假期为45天。已婚职工探望父母的，每四年给假一次，假期为20天。探亲假中如遇周末的，也应将其算在探亲假内。职工探望配偶和未婚职工探望父母的往返路费，由所在单位负担。已婚职工探望父母的往返路费，在本人月标准工资30%以内的，由本人自理，超过部分由所在单位负担。

（6）关于法律责任的规定。

《劳动法》第90条规定：“用人单位违反本法规定，延长劳动者工作时间的，由劳动行政部门给予警告，责令改正，并可以处以罚款。”第91条还规定，用人单位拒不支付劳动者延长工作时间工资报酬的，由劳动行政部门责令支付劳动者的工资报酬、经济补偿，并可以责令支付赔偿金。

1995年1月1日开始实施的《违反〈中华人民共和国劳动法〉行政处罚办法》第4条规定：“用人单位未与工会和劳动者协商，强迫劳动者延长工作时间的，应给予警告，责令改正，并可按每名劳动者每延长工作时间一小时罚款一百元以下的标准处罚。”第5条规定：“用人单位每日延长劳动者工作时间超过三小时或每月延长工作时间超过三十六小时的，应给予警告，责令改正，并

笔　记　区

可按每名劳动者每超过工作时间一小时罚款一百元以下的标准处罚。”根据1995年《关于贯彻执行〈中华人民共和国劳动法〉若干问题意见》第71条的规定，如果企业违反法律、法规强迫劳动者延长工作时间的，劳动者有权拒绝。若由此发生劳动争议，可以提请劳动争议处理机构予以处理。

4. 妇女劳动安全卫生权的一般保护

女职工作为劳动者享有的一般劳动安全卫生保护权体现在用人单位的义务和女职工享有的权利两个方面。

（1）用人单位必须建立、健全劳动安全卫生制度，严格执行国家劳动安全卫生标准，对劳动者进行劳动安全卫生教育，防止劳动过程中的事故，减少职业危害；用人单位的劳动安全卫生设施必须与主体工程同时设计、同时施工、同时投入生产和使用；用人单位必须为女职工提供符合国家规定的劳动安全卫生条件和必要的劳动保护用品，对从事有职业危害的女职工应当定期进行健康检查。

（2）对女职工有权知道所从事的工作可能对身体健康造成的危害和可能发生的不安全事故，用人单位应当及时告知；女职工对用人单位管理人员违章指挥、强令冒险作业，有权拒绝执行；对危害生命安全和身体健康的行为，有权提出批评、检举和控告。

5. 妇女接受职业技能培训权的一般保护

《劳动法》第66条规定：“国家通过各种途径，采取各种措施，发展职业培训事业，开发劳动者的职业技能，提高劳动者素质，增强劳动者的就业能力和工作能力。”第68条规定：“用人单位应当建立职业培训制度，按照国家规定提取和使用职业培训经费，根据本单位实际，有计划地对劳动者进行职业培训。从事技术工种的劳动者，上岗前必须经过培训。”《妇女权益保障法》第20条规定：“各级人民政府和有关部门应当采取措施，根据城镇和农村妇女的需要，组织妇女接受职业教育和技术培训。”

（二）妇女社会保障权的一般保护

我国2001年加入的《经济、社会及文化权利国际公约》第9条规定：“本公约缔约各国承认人人有权享受社会保障，包括社会保险。”根据该公约第10条的规定，缔约各国承认，对母亲，

笔 记 区

在产前和产后的合理期间，应给以特别保护，在此期间，对有工作的母亲应给以有薪假期或有适当社会保障福利金的休假。早在1952年国际劳工局通过了《社会保障最低标准公约》（102号公约），为世界各国制定社会保障政策提供了依据。

我国《宪法》第14条、第44条和第45条对公民的社会保障权作了原则性规定，其中第14条第4款规定："国家建立健全同经济发展水平相适应的社会保障制度。"第44条规定："国家依照法律规定实行企业事业组织的职工和国家机关工作人员的退休制度。退休人员的生活受到国家和社会的保障。"第45条规定："中华人民共和国公民在年老、疾病或者丧失劳动能力的情况下，有从国家和社会获得物质帮助的权利。国家发展为公民享受这些权利所需要的社会保险、社会救济和医疗卫生事业。国家和社会保障残废军人的生活，抚恤烈士家属，优待军人家属。国家和社会帮助安排盲、聋、哑和其他有残疾的公民的劳动、生活和教育。"根据上述规定，我国先后出台了一系列法律、行政法规和政策性文件。社会保险方面主要有：1994年《劳动法》（对社会保险作了专章规定）、1997年《国务院关于建立统一的企业职工基本养老保险制度的决定》、1998年《国务院关于建立城镇职工基本医疗保险制度的决定》、1999年《社会保险费征缴暂行条例》、2003年《工伤保险条例》。社会救助方面的主要有：1994年《农村五保供养工作条例》（2006年修改）、1999年《城市居民最低生活保障条例》。医疗卫生方面的主要有：1989年《中华人民共和国传染病防治法》（2004年修改，以下简称《传染病防治法》）、1994年《母婴保健法》、2001年《中华人民共和国职业病防治法》、1998年《中华人民共和国执业医师法》、2001年《中华人民共和国药品管理法》等[①]以及《关于2008年调整企业退休人员基本养老金的通知》等。我国对社会保障制度的每一次转变和完善都惠及了女性同胞。

二、妇女劳动与社会保障权利的特殊保护

我国针对女职工劳动与社会保障权特殊保护的国内立法有

① 顾秀莲．妇女权益保障法学习读本［M］．中国法制出版社，2005：99.

笔　记　区

1988年颁布的《女职工劳动保护规定》，1990年颁布的《女职工禁忌劳动范围的规定》以及1992年颁布2005年修改的《妇女权益保障法》，在1994年实施的《劳动法》中对女职工特殊保护设有专章规定。在国际法方面，我国批准了《1951年同工同酬公约》、1980年批准了《消除对妇女一切形式歧视公约》。

（一）妇女劳动权的特殊保护

法律对妇女劳动权的特殊保护主要包括妇女的劳动就业权、劳动报酬权、休息休假权和劳动安全卫生保护权四个方面。

1. 妇女劳动就业权的特殊保护

《消除对妇女一切形式歧视公约》第11条规定："缔约各国应采取一切适当措施，消除在就业方面对妇女的歧视，以保证她们在男女平等的基础上享有相同的权利。"[①]2005年我国政府还批准《1958年消除就业和职业歧视公约》。

在国内立法方面《宪法》第48条规定"中华人民共和国妇女在政治的、经济的、文化的、社会的和家庭的生活等各方面享有同男子平等的权利。国家保护妇女的权利和利益，实行男女同工同酬，培养和选拔妇女干部"。这些宪法规范是所有反就业歧视法律规范的立法基础，其中公民的平等权内在地包括就业平等权。《劳动法》第12条规定："劳动者就业，不因民族、种族、性别、宗教信仰不同而受歧视"，第13条规定："妇女享有与男子平等的就业权利。在录用职工时，除国家规定的不适合妇女的工种或者岗位外，不得以性别为由拒绝录用妇女或者提高对妇女的录用标准"，第46条第1款规定："工资分配应当遵循按劳分配原则，实行同工同酬"，这些条款都涉及男女平等就业和禁止就业性别歧视的内容。《就业促进法》第27条中明确提出，用人单位录用女职工，不得在劳动合同中规定限制女职工结婚、生育的内容。《妇女权益保障法》也对妇女就业及禁止歧视作了规定。《女职工劳动保护规定》、《关于女职工禁忌劳动范围的规定》、《就业服务与就业管理规定》等为法律、行政法规的实施提供了具体细则。

此外，国家还及时出台相关政策，以求解决劳动就业性别歧

①〔美〕爱德华．劳森，汪弥，董云虎等译．人权百科全书［M］．四川人民出版社，1997：259．

笔 记 区

视问题。其中，我国政府制定并发布《中国妇女发展纲要（2001—2010年）》明确提出其主要目标之一就是消除就业性别歧视，实现男女平等就业，保障妇女劳动权利，妇女从业人员占从业人员总数的比例保持在40%以上。并提出了一系列的配套策略和措施，明确指导各级政府要拓宽妇女就业渠道，在经济发展和产业结构调整中，充分考虑妇女就业的需要，大力发展第三产业特别是社区服务业，为妇女创造新的就业机会和就业岗位。提高妇女在新兴产业、新兴行业中的就业比例和中、高级专业技术人员中的女性比例。提倡自主就业，鼓励妇女自谋职业，支持和引导妇女兴办私营、个体企业和发展科技型中小企业，促进妇女通过多种形式再就业。

2. *妇女劳动报酬权的特殊保护*

劳动报酬权是公民的一项基本权利，就目前的现实状况而言，对妇女劳动报酬权的特殊保护就是要强调男女同工同酬。《世界人权宣言》第23条就明确规定了同工同酬权。我国于1990年批准的《男女工人同工同酬公约》全面规定了禁止在劳动报酬上有性别歧视。根据我国于2001年批准的《经济、社会和文化权利国际公约》第7条的规定，缔约各国承认人人有权享受公正和良好的工作条件，特别要保证最低限度给予所有人公平的工资和同值工作同酬而没有任何歧视，保证休息、闲暇和工作时间的合理限制，定期给薪休假以及公共假日报酬。

《宪法》第48条第2款规定："国家保护妇女的权利和利益，实行男女同工同酬，培养和选拔妇女干部"《劳动法》第46条第1款规定："工资分配应当遵循按劳分配原则，实行同工同酬。"《妇女权益保障法》第24条规定："实行男女同工同酬。妇女在享受福利待遇方面享有与男子平等的权利。"

3. *妇女休息休假权的特殊保护*

根据2008年1月1号开始实施的《全国年节及纪念日放假办法》第3条的规定，妇女节（3月8号），妇女放半天假。根据该办法第6条的规定，如果3月8日适逢周六、周日则不安排补休。任何人、任何单位都不得剥夺妇女的该项法定权利。

此外，我国法律法规还特别强调了对妇女在经期、孕期、产

笔　记　区

期和哺乳期的休息休假权，即对妇女“四期”的特殊保护。

（1）经期休息、休假权。

1993年卫生部、原劳动部、原人事部、全国总工会、全国妇联联合颁发的《女职工保健工作规定》明确规定，患有重度痛经及月经过多的女职工，经医疗或妇幼保健机构确诊后，月经期间可适当给予1至2天的休假。

（2）孕期休息、休假权。

根据《劳动法》、《妇女权益保障法》、《女职工劳动保护规定》的规定，对怀孕7个月以上的女职工不得延长劳动时间，对不能胜任原劳动的，应当根据医务部门的证明，予以减轻劳动量或者安排其他劳动；同时对怀孕7个月以上的女职工也不得安排夜班劳动；怀孕期间在劳动时间内进行产前检查，应算作劳动时间。1989年原劳动部关于《女职工劳动保护规定》的问题解答中，进一步明确指出夜班劳动是指在当日22点至次日6点时间从事劳动或工作；为了保证孕妇和胎儿的健康，应按卫生部门的要求做产前检查。女职工产前检查应按出勤对待，不能按病假、事假、旷工处理。对在生产第一线的女职工，要相应地减少生产定额，以保证产前检查时间。

另外，1993年发布的《女职工保健工作规定》对怀孕女职工的劳动保护作了更为具体的规定，其中女职工较多的单位应建立孕妇休息室。妊娠满7个月应给予工间休息或适当减轻工作；从事立位作业的女职工，妊娠满7个月后，其工作场所应设立工间休息座位。

（3）产期休息、休假权。

《劳动法》第62条规定：“女职工生育享受不少于90天的产假。”特别提醒的是，根据相关法律规定，晚育者产假可以适当延长。《中华人民共和国人口与计划生育法》（以下简称《计划生育法》）第25条规定：“公民晚婚晚育，可以获得延长婚假、生育假的奖励或者其他福利待遇。”因此，大部分的省、自治区、直辖市在此基础上又对晚育妇女规定了晚育假，即在法定产假的基础上给予适当延长产假的奖励，各省规定并不一致，如《山东省人口与计划生育条例》第30条规定：“女方晚育的，除国家规定的产假外，增加产假60日，并给予男方护理假7日。增加的婚假、产假、

笔 记 区

护理假，视为出勤，工资照发，福利待遇不变。”

《女职工劳动保护规定》第8条规定：“女职工产假为90天，其中产前休假15天。难产的，增加产假15天。多胞胎生育的，每多生育一个婴儿增加产假15天。女职工怀孕流产的，其所在单位应当根据医务部门的证明，给予一定时间的产假。”原劳动部关于《女职工劳动保护规定》的问题解答中进一步指出所谓产前假15天，系指预产期前15天的休假。产前假一般不得放在产后使用。若孕妇提前生产，可将不足的天数和产后假合并使用；若孕期推迟生产，可将超出的天数按病假处理。另外休产假不能提前或推后。至于教师产假正值寒暑假期间，能否延长寒暑假的时间，则由主管部门确定。

对于流产假，根据原劳动部《关于女职工生育待遇若干问题的通知》（1988年9月4日）的规定，女职工怀孕不满4个月流产时，应当根据医务部门的意见，给予15天到30天的产假；怀孕满4个月以上流产时，给予42天产假。

（4）哺乳期休息、休假权。

哺乳期是指女职工在哺乳不满一周岁婴儿的期间。根据《劳动法》第63条的规定，处于哺乳期的女职工不得延长劳动时间，不得安排夜班劳动。对于女职工上班期间哺乳婴儿的时间，国务院《女职工劳动保护规定》第9条明确规定：“有不满1周岁婴儿的女职工，其所在单位应当在每班劳动时间内给予两次哺乳（含人工喂养）时间，每次30分钟。多胞胎生育的，每多哺乳一个婴儿，每次哺乳时间增加30分钟。女职工每班劳动时间内的两次哺乳时间，可以合并使用。哺乳时间和在本单位内哺乳往返途中的时间算作劳动时间。”原劳动部关于《女职工劳动保护规定》问题的解答进一步规定，女职工哺乳婴儿满一周岁以后，一般不再延长哺乳期。如果婴儿身体特别虚弱，经医务部门证明，可将哺乳期酌情延长。如果哺乳期满时正值夏季，也可以延长一二个月。

4. 女职工劳动安全卫生权的特殊保护

目前，我国已经形成了一定层次的劳动安全卫生保护体系，《宪法》关于劳动安全卫生保护的规定居于最高层次；《劳动法》关于劳动安全卫生保护的专章规定居于第二层次；《中华人民共和

笔　记　区

国安全生产法》、《职业病防治法》等综合性基本法属于第三层次；而像一些专门性的基本法（法律或行政法规），如《中华人民共和国矿山安全法》属于第四层次；单项规章（部门规章）属于第五层次。[①]

关于女职工的劳动安全卫生特殊保护，主要体现在职业性侵害和禁忌劳动范围两个大的方面。

（1）女职工经期劳动安全卫生保护。

《劳动法》第60条规定："不得安排女职工在经期从事高处、低温、冷水作业和国家规定的第三级体力劳动强度的劳动。"《妇女权益保障法》第26条规定："任何单位均应根据妇女的特点，依法保护妇女在工作和劳动时的安全和健康，不得安排不适合妇女从事的工作和劳动。妇女在经期、孕期、产期、哺乳期受特殊保护。"《女职工劳动保护规定》第6条规定："女职工在月经期间，所在单位不得安排其从事高空、低温、冷水和国家规定的第三级体力劳动强度的劳动。"《女职工禁忌劳动范围的规定》第4条也做出了类似规定，即女职工在月经期间禁忌从事的劳动范围有食品冷冻库内及冷水等低温作业；第III级体力劳动强度的作业；第II级（含II级）以上的高处作业。另外，根据《女职工保健工作规定》第7条的规定，应宣传普及月经期卫生知识；女职工在100人以上的单位，应逐步建立女职工卫生室，健全相应的制度并设专人管理，对卫生室管理人员应进行专业培训。女职工每班在100人以下的单位，应设置简易的温水箱及冲洗器。对流动、分散工作单位的女职工应发放单人自用冲洗器；女职工在月经期间不得从事《女职工禁忌劳动范围的规定》中第4条所规定的作业。

（2）孕期女职工劳动安全卫生保护。

《女职工劳动保护规定》第7条第1款规定："女职工在怀孕期间，所在单位不得安排其从事国家规定的第三级体力劳动强度的劳动和孕期禁忌从事的劳动，不得在正常劳动日以外延长劳动时间；对不能胜任原劳动的，应当根据医务部门的证明，予以减轻劳动量或者安排其他劳动。"根据《职业病防治法》第35条的规

① 王全兴．劳动法［M］．北京：法律出版社，2004：266．

笔 记 区

定，用人单位不得安排孕期、哺乳期的女职工从事对本人和胎儿、婴儿有危害的作业。《女职工禁忌劳动范围的规定》第5条规定："已婚待孕女职工禁忌从事的劳动范围：铅、汞、苯、镉等作业场所属于《有毒作业分级》标准中第III、IV级的作业。"第6条规定："怀孕女职工禁忌从事的劳动范围：1.作业场所空气中铅及其化合物、汞及其化合物、苯、镉铍、砷、氰化物、氮氧化物、一氧化碳、二硫化碳、氯己内酰胺、氯丁二烯、氯乙烯、环氧乙烷、苯胺、甲醛等有毒物质浓度超过国家卫生标准的作业；2.制药作业中从事抗癌药物及乙烯雌酚生产的作业；3.作业场所放射性物质超过《放射防护规定》中规定剂量的作业；4.人力进行的土方和石方作业；5.《体力劳动强度分级》标准中第III级体力劳动强度的作业；6.伴有全身强烈振动的作业，如风钻、捣固机、锻造等作业，以及拖拉机驾驶等；7工作中需要频繁弯腰、攀高、下蹲的作业，如焊接作业；8.《高处作业分级》标准所规定的高处作业。"

（3）产期女职工劳动安全卫生保护。

1988年《劳动部关于女职工生育待遇若干问题的通知》中规定，女职工怀孕在本单位的医疗机构或者指定的医疗机构检查和分娩时，其检查费、接生费、手术费、住院费和药费由所在单位负担，费用由原医疗经费渠道开支。女职工产假期满，因身体原因不能工作的，经过医务部门证明后，其超过产假期间的待遇，按照职工患病的有关规定处理。《女职工劳动保护规定》第11条规定："女职工比较多的单位应当按照国家有关规定，以自办或者联办的形式，逐步建立女职工卫生室、孕妇休息室、哺乳室、托儿所、幼儿园等设施，并妥善解决女职工在生理卫生、哺乳、照料婴儿方面的困难。"

（4）哺乳期女职工劳动安全卫生保护。

《劳动法》第63条规定："不得安排女职工在哺乳未满1周岁的婴儿期间从事国家规定的第三级体力劳动强度的劳动和哺乳期禁忌从事的其他劳动，不得安排其延长工作时间和夜班劳动。"《女职工劳动保护规定》第10条作了类似的规定。根据《女职工禁忌劳动范围的规定》第7条的规定，女职工在哺乳期内禁忌从事的范围包括：作业场所空气中铅及其化合物、汞及其化合物、苯、镉铍、砷、氰化物、氮氧化物、一氧化碳、二硫化碳、氯、己内酰胺、氯丁二烯、氯乙烯、环氧乙烷、苯胺、甲醛等有毒物质浓度超过国家卫生标准的作业；《体力劳动强度分级》标准中第III级体力劳动强度的作业；作业场所空气中锰、氟、溴、甲醇、有机磷化合物、有机氯化合物的浓度超过国家卫生标准的作业。《女职工劳动保护规定》第4条规定："不得在女职工怀孕期、产期、哺乳期降低其基本工资，或者解除劳动合同。"

（5）女职工禁忌劳动范围的规定。

根据《劳动法》、《女职工劳动保护规定》和《女职工禁忌劳动范围的规定》，女职工禁止从事下列劳动。

① 矿山井下作业（根据原劳动部关于《女职工劳动保护规定》问题的解答，矿山井下作业系指常年在矿山井下从事各种劳动。不包括临时性的工作，如医务人员下矿井进行治疗和抢救等）。

② 森林业伐木、归楞及流放作业（归楞是指将伐好的木材按一定的标准摆放好）。

③《体力劳动强度分级》标准中第IV级体力劳动强度的作业，如矿山、钢铁厂的装卸工等。

④ 建筑业脚手架的组装和拆除作业，以及电力、电信行业的高处架线作业。

⑤ 连续负重（指每小时负重次数在6次以上）每次负重超过20公斤，间断负重每次负重超过25公斤的作业。

⑥ 已婚待孕女职工禁忌从事的劳动范围：铅、汞、苯、镉等作业场所属于《有毒作业分级》标准中第III级、第IV级的作业。

另外，《劳动法》第59条规定的"禁止妇女从事其他禁忌的劳动"，主要是指劳动环境恶劣的工作，如野外作业、高温、低寒、有毒等不适宜妇女从事的劳动。

女职工在享受特殊劳动保护的同时也应自觉加强自我保护。应当严格遵守用人单位的规章制度，自觉使用劳动防护用品，时时注意危及健康的不安全因素。

（二）妇女社会保障权的特殊保护

目前，我国基本形成了以社会保险为主体，包括社会救助、社会福利、优抚安置、住房保障和社会慈善事业在内的社会保障

笔 记 区

制度框架。就社会保险制度来说，妇女处于老、弱、病、困时除了享受同男子一样的医疗保险、失业保险、工伤保险、养老保险以外，还享有带有更明显的女性特征的社会保险体制，即生育保险。

1994年《劳动法》第70条和第73条规定，国家发展社会保险事业，建立社会保险制度，设立社会保险基金，使劳动者在年老、患病、工伤、失业、生育等情况下获得帮助和补偿。劳动者在下列情形下，依法享受社会保险待遇：退休；患病、负伤；因工伤残或者患职业病；失业；生育。

根据1994年原劳动部发布的《企业职工生育保险试行办法》的规定，企业按不超过工资总额1%的资金向劳动部门所属的社会保险经办机构交纳生育保险费（职工个人不交纳生育保险费），社会保险经办机构负责生育保险基金的收缴、支付和管理；生育保险基金支付项目包括生育津贴、与生育有关的医护费用和管理费，其中，生育津贴按本企业上年度职工月平均工资计发。

《中国妇女发展纲要（2001—2010年）》在“妇女与经济”这一部分明确提出生育保险的目标，即妇女享有与男子平等的社会保障权利，城镇职工生育保险覆盖面达到90%以上。在策略措施中提到进一步完善社会保障体系，积极推动在不同所有制经济实体就业的、不同收入层次的妇女按照国家规定参加社会保险，确保妇女在参与经济发展中接受有效服务；妇女享有与男子平等参加城镇职工基本养老保险、基本医疗保险、失业保险、工伤保险、生育保险的权利；普遍建立城镇职工生育保险制度，完善相关配套措施，切实保障女职工生育期间的基本生活和医疗保健需求。并进一步强调加强产科建设，创造住院分娩条件，使全国孕产妇死亡率以2000年为基数下降1/4。农村孕产妇住院分娩率达到65%，高危孕产妇住院分娩率达到90%以上。住院分娩确有困难的边远地区，消毒接生率达到95%以上。还要以生殖健康教育为中心，普及生殖保健、优生优育、避孕节育知识，生殖保健知识普及率和育龄人口计划生育知识普及率达到80%以上。从而将生育保险覆盖面扩大到城镇各类企业，完善至各个方面。

《妇女权益保障法》第29条规定：“国家推行生育保险制度，建立健全与生育相关的其他保障制度。地方各级人民政府和有关部门应当按照有关规定为贫困妇女提供必要的生育救助。”

笔　记　区

另外，1988年国务院《女职工劳动保护规定》和1988年原劳动部《关于女职工生育待遇若干问题的通知》对女职工产假、产假期间待遇以及适用范围等问题做出了一系列规定。

第三节　就业性别歧视

保障妇女的劳动就业权，就是保障妇女的生存权和发展权，妇女只有参加了社会生产劳动，获得经济上的独立，才能实现自身的全面发展。近几年来尽管我国采用了法律的、行政的和教育的手段，保障妇女的劳动就业权，禁止招工、招聘中的性别歧视，但在实践中仍然存在各种问题。

一、就业性别歧视的概念

现行法律法规并没有对就业性别歧视做出明确界定，因此关于就业性别歧视并没有统一的概念。我国在2005年就批准通过了《1958年消除就业和职业歧视公约》，在该公约中对“歧视”一词做出了界定，据此，就业性别歧视是指基于性别的区别、排斥或特惠，其后果是取消或损害就业方面的机会平等或待遇平等，但是基于特殊工作本身要求的任何区别、排斥或特惠，不应视为歧视。有些学者认为，就业性别歧视是指雇主在招聘和雇佣过程中，基于性别而不公正的区别对待或者对于应当区别对待的两性同样对待，使其中一种性别的人处于与异性相比特别不利的地位。综合以上两种观点，对妇女的就业歧视实质上是指妇女在就业过程中遭受了不公平的对待。

二、就业性别歧视的分类

就业性别歧视主要分为两类，即直接歧视和间接歧视。

就业性别直接歧视也称故意性歧视，是指雇员由于性别的原因而受到的不利待遇。直接歧视表现为形式上的不平等，呈现出明显的区别对待。如用人单位在招聘广告中称只招收男性。就业性

笔 记 区

别间接歧视是指雇主施加了一项表面上是性别中立（gender-neutral）或者种族中立（race-neutral）的规定，但使某一性别的人或者某一肤色、种族群体、种族或者民族出身（color，racial group，ethnic or national origins）的人处于一种不利的状态（at a disadvantage），而且雇主的行为在客观上没有正当理由。概言之，间接歧视关注的是雇主表面上非歧视性的作法造成的“差别影响（disparate impact）”问题。[①]在我国，间接歧视又被某些学者称为隐形歧视。

我国早在1990年就加入了《消除对妇女一切形式歧视公约》，根据该公约第2条的规定，缔约国应采取适当立法和其他措施，禁止对妇女的一切歧视。由此，无论是就业性别直接歧视还是就业性别间接歧视都是应该严厉禁止的。

三、我国就业性别歧视的现状

由于我国缺乏专门的反就业歧视立法，因此，我国目前的就业性别歧视还是明显存在的。由于2008年1月1号开始实施的《就业促进法》明确禁止就业歧视，并特别强调对于就业歧视纠纷可以通过诉讼方式解决，并且如果用人单位在招工简章中公开歧视女性的行为将受到劳动监察部门的查处，所以现在的就业性别歧视出现了一些新变化。

招聘单位使出新花招将明目张胆的就业性别歧视转为比较隐蔽的就业性别歧视。如用人单位在招聘广告中不再使用“男士优先”、“不要女性”等字眼，但是他们往往在所收集的招聘简历中，只通知男性面试，或者即使通知女性求职者面试，但之后再找理由将她们淘汰。再如招聘单位不再明说“一旦聘用几年内不准结婚、不准生育”等条件，但是女性求职者的婚姻状况、生育状况也是他们暗暗考量的因素。

招聘单位即使聘用女性，但在后来安排工作岗位时表现出了区别对待，如安排女性做收入低廉、技术不强的所谓“女性工作”，使得女性在劳动就业中的收入明显低于男性，在劳动技能培训方面和晋级、晋职方面，也把机会给予男性劳动者。

---

① Robert Upex, Richard Benny and Stephen Hardy, Labor Law［M］. Oxford University Press, 2006.

笔　记　区

就业性别间接歧视除了较多以外，在认定上较为困难。因为间接歧视主要考虑的是用人单位所采用雇用手段的后果而非意图。

我国关于男女退休年龄的规定，也引起了是否对女性构成间接歧视的讨论。根据《国务院关于工人、职员退休处理的暂行规定》、《国务院关于安置老弱病残干部的暂行办法》以及《国务院关于工人退休、退职的暂行办法》，我国目前关于退休年龄的规定（具体规定在前面的“劳动就业权”中已经作了详细叙述）使得女性比男性提早退休5—10年。

四、就业性别歧视的原因分析

我国目前存在的五花八门的就业歧视，其原因概括起来有企业方面的、传统观念方面的、社会分工和角色方面的。

1．我国关于就业歧视的立法分散、不完善。

目前我国缺乏专门的反就业歧视立法，关于就业歧视的立法主要体现在《宪法》、《劳动法》、《妇女权益保障法》、《女职工劳动保护规定》等一系列的法律法规和规章当中，难以进行全面细致的规定。虽然2008年1月1日开始实施的《就业促进法》设专章规定“公平就业”，并且明确规定就业歧视纠纷可以通过法院诉讼途径解决，可谓在有关就业歧视立法上取得了明显的进步，但我们不得不承认这些规定还是比较原则的，既未明确规定承担何种行政责任和民事责任，也没有规定具体的执行机关。同时，相关监管部门对劳动力市场的监督管理力度不够，法律执行机制不完善，少数地方职能部门对企业特别是私有企业和非正规就业领域疏于监管。另外，还缺少专门处理就业歧视的机构，使得对女性劳动者就业权的保护缺乏力度。总之，我国现行法律法规缺乏对就业性别歧视的明确而具有可操作性的规范，并且没有性别歧视的概念、认定标准、具体的法律责任和有效的救济保障措施等，仅仅宣布歧视性的招工做法为非法是不够的，应在就业前的准备上就达到机会的平等，即教育和职业培训方面的机会平等，同时切实贯彻在招聘过程中，对妇女必须使用与男子相同的选择标准。

笔 记 区

2．关于劳动就业性别歧视纠纷的解决具有局限性。

根据2008年5月1日施行的《劳动争议调解仲裁法》第2条的规定，下列劳动争议处理可以采用仲裁程序：（1）因确认劳动关系发生的争议；（2）因订立、履行、变更、解除和终止劳动合同发生的争议；（3）因除名、辞退和辞职、离职发生的争议；（4）因工作时间、休息休假、社会保险、福利、培训以及劳动保护发生的争议；（5）因劳动报酬、工伤医疗费、经济补偿或者赔偿金等发生的争议；（6）法律、法规规定的其他劳动争议。根据以上规定及相关法律规范可以看出我国当前法律规定的劳动争议受案范围是以劳动者与用人单位已经订立劳动合同或已经建立事实劳动关系为基本前提，而求职阶段的劳动者与招聘单位发生的劳动就业性别歧视争议往往发生在劳动合同签订之前，《劳动法》对用人单位损害劳动者平等就业权的行为缺乏应有的法律约束力，所以一旦发生劳动就业性别歧视纠纷，我们只能根据《就业促进法》的规定向法院提起民事诉讼，而不能走劳动争议仲裁程序。

3．我国某些企业盲目追求效率和利润，而忽视了自身所应当承担的社会责任，根本不会意识到或者顾及到女性失业率高的社会问题。

4．女性的社会角色、社会分工及生理特点也是其遭受就业歧视的重要原因。一般情况下，女性承担着生儿育女、照顾老人的重任，要做大量的或全部的家务劳动，这往往耗费她们大量的时间和精力，正是女性的双重角色和双重身份给了女性双重的压力，往往使其不能像男性那样全身心地投入到工作中去。另外女性的退休时间也早于男性，再加之孕期、产期、哺乳期的特殊照顾，必将加大企业的用人成本，所以很多的企业不愿意雇佣女性。

5．我国有着几千年的封建传统文化，男尊女卑，重男轻女，男强女弱，男主外、女主内等社会性别意识及传统性别偏见尽管在市场经济及现代思想的影响下有所削弱，但并没有彻底消除，无论是企业的上层管理者还是女性劳动者都或多或少的受到以男性为中心的传统习惯势力的影响，这就造成企业片面夸大女性劳动者的不利因素，女性劳动者在潜意识当中也自觉其智力、能力低男性劳动者一等。而且当家庭和事业发生冲突时，女性劳动者

笔　记　区

往往放弃后者，把家庭放在第一位，这也是用人单位在招聘时对女性求职者望而却步的一个重要原因。

五、解决就业性别歧视的对策

就业性别歧视加大了女性劳动者的就业压力，不仅会影响女性劳动者的心理健康，也会浪费社会资源，更重要的是它会破坏社会的公平观念，不利于社会的稳定与和谐发展。针对上述我国就业性别歧视的现状及原因，应当从以下几个方面来加以改善。

（一）打破封建传统文化的影响，突破传统的社会分工框架，树立正确的社会性别意识观念

我们应切实贯彻实施男女平等的基本国策，加大对性别平等文化的宣传，在全社会树立尊重女性的文化观念，积极宣扬女性也是半边天，使社会各界充分认识女性在社会主义现代化建设中的重要作用；在学校教育、家庭教育和社会教育中，要积极宣扬新型的社会分工模式：男女共同参加社会劳动，男女共同分担家务劳动，使之代替传统的男主女从的社会角色定位，使女性劳动者充分发挥其创新能力和实践能力。

（二）用人单位要增强其社会责任感，积极转变用人观念

企业在经营过程中应当摒弃一味地追求效率和利润最大化，应当把社会责任放在第一位。试想如果一个企业没有社会责任感，见利忘义，置社会利益于不顾，除了自身难以发展以外，还会带来一系列的社会问题。

另外，用人单位也应转变用人观念，去除男强女弱的偏见。在市场经济下，女性的能力并不比男性差。中国企业家调查体系最新数据显示，在女企业家经营的企业中，营利企业比重比男性企业家经营的企业多了7.8个百分点，持平企业也多4.3个百分点，而亏损企业则少12.1个百分点。这些都充分说明，女性并不比男性差，女性同样优秀，同样可以给用人单位带来利润与效益。[①]

---

① 李放，苏丽丽．高校女毕业生就业性别歧视的原因分析及对策探讨［J］．现代教育科学·高教研究，2008，（3）．

笔 记 区

（三）加强立法修改，完善我国平等就业的法律、法规、规章

我国可以借鉴英美等国的经验，制定专门的反就业歧视法。近两年来我国相继通过了《劳动合同法》、《就业促进法》和《劳动争议调解仲裁法》，在此基础上再制定统一的反就业歧视法，突出反就业歧视的重要性，增强男女平等就业的观念，强调用人单位在反就业歧视中的义务，充分发挥政府在反就业性别歧视中的作用。对就业性别歧视的概念、种类、范围、法律责任及救济等做出全面的、具体的规定，增强反就业性别歧视的可操作性。对于就业性别歧视的种类可以借鉴英美国家的立法的直接歧视和间接歧视，并制定出判断标准等，以改变目前我国关于反就业性别歧视法律规范的分散性及保护范围的狭小性。

推广生育保险，加强生育保险的社会性，建立全国统一的生育保险制度，减少企业承担生育成本的费用，将该成本转为由企业、社会和个人三方承担，促进企业在生育成本上的合理分配。

由于劳动监察部门具有运用行政权力高效、快捷的优势，在反就业性别歧视中，可以增强劳动监察部门在促进男女平等就业中的作用。劳动监察部门在保护妇女劳动权益方面发挥了重要的作用，但以往主要是集中于对在业妇女劳动安全卫生保护方面的监督检查，而对于用人单外在招聘中公然的歧视女性现象没有进行直接的干预、监控和处理。应当加强立法的、制度的建设，使其在反就业性别歧视中切实发挥作用。

第四节 妇女的劳动报酬权

劳动报酬权是劳动权的核心，是人权的重要内容之一。妇女在劳动过程中取得与男子一样的劳动报酬，即同工同酬，这是妇女获得劳动报酬权最主要的权利之一。

一、妇女劳动报酬的概念

劳动报酬是相对于劳动者提供的劳动而言的，有狭义和广义之分。

笔　记　区

（一）狭义的劳动报酬

我国狭义的劳动报酬是指工资，即在劳动关系中，用人单位依据国家有关规定或劳动合同的约定，以货币形式直接支付给本单位劳动者的劳动报酬，一般包括基本工资（包括计时工资、计件工资）、奖金、津贴和补贴、加班加点工资以及特殊情况下支付的工资等。工资应当以法定货币支付，不得以实物、有价证券代替。

（二）广义的劳动报酬

广义的劳动报酬除工资外，还包括其他一些劳动收入，如劳务费、佣金、稿酬以及劳动保护用品、福利收入等。

要切实保障妇女的劳动报酬权，在立法以及实践中最主要的就是强调男女同工同酬。我国的《宪法》、《劳动法》都明确强调实行同工同酬，《妇女权益保障法》第24条特别强调“实行男女同工同酬，妇女在享受福利待遇方面享有与男子平等的权利”。

二、妇女劳动报酬权的具体内容

（一）同工同酬

所谓同工同酬，是指用人单位对于从事相同的工作，付出等量劳动且取得相同劳绩的劳动者，应当支付同等的劳动报酬。更具体地说，男女同工同酬就是要保证女职工在工资支付形式、支付时间、支付对象、延长工作时间的工资支付以及特殊情况下的工资等方面与男职工有平等的工资收益权。用人单位支付工资必须以货币的形式支付给妇女，且要定期支付，不能无故拖延。技术改进奖金、翻译费、稿费、讲课费等不能代替工资，以实物、有价证券支付工资也是属于严重违反《劳动法》的行为。

（二）最低工资标准保障

最低工资标准是国家依法制定的，当职工在法定工作时间内或依法签订的劳动合同约定的工作时间内，提供了正常劳动的前提下，用人单位在最低限度内应当支付的足以维持职工及其平均供养人口基本生活需要的劳动报酬，即工资的法定最低限额。根据《最低工资规定》第8条的规定最低工资标准的确定和调整方案，是由省、自治区、直辖市人民政府劳动保障部门会同同级工会、企业联合会、企业家协会研究拟定，并将拟订的方案报送劳动保障部。另外，最低工资标准是不包括以下几个方面的：加班加点工资；中班、夜班、高温、低温、井下、有毒有害等特殊工作环境、条件下的津贴；国家法律、法规和政策规定的劳动者保险、福利待遇；用人单位通过贴补伙食、住房等支付给劳动者的非货币性收入。

（三）特殊情况下工资支付

根据《劳动法》以及《工资支付暂行规定》的相关规定，如果用人单位依法安排劳动者在日法定标准工作时间以外延长工作时间的，按照不低于劳动合同约定的劳动者本人小时工资标准的150%支付劳动者工资；用人单位依法安排劳动者在休息日工作，而又不能安排补休的，按照不低于劳动合同约定的劳动者本人日或者小时工资标准的200%支付劳动者工资；用人单位依法安排劳动者在法定休假日工作的，按照不低于劳动合同约定的劳动者本人日或者小时工资标准的300%支付劳动者工资。

（四）其他劳动报酬

1. 带薪休假中的劳动报酬

妇女在法定节日、年休假、婚假、丧假、探亲假以及依法参加活动期间，用人单位应当依法支付工资。根据《工资支付暂行规定》中劳动者依法参加社会活动，用人单位应当支付工资的情形包括：依法行使选举权和被选举权；当选代表出席乡（镇）、区以上政府、党派、工会、青年团、妇女联合会等组织召开的会议；出任人民法庭证明人；出席劳动模范、先进工作者大会；《中华人民共和国工会法》（以下简称《工会法》）规定的不脱产工会基层委员会委员因工会活动占用的生产或工作时间；其他依法参加的社会活动。

2. 职工冬季取暖补贴、上下班交通费补贴

职工冬季取暖补贴标准是由地方政府按职工工资的一定比例

笔　记　区

确定，可随着社会经济发展水平进行适时调整。职工上下班交通费补贴由单位从管理费中支出。

三、妇女劳动报酬权的现状

尽管我国法律明确规定男女同工同酬，但是在现实中仍然存在一些侵害妇女劳动报酬权的现象。

当女职工处于孕期时，尽管有些企业没有解雇女职工，但往往以调岗为由，降低女职工的工资，有的甚至以效益差为借口将其工资降到当地最低工资标准以下。一些隐性的同工不同酬还是很多的。如当一个女职工和男职工做同样的工作，同样的优秀，他们拿到的报酬也一样，但是在提级的时候往往因为性别的原因把机会给予男职工，而女职工也完全够资格，工资却得不到提升时，这种状况就造成了实质上的同工不同酬。在一些女职工聚集较多的纺织、服装、出口加工企业，由于赶订单、赶任务，加班加点成为家常便饭，而企业在这样的特殊情况下往往不能按照法律的规定支付妇女加班费，进而侵犯了她们的劳动报酬权。另外，一些企业无故拖欠和恶意克扣工资的情形也比较严重。

四、保障妇女劳动报酬权的措施

企业在发展过程中，首先要对男女执行同样的最低工资标准规定。而不是以解除合同为威胁，支付妇女低于最低工资标准的工资。

要切实保护处于孕期女职工的劳动报酬权。既不能解除合同，也不能降低工资。

用人单位无故拖欠和恶意克扣女职工工资甚至拒绝支付工资的，除了承担行政责任和民事责任外，建议加大处罚力度，可以在以后的立法中增加其刑事责任。

加强行政监管力度，发挥社会监督作用，尤其可以通过新闻媒体对侵犯妇女劳动报酬权的企业进行曝光，形成社会舆论，使整个社会形成一种尊重妇女劳动价值、维护妇女劳动权益的氛围，从而使妇女在整个社会中获得一种真正意义上的平等。

笔 记 区

第五节 女职工特殊劳动保护

妇女作为半边天已经在社会生产中发挥了越来越重要的作用，我们在对妇女的这种社会价值进行珍重的同时也要从性别的角度认识到男女的身体机能差异，从而对从事劳动的女性做出特殊保护。

一、女职工特殊劳动保护的种类

我国法律目前对女职工的特殊劳动保护概括起来可以归为两大类：关于经期、孕期、产期、哺乳期的劳动保护；关于女职工禁忌劳动范围的规定。当妇女处于“四期”中，身体机能会发生很大的变化，为了保障妇女的特殊权益，我国法律对此期间的休息、休假、医疗保健、生育津贴、加班限制、夜班限制、劳动强度限制等做出了规定。关于女职工禁忌劳动范围的规定又分为两大类，即一般女职工禁忌劳动范围的规定和“四期”女职工禁忌劳动范围的规定。为什么要对处于“四期”的女职工做出特殊保护，以及对妇女从事一定的劳动范围做出限制，这是有科学依据的。

二、女职工特殊劳动保护的必要性

妇女由于其生理、心理和社会的原因需要特殊保护，以下将以“四期”为线索，并将女职工禁忌劳动范围贯穿其中，对女职工特殊保护的必要性做如下分析。

（一）经期保护的必要性

经期一般不影响女职工的正常工作，但是妇女在月经前后往往会出现烦躁、嗜睡、疲劳、紧张、恶心、头痛、痛经等症状，对于前几种症状，一般职业女性都能忍过去，但如果是出现严重的头痛和痛经时将会影响工作，甚至不得不中断劳动。据相关研究，劳动强度、工作环境、工作姿势等都会引起女工的月经不调，

笔　记　区

从事重体力劳动及站立作业的女工，痛经较为常见，工作中噪声过大、微波辐射、低温冷库作业、长期接触有害化学物质等因素也会引起月经异常。因此我国法律对女职工的经期保护作出规定，有利于妇女的身体健康和劳动力的再恢复。

（二）孕期保护的必要性

孕妇和胎儿的健康是家庭问题，更是社会问题。劳动条件、工作环境、劳动强度都会对怀孕的女职工及胎儿健康产生一定的影响。妇女在怀孕后身体会发生一系列的变化，需氧量大，心率加快，对血液中的毒物以及缺氧都比平时更为敏感，妊娠母体一旦中毒、缺氧，都会影响胎儿的正常发育。工作中的站立作业、频繁弯腰的作业一般都是重体力劳动，都会消耗较大的体力，也是不允许孕妇从事的。所以我国的《劳动法》中规定孕妇不得从事国家规定的第三级体力劳动（属重体力劳动）。

我国立法是从化学因素的影响和物理因素的影响两个方面来加强对孕期女职工的保护。如化学物质铅容易引起妊娠中毒症和先兆流产；接触汞的母亲所生的婴儿往往会呈现脑性麻痹及精神迟钝等症状；砷可经过胎盘转运，导致新生儿体重轻，甚至引起新生儿畸形。物理因素中的电离辐射可能导致胚胎畸形或死亡；全身性振动，会引起孕妇静脉淤血，影响到子宫的营养状况及胎盘的血液供给，影响胎儿发育。另外，持续性噪声以及夜班劳动等对孕妇及胎儿的健康都是不利的。

（三）产期保护的必要性

产期保护不仅关系妇女自身的健康，也关系人口的优质繁衍，我国法律尤其强调了对怀孕末期女职工的保护，如怀孕7个月以上的不得安排夜班劳动等。产假中也规定一般情况下休产前假15天，产后假75天，产前假不能放到产后休。在我国实践中产前休假往往得不到足够的重视。妇女怀孕末期，身体更加笨重，胎儿体重迅速增加，在这期间如果得不到足够的休息，就会发生种种意外，根据医学常识，一般在预产期前或后两个周内分娩都算正常，因此产前15天是一个准备分娩阶段，在此期间孕妇应当停止工作，专心迎接新生命的到来，以备不测。

笔 记 区

妇女分娩后一方面自己身体的恢复需要一定的休息时间，否则产后半年内得病或慢性病复发的比例也比较高，另一方面乳汁的分泌也不容妇女过度操劳，据相关研究，产后休息不足、过度劳累和精神紧张往往是导致乳汁分泌不足或无乳的重要原因。

（四）哺乳期保护的必要性

哺乳期女职工保护的主要目的就是为了保护母亲和乳儿的健康，母乳是婴儿的天然食品，它含有婴儿生长发育所需要的营养物质，初乳中含有抗体，可以增强婴儿的抵抗能力，母乳中乳糖含量较高，有利于婴儿大脑的发育，还可以促进钙、镁的吸收，母乳中的其他一些物质还能阻止婴儿患湿疹等疾病。现在国际上都在提倡母乳喂养，这就首先得保证母体的营养和健康，因此在哺乳期间不得安排母亲从事夜班劳动和第三级体力劳动强度以上的劳动，不得延长劳动时间。母亲更不得参加有毒有害作业而影响乳汁的质量和乳儿的健康，如铅、汞都可以通过乳汁被婴儿吸收，再如苯、二硫化碳、汽油、农药等化学物质也会因母亲接触后从乳汁中排出，进而被婴儿吸收。

三、女职工特殊劳动保护的现状

尽管我国通过立法对女职工的劳动权益提出了特殊保护，但在实践中仍然出现了各种各样的问题。

1. 加班加点比较严重，女职工的休息休假权利难以得到切实保障。尤其是在一些服装、纺织、餐饮、玩具制造等女职工密集的企业，由于订单多、任务紧、企业盲目追求利润等多种原因，企业加班加点已经成了家常便饭，连禁止从事夜班劳动的7个月以上的怀孕女职工及哺乳期女职工都无从幸免。

2. 女职工公平的劳动就业权落不到实处。我国的《就业促进法》明确提出禁止就业性别歧视，但有些企业往往从暗处附加各种理由和条件拒绝聘用女职工，即使聘用也常常威胁女职工，禁止其在合同期内怀孕。

3. “四期”保护难以实现，尤其是在一些餐饮企业、服务企业、销售行业，女职工的年龄都比较低，一旦怀孕，用人单位就

笔　记　区

与之解除劳动合同。怀孕期和哺乳期的女职工仍然在从事一些含有不合标准的有毒有害物质作业和三级以上体力劳动强度的作业，并时常与其他的普通女职工一样被延长劳动时间和从事夜班劳动。女职工在怀孕期间的定期检查难以实现，尤其在一些小企业这种现象比较严重，有的是因为工作时间紧张，有的即使被允许产检，但往往被单位算做事假。从事冷水低温作业和三级以上体力劳动强度作业的女职工在月经期间大多不能因此而被调换工作岗位。对已婚待孕女职工调离有毒有害工作岗位更是困难重重。

4. 由于劳动保护措施不到位，以及职工个人的原因，女职工的流产率比较高，畸形胎儿比较多。由于女职工长期从事含汞等有毒作业，其流产、死产的发生率高达33.61%，而接触高浓度铅的女工的流产、死产的发生率更是高达35.3%；有关专家认为，在畸胎中，真正由于遗传原因造成的仅约占20%，环境原因大约占20%，劳动环境、遗传原因相互作用的可能占到60%。[①]

四、女职工特殊劳动保护的对策

由于女职工在劳动中的权益得不到特殊保护，因此我们应当采取措施切实保护其劳动权利，从而实现真正意义上的人权。

应该从立法上进一步加强对妇女劳动权益的保护。《女职工劳动保护规定》、《女职工禁忌劳动范围的规定》从颁布实施至今都在20年左右，很多方面明显滞后，尤其是违法惩处部分，其制约性和可操作性不强，应加快修改。随着高科技的发展，一些高分子化合物造成的污染以及一些隐性的有毒有害物质已经对女职工的身体健康造成了危害，而原有法律法规因缺乏相关规定而滞后。

执法监察是实现女职工特殊权益保护的一种重要形式，我们应当加大执法监督的力度，劳动监察部门、人力资源和社会保障部门、各级妇联、各级工会都应当加大对女职工特殊权益保护的监督检查力度。

加强女职工特殊权益的自我保护意识。首先要组织女职工学习并相互宣传相关的法律法规，并教育她们当自己的劳动权益受

① 慈勤英. 关于女职工生育期劳动权益保护的探讨［J］. 人口学刊，2002，(2).

笔 记 区

到侵害的时候应及时要求有关部门处理，或者依法向仲裁机构申请仲裁，仲裁不服，也可以向法院起诉。

提高对违法企业的处罚力度，增加其违法成本。《劳动保障监察条例》第11条中将用人单位遵守女职工特殊保护规定的情况纳入到其监察的范围中，并在第23条进一步规定，侵犯女职工特殊保护权利的，由劳动保障行政部门责令改正，按照受害的劳动者每人1000元以上5000元以下的标准计算，处以罚款。这样的罚款数额与企业采取措施保护女职工劳动权益的守法成本相比犹如小巫见大巫，所以用人单位宁愿受处罚也不愿守法。另外，可以加强对企业违法行为的刑事制裁，并增加女职工对其劳动权益受侵害的可以要求民事赔偿的权利。

第六节 妇女的生育保险权

生育保险是我国社会保险中的一个种类，与妇女的权益保障有着直接而紧密的关系，具有重要的社会价值。

一、生育保险的概念

生育保险是指国家通过社会保险立法，对因生育或者计划生育而暂时丧失劳动能力的妇女，给予经济、物质等方面帮助的一种社会保障制度，体现了国家和社会对处于特殊时期的女职工的特殊保护。

二、生育保险的体系

目前我国有关生育保险的规定主要体现在以下几个方面。

（一）1994 年的《劳动法》

1994年的《劳动法》第70条规定：“国家发展社会保险事业，建立社会保险制度，设立社会保险基金，使劳动者在年老、患病、工伤、失业、生育等情况下获得帮助和补偿。”

笔　记　区

（二）2005 年修改的《妇女权益保障法》

《妇女权益保障法》第29条规定："国家推行生育保险制度，建立健全与生育相关的其他保障制度。地方各级人民政府和有关部门应当按照有关规定为贫困妇女提供必要的生育救助。"

（三）1994 年原劳动部《企业职工生育保险试行办法》

该办法于1995年1月1日开始实施，系统规定了生育保险的适用范围，生育保险费用的缴纳、使用，生育保险的内容，以及企业不缴纳生育保险的法律责任。该办法明确规定生育保险按属地原则组织，生育保险费用实行社会统筹，职工个人不缴纳生育保险费用。

（四）1988 年国务院《女职工劳动保护规定》

该规定对女职工处于经期、孕期、产期、哺乳期的待遇及保护等方面作了明确规定。

（五）1988 年《关于女职工生育待遇若干问题的通知》

1. 女职工怀孕不满4个月流产时，应当根据医务部门的意见，给予15天至30天的产假；怀孕满4个月以上流产时，给予42天产假。产假期间，工资照发。

2. 女职工怀孕在本单位的医疗机构或者指定的医疗机构检查和分娩时，其检查费、接生费、手术费、住院费和药费由所在单位负担，费用由原医疗经费渠道开支。

3. 女职工产假期满，因身体原因仍不能工作的，经医务部门证明后，其超过产假期间的待遇，按照职工患病的有关规定处理。

（六）1993 年《女职工保健工作规定》

对女职工从经期、婚前、孕前、孕期到产后、哺乳期、更年期等全程保健作了明确规定，为保障女职工的合法权益发挥了重要作用。

（七）《中国妇女发展纲要（2001—2010 年）》

该纲要在主要目标中提出：妇女享有与男子平等的社会保障权利。城镇职工生育保险覆盖面达到90%以上。并在社会保障与

笔 记 区

服务中进一步强调：普遍建立城镇职工生育保险制度，完善相关配套措施，切实保障女职工生育期间的基本生活和医疗保健需求。

三、生育保险的内容

根据以上生育保险的相关法律规范，我国生育保险的内容可以概括为产假、生育津贴和生育医疗服务及费用三大方面。

（一）产假

产假是女职工在分娩前、分娩后或流产期间依据生育保险的法律法规所享受的法定有薪假期。按照《劳动法》、《女职工劳动保护规定》和《关于女职工生育待遇若干问题的通知》的有关规定，我国假期制度目前分为分娩产假和流产产假两种。关于分娩产假和流产产假的具体规定已经在前面“妇女劳动权的特殊保护”中作了详细解释，在此不做赘述。

（二）生育津贴

职业女性既要从事社会劳动，又要担负起人类自身再生产的任务，她们在怀孕、分娩和育婴期间，如果不能参加劳动而丧失收入，必然降低其生活水平，所以产假和生育津贴相辅相成构成生育保险待遇的主干。

生育津贴又称现金津贴，是指女职工因生育或流产后暂时离开工作岗位，不再从事有报酬工作以致收入中断时，对其按照生育保险的法律法规及时给予定期的现金补助，以维护和保障妇女及婴儿的正常生活。我国的生育津贴原称为产假工资，在1994年改为生育津贴，以便与国际通用术语衔接。作为保障妇女权益的一项措施，生育津贴已经越来越受到国际社会和我国政府的重视。由于生育保险在我国还未全国性的铺开，所以目前我国形成了生育保险的“双轨制”，即已经参与生育保险社会统筹的地区，按本企业上年度职工月平均工资为基数计发生育津贴；没有开展生育保险社会统筹的地区，按本人生育前的基本工资为基数计发“产假工资”。

笔　记　区

生育保险社会统筹具体是指由社会统筹生育基金，其缴纳办法就是由企业按照工资总额的一定比例向社会保险经办机构缴纳生育保险费，建立生育保险基金，提取比例由当地政府决定，但最高不得超过工资总额的1%。个人不缴纳生育保险。以山东济南为例，在2000年开始实施的《济南市城镇职工生育保险暂行办法》第5条第1款规定，生育保险费实行社会统筹，由用人单位按照上月职工工资总额的0.8%缴纳，职工个人不缴费。职工本人月工资收入低于本市上年度职工月平均工资60%的，按本市上年度职工月平均工资的60%作为缴费基数。该条第3款规定生育保险费的缴纳比例，由市政府按照"以支定收、收支基本平衡"的原则适时调整。第10条规定，用人单位按时足额缴纳了生育保险费的，其符合计划生育政策规定的女职工生育或者引产、流产的医疗费，包括产前检查费、接生费、手术费、住院费、药费，实行定额包干，由生育保险基金按以下标准支付：怀孕不满4个月流产的300元；顺产或怀孕满4个月以上引产、流产的1200元；阴式手术产的1600元；剖宫产的3500元。

（三）生育医疗服务及费用

医疗服务是指由医院、开业医生或助产士为职工妇女提供的妊娠、分娩和产后的医疗照顾，以及必须的住院治疗。具体如孕产期保健检查、分娩接生、孕产期异常现象的早期发现和诊断、必要的药物供应和住院治疗等，这些都主要是以基本医疗保健的载体方式提供。

生育医疗服务费又称生育医疗保健费，是指医疗机构向处于妊娠、分娩及产后妇女提供的医疗护理费用，主要包括检查费、接生费、手术费、住院费、药费五类，俗称五费。其中药费的报销范围仅限于国家规定的治疗药品，营养费、滋补品以及婴儿使用药品费用均不予报销。另外，已经实行生育保险社会统筹的地区，除了以上五费以外，还包括因生育引起的疾病的医疗费，并且以上六类费用都由生育保险基金支付，否则只能由女职工所在单位支付。

笔 记 区

四、生育保险的其他具体内容

1. 产前产后工时津贴，如女职工孕期检查、产后哺乳时间计作劳动时间而发生的时间津贴。

2. 孕期工作量减免，如不上夜班、减轻工作量不减工资等。

3. 母婴保护设施，如哺乳室、托儿所、幼儿园等。

4. 女性就业保障，即保障女职工不会因为生育而遭解雇等。

五、生育保险的特征

生育保险与养老保险、医疗保险、工伤保险、失业保险一起构成了我国重要的社会保险制度，与其他的四大社会保险相比，我国的生育保险主要有以下特征。

1. 生育保险带有明显的性别特征，无论是生育保险的立法宗旨还是生育保险的内容，其出发点都是为了保障女职工的权利，涉及她们的就业权、劳动权和身体健康权等。

2. 生育保险不局限于现金保障，还为广大的女职工提供医疗保健服务和其他的物质帮助，生育保险基金由企业按照一定的比例向社会保险经办机构缴纳，职工个人并不缴纳；同其他四种社会保险相比，生育保险基金规模较小，缴纳时间比较短。

3. 女职工要享有生育保险待遇有严格的资格条件限制，即必须是有合法婚姻并按国家有关计划生育规定生育或符合上述条件流产的女职工才能享受到。

六、目前我国生育保险的现状及对策

生育保险同养老保险、失业保险、医疗保险和工伤保险并列为我国的五大社会保险，但是与其他的四大保险项目而言，我国的生育保险发展并不完善，呈现出各种各样的问题。

（一）现状

尽管生育保险的生育基金规模比较小，与养老保险等相比支付期限也比较短，但是它的参保人数及增长速度都相对较低。据

笔　记　区

人力资源与社会保障部关于社会保险覆盖范围的统计，截至2010年3月底，全国参加城镇基本养老、基本医疗、生育保险人数分别为23969万人、40467万人、10988万人，分别比2009年年底增加419万人、320万人、112万人，参保人数都有所增长。

按照生育保险制度的规定，我国女职工要享有产假（包括流产假）和生育医疗保健费必须满足一定的条件：一是流产及生育女职工的婚姻必须符合我国《婚姻法》的规定；二是其生育必须符合国家和省一级人大或人大常委会指定的计划生育规定。简单来说，其对象仅限于孕产女职工，而且还必须是符合法定婚姻年龄要求的已婚合法生育女职工。由此，一些因为未婚同居、试婚而怀孕的女职工被排除在外，尽管我们并不提倡未婚同居、试婚等做法，但从人权角度而言，这些怀孕女职工享受不到生育保险是不公平的。

我国产假的长度及其标准基本合适，但是关于产前休假15天、产前假不能放到产后使用的规定在实践中却难以实现，究其原因主要是预产期往往与实际生产时间并不一致，产前假就相对复杂和难以把握，这就造成了两种状况：一是企业借此增加产前假的时间，提早让女职工结束产后假，实践中有的女职工往往休产后假不足两个月就回到单位上班；二是有的单位就干脆没有产前假一说，直接是女职工什么时间生育什么时间休息。这使得产前假和产后假流于形式。但是，产前假和产后假分别休是非常必要的，产前假能应对早产、异常分娩及分娩并发症等问题，产后假能使婴儿得到母亲充分的、精心的照顾和哺乳。另外，某些国家也赋予男性休产假的权利，这是比较人性化的规定。尽管男性产假在某种程度上已经成为国际上的惯例，但我国却缺少全国统一的相关立法，尽管在一些地方立法中给予男方一定期限的护理假，但并未得到有力的贯彻落实。如《山东省人口与计划生育条例》中明确规定对于女方晚育的夫妻，给予男方护理假7天。但该条例已实施多年了，只有很少一部分男性能够享受护理假，甚至多数男性根本不知道这项规定。

尽管《企业职工生育保险试行办法》中规定我国的生育保险基金由社会统筹，产假期间的生育津贴按照本企业上年度职工月平均工资计发，但是各个地区根据自己的实际情况制定生育保险具体实施办法时，生育津贴的计发基数就出现了多个标准，有的

笔 记 区

地区是以"本企业上年度职工月平均工资"为标准，有的是以"当地社会平均工资"为标准，有的是以"本人生育前12个月平均工资"为标准，有的是以"本人上年度月平均工资"为标准，这使得生育津贴的发放就比较混乱。

（二）对策

应采取立法的、行政的措施扩大生育保险的覆盖范围，应将没有工作的城镇妇女、广大的农村妇女纳入其中，并对未婚或不符合计划生育规定而意外怀孕的女职工在生育保险的待遇上给予一视同仁的对待，从而淋漓尽致的体现生育保险的立法宗旨。

应尽快出台全国统一的生育保险法规，以解决各地生育保险办法不统一的现状，从而减少由此造成的管理上和监督上的难度。

效仿其他国家男职工有产假的规定，将男职工享有产假、护理假写入法律当中，并严格贯彻落实，进一步保障生育女性的身体恢复。

思考题

1. 妇女劳动与社会保障权的内容有哪些？
2. 我国生育保险的内容有哪些？
3. 我国法律规范对经期、孕期、产期及哺乳期中的女职工提供了哪些具体的保护措施？
4. 简述我国目前妇女劳动权益保护的现状及对策。
5. 如何理解并实现男女同工同酬？
6. 试述我国就业性别歧视问题及完善男女平等就业的措施。

案例分析题

1. 李某是某加工厂的一名女职工，1998年与加工厂签订了为期10年的劳动合同。李某平日表现比较散漫，经常有迟到早退现象。2000年5月曾因偷窃厂内原材料被厂里给予警告处分。2001年6月，李某偷窃厂内原材料装在手提包内，在出厂大门时被门卫查获。第二天，李某递交检查，承认了自己的偷窃行为，并希望厂里能宽大处理。2001年7月，该加工厂做出决定，将李某辞退，此时李某已怀孕5个月。李某不服，认为厂方在其怀孕期间将其辞退违反《劳动法》，遂向劳动仲裁委员会提起仲裁。

笔　记　区

请结合《劳动法》、《劳动合同法》、《妇女权益保障法》以及《女职工劳动保护规定》的相关规定分析该案。

2. 王英2008年1月到某私营企业工作。双方签订了2年的劳动合同，约定试用期为3个月，试用期内单位不为其缴纳社会保险；在劳动关系存续期间王英不得怀孕生育，否则企业有权单方解除劳动合同。2008年8月，王英怀孕，公司将其辞退，王英随即提起劳动仲裁，要求公司继续履行劳动合同，并补缴试用期劳动保险。劳动争议仲裁委员会支持了王英，公司不服诉至法院。

请问：该案应如何处理？

笔 记 区

第五章 妇女的财产权利

导 言

本章主要讲述妇女财产权的基本理论和内容，包括妇女财产权利的概念、内容以及我国相关立法对妇女财产权利的规定。妇女财产权利包括妇女作为社会一般公民所享有的财产权和妇女基于立法的特别规定而享有的财产权。前者属于一般民事立法的内容，为全体公民所享有，本章只做简单介绍。后者是为保障妇女应有财产权利的实现，保护和提升妇女地位，实现男女间实质平等而做的特别规定，属本章重点讲授内容，主要包括：夫妻关系中的妇女财产权、妇女继承权、妇女的土地承包经营权、宅基地使用权等。

学习目标

1. 了解和掌握有关妇女财产权利的基本理论和立法规定。

2. 重点学习和掌握在《婚姻法》、《继承法》、《中华人民共和国农村土地承包法》（以下简称《农村土地承包法》）中有关妇女的财产权利。

3. 能够运用所学知识帮助妇女解决房屋产权纠纷、侵害土地权益、结婚彩礼纠纷等实践问题。

第一节 妇女财产权利的基本理论

财产权是法律人格的基础。西方有法谚“无财产即无人格”。经济基础决定上层建筑。财产权的享有及享有程度往往影响甚至决定妇女在家庭及社会中的地位。因此，保障妇女的财产权利是

笔　记　区

保护妇女权益的重要内容，也是衡量妇女权益获得保障程度的重要标准。《中国妇女发展纲要（2001—2010年）》在我国妇女发展事业有关经济方面确立的总目标是：贯彻男女平等的基本国策，推动妇女充分参与经济和社会发展，使男女平等在政治、经济、文化、社会和家庭生活等领域进一步得到实现。保障妇女获得平等的就业机会和分享经济资源的权利，提高妇女的经济地位。纲要第一部分内容即是“妇女与经济”。纲要提出“妇女与经济”的主要目标为保障妇女获得经济资源的平等权利和机会。妇女与男子平等获得经济权利、共享经济资源和社会发展成果是妇女发展的基础条件。为此提出了系列国家宏观政策与策略措施。国家的经济和社会发展规划应体现妇女发展的主要目标，经济分析和经济结构调整应纳入性别平等观念。制定妇女平等参与经济发展的方针政策，提供妇女享有与男子平等的参与经济决策的机会和途径，缩小男女在分享经济决策权上的差距，提高妇女参与经济决策及管理的水平。确保妇女平等获得经济资源和有效服务，主要包括获得资本、信贷、土地、技术、信息等方面的权利；农村妇女享有与居住地男子平等的土地承包权、生产经营权、宅基地分配权、土地补偿费、股份分红等权利。改善妇女经济状况，进行适当的有利于妇女生存发展的专项投资。上述策略措施将有助于更好的保护妇女的财产权益，提升我国妇女的法律地位。

一、妇女财产权利的概念

财产权是指以财产利益为内容，直接体现财产利益的民事权利。妇女财产权利是妇女享有的以财产利益为内容，直接体现财产利益的民事权利，是以妇女为法律关系主体的财产权利。妇女作为社会中的平等成员应当享有一般社会成员所应享有的一切应有权利。只是由于历史传统、生理状况等各种原因，妇女总体处于弱势地位。为保障妇女作为平等社会成员应享有的权利不被侵犯，立法往往会对其做出一些特殊的保护性规定。因此，讨论妇女财产权利实际上是从两个意义上而言：一是妇女作为一般社会成员所应当享有的财产性权利；二是立法对妇女财产权益所做的特殊规定。这些规定中，有些是为保护妇女正当权益而做的强调性规定，有些则是专为妇女所享有的权利。

笔 记 区

二、妇女财产权利的内容

财产权是指以财产利益为内容，直接体现财产利益的民事权利。财产权主要包括物权、债权、继承权以及知识产权中的财产权利等。妇女作为一般社会成员所享有的财产权利主要有物权、债权、继承权以及知识产权中的财产性权利。这些权利主要见诸于《民法通则》、《中华人民共和国物权法》（以下简称《物权法》）、《中华人民共和国合同法》（以下简称《合同法》）、《继承法》、《知识产权法》及其他相关立法。

物权是指权利人依法对特定的物享有的直接支配并排斥他人干涉的权利。其客体主要为有体物、特定物。物权包括自物权和他物权。自物权，即所有权，是指权利人对自己之物所享有的权利，包括占有、使用、收益、处分四项权能。他物权是指权利人对他人之物所享有的权利。按照权利的内容和目的不同，他物权分为用益物权和担保物权。用益物权是指非所有人对他人之物所享有的占有、使用、收益的排他性的权利。用益物权以实现和发挥物的使用价值为主要目的。我国立法上用益物权主要有土地承包经营权、建设用地使用权、宅基地使用权、地役权、典权、自然资源使用权（包括海域使用权、探矿权、采矿权、取水权、使用水域、滩涂从事养殖、捕捞的权利）等权利。担保物权是指债务人或者第三人将自己所有的财产作为履行债务的担保，当债务人不履行债务时，债权人有权就该财产优先受偿的权利。担保物权以实现和发挥物的交换价值为主要目的。我国立法上的担保物权主要有抵押权、质权和留置权。物权主要规定于《民法通则》、《物权法》、《中华人民共和国担保法》（以下简称《担保法》）、《中华人民共和国土地管理法》（以下简称《土地管理法》）及相关的自然资源法。

债权是民事主体得请求他人为一定行为或不为一定行为的权利。债权属于请求权、相对权。与债权相对的为债务，债权债务关系存在于特定的债权人和债务人之间。根据债权发生的原因不同，可将债权分为合同之债、无因管理之债、不当得利之债、缔约过失之债、侵权之债。债权主要规定于《民法通则》、《合同法》、

《中华人民共和国侵权责任法》(以下简称《侵权责任法》) 等。

继承权是继承人依法取得被继承人遗产的权利。继承权是基于一定身份关系为前提的财产权。根据我国《继承法》的规定，第一顺序的继承人包括配偶、子女、父母；第二顺序的继承人包括兄弟姐妹、祖父母、外祖父母。有关继承权主要规定于《继承法》。

知识产权是权利主体依据法律的规定，对其从事智力创作或创新活动所产生的知识产品所享有的专有权利，又称为"智力成果权"、"无形财产权"，主要包括专利权、商标权、著作权。其中专利权和商标权有时又合称为工业产权。专利权是发明创造人或其权利受让人对特定的发明创造在一定期限内依法享有的独占实施权，包括发明、实用新型、外观设计三种。商标权是指商标主管机关依法授予商标所有权人对其注册商标享有的专有权。著作权是指自然人、法人或者其他组织对文学、艺术或科学作品依法享有的财产权利和人身权利的总称。知识产权是综合性的权利，既有人身方面的权利，也有财产性权利。前者如作者在其作品上署名的权利，或对其作品的发表权、修改权等；后者是指智力成果被法律承认以后，权利人可利用这些智力成果取得报酬或者得到奖励的权利，如专利实施许可权、商标使用权、作品的出版权等。

以上各种权利是妇女作为一般社会成员应当与其他的社会成员平等享有的财产权利。另外，基于妇女在社会生活中的不同身份，如作为配偶、女儿、儿媳、母亲、集体组织成员等不同身份，妇女享有一系列与此相应的财产权利。这些权利主要规定于《婚姻法》、《继承法》、《农村土地承包法》以及《妇女权益保障法》等法律规范中。这些规定有些是为妇女创设的新权利，而有些则是为了突出保护女性权益，而对妇女作为一般社会成员应当具有的权利进行的强调性的规定。《婚姻法》、《继承法》、《土地承包法》等立法中就有关妇女财产权益作了特殊规定，《妇女权益保障法》就妇女的财产权作了综合性规定。

《妇女权益保障法》第五章"财产权益"专门规定妇女财产权利，主要内容包括以下几个方面。

(1) 国家保障妇女享有与男子平等的财产权利。在婚姻、家庭共有财产关系中，不得侵害妇女依法享有的权益。

笔 记 区

（2）妇女在农村土地承包经营、集体经济组织收益分配、土地征收或者征用补偿费使用以及宅基地使用等方面，享有与男子平等的权利。

（3）任何组织和个人不得以妇女未婚、结婚、离婚、丧偶等为由，侵害妇女在农村集体经济组织中的各项权益。因结婚男方到女方住所落户的，男方和子女享有与所在地农村集体经济组织成员平等的权益。

（4）妇女享有的与男子平等的财产继承权受法律保护。在同一顺序法定继承人中，不得歧视妇女。丧偶妇女有权处分继承的财产，任何人不得干涉。

（5）丧偶妇女对公、婆尽了主要赡养义务的，作为公、婆的第一顺序法定继承人，其继承权不受子女代位继承的影响。

另外，各地实施《妇女权益保障法》办法，根据各地的实际情况也作了一些补充性规定。如《山东省实施<中华人民共和国妇女权益保障法>办法》规定，妇女对家庭的共有财产享有同其他家庭成员同样的占有、使用、收益、处分权利，其他家庭成员不得以妇女劳动收入少或者无劳动收入等为由加以非法限制或者剥夺。妻对共有财产享有平等的权利。处分共有财产时，夫妻应当协商一致；未经双方同意，一方不得处分。出卖、转让、赠与、抵押夫妻共有的不动产时，夫妻双方应当同时到登记机构登记。双方不能同时到场的，一方应当取得另一方有效的授权委托书。夫妻在办理房屋产权证、土地使用权证、土地承包经营权证、林权证以及其他共有权属证书时，可以申请联名登记，登记机构应当给予支持。农村土地承包，妇女与男子享有平等的权利。承包期内，妇女结婚，在新居住地未取得承包地的，发包方不得收回其原承包地；妇女离婚或者丧偶，仍在原居住地生活或者不在原居住地生活但在新居住地未取得承包地的，发包方不得收回其原承包地。承包期内，妇女因结婚、离婚、丧偶等原因分户并申请分别签订承包合同的，发包方应当分别签订，并依照法定程序办理农村土地承包经营权证或者林权证等证书的变更手续。任何组织和个人不得以妇女未婚、结婚、离婚、丧偶等为由，侵害妇女的土地承包经营权、集体经济组织收益分配权、股权分配权、土地征收或者征用补偿费使用分配权、宅基地使用权等各项权益。在农村土地征收或者征用补偿过程中，任何单位和个人不得截留、

笔 记 区

拖欠、剥夺妇女依法应当获得的土地征收或者征用补偿费用。财产继承中不得侵害妇女依法享有的权利。同一顺序法定继承人的继承份额不受性别影响。在同等条件下，对丧失劳动能力且无生活来源的妇女应当给予照顾。离婚、丧偶的妇女有权处分其应当依法分割、继承的财产，任何人不得干涉。

第二节 妇女财产权利的相关法律规定

一、妇女财产权利的一般保护

《宪法》是我国的根本大法，是处于最高效力位阶的法律渊源。《宪法》第13条规定："公民的合法的私有财产不受侵犯。国家依照法律规定保护公民的私有财产权和继承权。国家为了公共利益的需要，可以依照法律规定对公民的私有财产实行征收或者征用并给予补偿。"第33条第2款规定："中华人民共和国公民在法律面前一律平等。"第48条规定："中华人民共和国妇女在政治的、经济的、文化的、社会的和家庭的生活等各方面享有同男子平等的权利。国家保护妇女的权利和利益，实行男女同工同酬，培养和选拔妇女干部。"因此，《宪法》中确立了保护公民私有财产权的最高原则。妇女作为一般公民，其财产权利当然受到宪法和法律的保护。

在我国相关部门立法中有关公民的财产权利同样适用于作为一般社会成员或公民的妇女。因此，妇女作为一般的社会成员，享有与其他社会成员平等的财产权利。国家通过有关财产保护方面的一般立法，实现对妇女财产权利的一般保护。我国目前有关保护公民一般财产权的立法有《民法通则》、《物权法》、《担保法》、《合同法》、《继承法》、《中华人民共和国专利法》、《中华人民共和国商标法》、《中华人民共和国著作权法》等。

二、妇女财产权利的特殊保护

法律对妇女财产权利的特殊保护主要是为了强化对妇女权益

笔 记 区

的保障性，在相关立法中，通过强调妇女作为一般社会成员的财产权，以及创设妇女专门享有的财产权利，实现对妇女财产权利的特殊保护。目前，我国许多财产方面的立法涉及妇女权益，总括性的有《妇女权益保障法》，具体的有《婚姻法》、《中华人民共和国收养法》、《继承法》、《土地管理法》、《农村土地承包法》等。

《妇女权益保障法》第30条规定："国家保障妇女享有与男子平等的财产权利。"同时《妇女权益保障法》还规定了妇女在婚姻家庭中的财产权利，妇女的继承权，丧偶儿媳特定情形下对公婆遗产的继承权，农村妇女的土地承包经营权、宅基地使用权、土地征收、征用的补偿费使用权，农村妇女在集体经济组织中的权利等。这些规定大多数并没有超出其他相关立法中的规定，属于对妇女财产权利的强调性规范。

《婚姻法》中有关妇女在夫妻财产关系中的权利，《继承法》中妇女作为配偶、子女、儿媳、母亲等身份的继承权，《土地管理法》和《农村土地承包法》中有关妇女的土地承包权和宅基地使用权将在第三节"妇女财产权利的现状"中详述。

第三节　妇女财产权利的现状

一、妇女的财产继承权

（一）继承权概述

继承权是指继承人依照法律规定或遗嘱指定而取得被继承人遗产的权利。作为一项基于特定身份而享有的财产权，继承权是公民财产权的重要组成部分。《宪法》第13条第2款规定："国家依照法律规定保护公民的私有财产权和继承权。

继承分为遗嘱继承和法定继承两种方式。遗嘱继承是指继承开始后，按照被继承人所立的合法有效遗嘱继承被继承人遗产的继承制度。若遗嘱中指明妇女为继承人，只要遗嘱真实合法有效，任何人都不得剥夺妇女的继承权利。法定继承是在没有遗嘱或遗嘱无效的情况下，依照法律直接规定的继承人范围、继承顺序、

笔 记 区

继承份额及遗产的分配原则继承被继承人遗产的继承制度。依据我国《继承法》第10条的规定，法定继承中，遗产按照下列顺序继承：第一顺序：配偶、子女、父母。第二顺序：兄弟姐妹、祖父母、外祖父母。丧偶儿媳对公、婆，丧偶女婿对岳父、岳母，尽了主要赡养义务的，作为第一顺序继承人。继承开始后，由第一顺序继承人继承，第二顺序继承人不继承。没有第一顺序继承人继承的，由第二顺序继承人继承。《继承法》所说的子女，包括婚生子女、非婚生子女、养子女和有扶养关系的继子女。《继承法》所说的父母，包括生父母、养父母和有扶养关系的继父母。继子女继承了继父母遗产的，不影响其继承生父母的遗产。继父母继承了继子女遗产的，不影响其继承生子女的遗产。《继承法》所说的兄弟姐妹，包括同父同母的兄弟姐妹、同父异母或者同母异父的兄弟姐妹、养兄弟姐妹、有扶养关系的继兄弟姐妹。被继承人的子女先于被继承人死亡的，由被继承人的子女的晚辈直系血亲代位继承。代位继承人一般只能继承被继承人的子女有权继承的遗产份额。

自然人以遗嘱的方式将其个人财产赠与国家、集体或者法定继承人以外的人，而于其死亡后发生效力的行为，称为遗赠。除此之外，自然人还可与扶养人之间订立关于扶养人扶养受扶养人，受扶养人将财产遗赠给扶养人的遗赠扶养协议。继承开始后，在存有遗赠扶养协议的情况下，应首先按照遗赠扶养协议办理。没有遗赠扶养协议时，有遗嘱的，按照遗嘱或遗赠办理。没有遗嘱或遗嘱无效以及有下列情形之一的，遗产中的有关部分按照法定继承办理：（1）遗嘱继承人放弃继承或者受遗赠人放弃受遗赠的；（2）遗嘱继承人丧失继承权的；（3）遗嘱继承人、受遗赠人先于遗嘱人死亡的；（4）遗嘱无效部分所涉及的遗产；（5）遗嘱未处分的遗产。

遗产是公民死亡时遗留的个人合法财产，遗产范围包括：（1）公民的收入；（2）公民的房屋、储蓄和生活用品；（3）公民的林木、牲畜和家禽；（4）公民的文物、图书资料；（5）法律允许公民所有的生产资料；（6）公民的著作权、专利权中的财产权利；（7）公民的其他合法财产，如有价证券和履行标的为财物的债权等。个人承包应得的个人收益，依法继承。个人承包，依照法律允许由

笔 记 区

继承人继续承包的，按照承包合同办理。承包人死亡时尚未取得承包收益的，可把死者生前对承包所投入的资金和所付出的劳动及其增值和孳息，由发包单位或者接续承包合同的人合理折价、补偿，其价额作为遗产。夫妻在婚姻关系存续期间所得的共同所有的财产，除有约定的以外，如果分割遗产，应当先将共同所有的财产的一半分出为配偶所有，其余的为被继承人的遗产。遗产在家庭共有财产之中的，遗产分割时，应当先分出其他家庭成员的财产。

就继承份额来说，同一顺序继承人继承遗产的份额一般应当均等。对生活有特殊困难的缺乏劳动能力的继承人，分配遗产时，应当予以照顾。对被继承人尽了主要扶养义务或者与被继承人共同生活的继承人，分配遗产时，可以多分。有扶养能力和有扶养条件的继承人虽然与被继承人共同生活，但对需要扶养的被继承人不尽扶养义务，分配遗产时，可以不分或者少分。有扶养能力和有扶养条件的继承人，不尽扶养义务的，分配遗产时，应当不分或者少分。对继承人以外的依靠被继承人扶养的缺乏劳动能力又没有生活来源的人，或者继承人以外的对被继承人扶养较多的人，可以分给他们适当的遗产。继承人应当本着互谅互让、和睦团结的精神，协商处理继承问题。遗产分割的时间、办法和份额，由继承人协商确定。协商不成的，可以由人民调解委员会调解或者向人民法院提起诉讼。但遗产分割时，应当保留胎儿的遗产份额。应当为胎儿保留的遗产份额没有保留的应从继承人所继承的遗产中扣回。为胎儿保留的遗产份额，如胎儿出生后死亡的，由其继承人继承；如胎儿出生时就是死体的，由被继承人的继承人继承。

继承权的丧失又称继承权的剥夺，是指依照法律规定在发生法定事由时取消继承人继承被继承人遗产的权利。根据《继承法》的规定，继承人有下列行为之一的，丧失继承权：（1）故意杀害被继承人的；（2）为争夺遗产而杀害其他继承人的；（3）遗弃被继承人的，或者虐待被继承人情节严重的；（4）伪造、篡改或者销毁遗嘱，情节严重的。

（二）妇女继承权的特别规定

男女享有平等的继承权。《妇女权益保障法》第34条规定："妇

笔　记　区

女享有的与男子平等的财产继承权受法律保护。在同一顺序法定继承人中，不得歧视妇女。丧偶妇女有权处分继承的财产，任何人不得干涉。”遗嘱继承中，在遗嘱真实合法有效的情况下，任何人不得剥夺、侵害妇女的继承权。法定继承中，同一顺位的法定继承人既有妇女又有男性，此时，不得剥夺、限制、歧视妇女所享有的继承权，不得无故对妇女不分或少分遗产。

在继承人的顺位上，如果丧偶妇女对公、婆尽了主要赡养义务的，作为第一顺序继承人，并且其继承权不受子女代位继承的影响。即丧偶妇女对公、婆尽了主要赡养义务的，不仅其子女可以代位继承人的身份参与被继承人遗产的继承，其自身亦有权作为第一顺位的继承人与公或婆的配偶、父母、子女处于相同的顺序参加继承。此项规定是《继承法》为了贯彻养老育幼原则的体现，任何人不得剥夺丧偶妇女据此享有的继承权利。

《继承法》体现保护妇女权益和育幼原则的另一个规定是有关遗腹子的必留份额问题。丧偶已属不幸，对怀孕妇女而言更是如此。妇女不仅要承受精神上的痛苦，孩子出生后，更要承受经济上的沉重负担。因此，为了保护怀孕妇女的权益，更是为了保护未成年人的利益，《继承法》第28条规定：“遗产分割时，应当保留胎儿的继承份额。胎儿出生时是死体的，保留的份额按照法定继承办理。这被称为遗腹子的必留份额。这一规定属于法律的强制性规定，在分割遗产时，其他继承人不得侵害。即使在被继承人留有遗嘱中，没有为胎儿预留[①]，将来分割遗产时，也要从其他继承人的份额中按比例预留。根据最高人民法院《关于贯彻执行<中华人民共和国继承法>若干问题的意见》第45条的规定，应当为胎儿保留的遗产份额没有保留的应从继承人所继承的遗产中扣回。对该份额的处理，可能有三种结果：（1）若将来胎儿出生后是活的，该份额即属该婴儿（胎儿出生后应称为婴儿）所有，具体由其母亲或其他法定代理人进行监护管理；（2）若胎儿出生时就是死体的，即死胎，该份额应按照法定继承，由被继承人的继承人继承；（3）若胎儿出生后是活的，后来又去世的，即夭折，此时产生了一个以该婴儿为被继承人的新的继承关系，该份额应

① 注：该种情形，可能是被继承人故意不留有遗产，也可能是被继承人不知遗腹子的存在，但均不妨碍必留份额的确定。

笔 记 区

由其法定继承人继承，而此时只有该婴儿的母亲为唯一的法定继承人，所以，该份额实际上最终归其母亲所有。需要注意的是，为遗腹子预留份额属于法律的特殊规定，而不宜称为遗腹子的继承权。因为继承权属于民事权利，享有民事权利以具有民事权利能力为前提。根据我国法律的规定，公民的民事权利能力始于出生，终于死亡。遗腹子即胎儿因为没有生命，依法不享有民事权利能力，也就不享有继承权。

另外，根据最高人民法院《关于适用〈中华人民共和国婚姻法〉若干问题的解释（一）》第6条规定，未按《婚姻法》第8条规定办理结婚登记而以夫妻名义共同生活的男女，一方死亡，另一方以配偶身份主张享有继承权的，按照本解释第5条的原则处理。即1994年2月1日民政部《婚姻登记管理条例》（该条例被2003年国务院公布的《婚姻登记条例》取代）公布实施以前，男女双方已经符合结婚实质要件的，按事实婚姻处理。双方互为继承人。1994年2月1日民政部《婚姻登记管理条例》公布实施以后，男女双方符合结婚实质要件的，人民法院应当告知其在案件受理前补办结婚登记；未补办结婚登记的，按解除同居关系处理，双方互不享有继承权。

二、妇女的土地承包经营权和宅基地使用权

土地是农民最重要的生产资料，尤其是在我国这样一个农业国家。在农村，围绕土地的权利主要有两个：一个是以农业经营为目的的土地承包经营权；另一个是以保障居住为目的的宅基地使用权。土地承包经营权属于最重要的生产资料，宅基地使用权则属于最重要的生活资料。二者也是农村妇女重要的财产权利，在很大程度上决定和影响着农村妇女的社会地位。《中国妇女发展纲要（2001—2010年）》提出，“要确保妇女平等获得经济资源和有效服务。主要包括获得资本、信贷、土地、技术、信息等方面的权利；农村妇女享有与居住地男子平等的土地承包权、生产经营权、宅基地分配权、土地补偿费、股份分红等权利。保障农村妇女的土地承包经营权和宅基地使用权是我国妇女事业发展的重要目标。”为此，我们将农村妇女的土地承包经营权和宅基地使用权问题特别提出，论述如下。

笔　记　区

（一）妇女的土地承包经营权

1．土地承包经营权概述

土地承包经营权是指农村集体组织成员及其他民事主体对国家或者集体所有的土地，依照合同的规定对其依法承包的土地享有占有、使用、收益和一定处分的权利。土地承包经营权主要以种植、养殖、畜牧等农业为目的。土地承包经营权的主要特征是如下。

（1）土地承包经营权是存在于集体所有或国家所有的土地或森林、山岭、草原、荒地、滩涂、水面的权利。

（2）土地承包经营权是承包使用、收益集体所有或国家所有的土地或森林、山岭、草原、荒地、滩涂、水面的权利。

（3）土地承包经营权是为种植业、林业、畜牧业、渔业生产或其他生产经营项目而承包使用收益集体所有或国家所有的土地等生产资料的权利。这里的种植不仅是指种植粮食、棉花油料等作物，也包括树木、茶叶、蔬菜等。另外，在承包的土地或森林、山岭、草原、荒地、滩涂水面经营林业、牧业、渔业等，都属承包经营权的范围。

（4）土地承包经营权是有一定期限的权利。根据《农村土地承包法》第20条和《物权法》第126条的规定，耕地的承包期为30年，草地的承包期为30年至50年，林地的承包期为30年至70年；特殊林木的林地承包期，经国务院林业行政主管部门批准可以延长。上述规定的承包期届满，由土地承包经营权人按照国家有关规定继续承包。

根据《农村土地承包法》第3条第2款的规定，农村土地承包采取农村集体经济组织内部的家庭承包方式，不宜采取家庭承包方式的荒山、荒沟、荒丘、荒滩等农村土地，可以采取招标、拍卖、公开协商等方式承包。因此农村土地承包有两种方式：一种是家庭承包；一种是家庭承包以外的其他承包方式。二者的区别是，前者的承包方一般只能是本集体经济组织成员，承包对象是“四荒”土地以外的土地，一般是无偿的；后者的承包方可以是本集体经济组织以外的人，承包对象是不宜采取家庭承包方式的荒山、荒沟、荒丘、荒滩等农村土地，主要通过招标、拍卖、公开

笔 记 区

协商等方式承包，一般是有偿的。

土地承包经营合同的双方主体为发包方和承包方。农民集体所有的土地依法属于村农民集体所有的，由村集体经济组织或者村民委员会发包；已经分别属于村内两个以上农村集体经济组织的农民集体所有的，由村内各该农村集体经济组织或者村民小组发包。村集体经济组织或者村民委员会发包的，不得改变村内各集体经济组织农民集体所有的土地的所有权。国家所有依法由农民集体使用的农村土地，由使用该土地的农村集体经济组织、村民委员会或者村民小组发包。发包方享有下列权利：（1）发包本集体所有的或者国家所有依法由本集体使用的农村土地；（2）监督承包方依照承包合同约定的用途合理利用和保护土地；（3）制止承包方损害承包地和农业资源的行为；（4）法律、行政法规规定的其他权利。同时，根据《农村土地承包法》的规定，发包方主要承担下列义务：（1）维护承包方的土地承包经营权，不得非法变更、解除承包合同；（2）尊重承包方的生产经营自主权，不得干涉承包方依法进行正常的生产经营活动；（3）依照承包合同约定为承包方提供生产、技术、信息等服务；（4）执行县、乡（镇）土地利用总体规划，组织本集体经济组织内的农业基础设施建设；（5）法律、行政法规规定的其他义务。

土地承包经营合同的另一方主体为承包方。“四荒”土地的承包方可以是本集体经济组织以外的人，但是，根据《土地管理法》第15条和《农村土地承包法》第47条和第48条的规定，发包方将农村土地发包给本集体经济组织以外的单位或者个人承包，应当事先经本集体经济组织成员的村民会议2/3以上成员或者2/3以上村民代表的同意，并报乡（镇）人民政府批准。由本集体经济组织以外的单位或者个人承包的，应当对承包方的资信情况和经营能力进行审查后，再签订承包合同。并且在同等条件下，本集体经济组织成员享有优先承包权。

承包方作为土地承包经营权的拥有者，享有下列权利：（1）依法享有承包地使用、收益和土地承包经营权流转的权利，有权自主组织生产经营和处置产品；（2）承包地被依法征用、占用的，有权依法获得相应的补偿；（3）法律、行政法规规定的其他权利。同时承包方承担下列义务：（1）维持土地的农业用途，不得用于

笔　记　区

非农建设；（2）依法保护和合理利用土地，不得给土地造成永久性损害；（3）法律、行政法规规定的其他义务。各地的土地承包法实施办法对此也有进一步的规定。如《山东省实施＜中华人民共和国农村土地承包法＞办法》第10条规定，承包方应当依法保护和合理利用所承包的土地，不得有下列行为：（一）擅自挖砂、取土等破坏土地耕作条件的；（二）在承包地上建房、烧窑、开矿、建坟等改变土地农业用途的；（三）撂荒土地的；（四）其他违反法律、法规的行为。重庆市更是进一步规定，撂荒1年以上的承包耕地，发包方要按照有关规定组织代耕，代耕收入归代耕人所有。对连续2年撂荒的耕地，由原发包方收回。①

为稳定农村土地经营承包关系，《农村土地承包法》规定，承包期内，发包方不得收回承包地。承包期内，承包方全家迁入小城镇落户的，应当按照承包方的意愿，保留其土地承包经营权或者允许其依法进行土地承包经营权流转。若承包期内，承包方全家迁入设区的市，转为非农业户口的，应当将承包的耕地和草地交回发包方。承包方不交回的，发包方可以收回承包的耕地和草地。另据《山东省实施〈中华人民共和国农村土地承包法〉办法》第7条的规定，承包期内，承包方全家迁入设区的市，转为城镇户口的，应当自户口迁移之日起一年内将承包的耕地交回发包方。逾期不交回的，发包方可以依法收回。承包期内，承包方家庭成员全部死亡的，发包方依法收回承包地。承包人应得的承包收益，依照继承法的规定继承。林地承包的承包人死亡，其继承人可以在承包期内继续承包。土地承包经营权通过招标、拍卖、公开协商等方式取得的，该承包人死亡，其应得的承包收益，依照继承法的规定继承；在承包期内，其继承人可以继续承包。承包期内，承包方交回承包地或者发包方依法收回承包地时，承包方对其在承包地上投入而提高土地生产能力的，有权获得相应的补偿。承包期内，承包方也可以自愿将承包地交回发包方。承包方自愿交回承包地的，应当提前半年以书面形式通知发包方。但承包方在承包期内交回承包地的，在承包期内不得再要求承包土地。承包期内，发包方不得单方面解除承包合同，不得假借少数服从多数

①《重庆市人民政府办公厅关于切实解决撂荒地问题的通知》（渝办发〔2008〕12号）。

笔 记 区

强迫承包方放弃或者变更土地承包经营权，不得以划分“口粮田”和“责任田”等为由收回承包地搞招标承包，不得将承包地收回抵顶欠款。承包期内，发包方不得调整承包地。若承包期内，因自然灾害严重毁损承包地等特殊情形对个别农户之间承包的耕地和草地需要适当调整的，必须经本集体经济组织成员的村民会议2/3以上成员或者2/3以上村民代表的同意，并报乡（镇）人民政府和县级人民政府农业等行政主管部门批准。承包合同中约定不得调整的，按照其约定。根据《农村土地承包法》的规定，下列土地应当用于调整承包土地或者承包给新增人口：（1）集体经济组织依法预留的机动地；（2）通过依法开垦等方式增加的；（3）承包方依法、自愿交回的。根据《土地承包法》第63条的规定，《土地承包法》实施前已经预留机动地的，机动地面积不得超过本集体经济组织耕地总面积的5%。不足5%的，不得再增加机动地。《土地承包法》实施前未留机动地的，实施后不得再留机动地。

土地承包经营权可以通过法定的方式进行流转。其中通过家庭承包取得的土地承包经营权可以依法采取转包、出租、互换、转让或者其他方式流转。而通过招标、拍卖、公开协商等方式承包农村土地，经依法登记取得土地承包经营权证或者林权证等证书的，其土地承包经营权可以依法采取转让、出租、入股、抵押或者其他方式流转。可以看出，两种承包方式获得的土地承包经营权的流转方式是不同的，以其他承包方式获得“四荒”土地承包经营权的流转权限是比较大的，可以采取入股、抵押等方式，而这些是家庭承包方式获得的土地承包经营权所不允许的。

2. 妇女土地承包经营权的特殊规定

男女平等原则是我国在各种社会制度、法律制度中都要坚持的基本国策。上述有关土地承包经营权的规定同样平等地适用于妇女。但为了更明确的保护妇女的土地承包经营权，在各个有关立法中都对妇女的相关权利进行了重复性和强调性的规定，这也是我国立法在关注弱势群体时的特点。但是尽管如此，现实中还是存在大量侵害妇女土地承包经营权的情形，尤其是婚姻关系发生变化的妇女，如待嫁女、出嫁女、离婚和丧偶妇女的权益，主要表现有：（1）以村民代表会议或村民大会决议、村委会决定或

笔 记 区

乡规民约的形式，剥夺妇女的土地承包权和集体经济组织收益分配权；（2）以“测婚测嫁”等理由，对未婚女性不分土地或少分土地；（3）强行迁出出嫁妇女特别是离婚丧偶妇女的户口，并强行收回承包的土地；（4）对上门女婿不分或少分土地，甚至连女方的土地也要被收回；（5）在土地的增值、征用和村民福利分配上，对出嫁女、离婚丧偶妇女及其子女不分或少分。[①]安徽桐城5名出嫁女土地权益纠纷案即属于现实中存在的村委会侵犯出嫁女土地权益的典型案件。[②]该案折射出我国有关妇女权益保护在立法和制度、观念和意识、社会保障制度等方面的不足。

实际上在我国的各项、各级立法中有很多保护妇女土地承包经营权的规定。《妇女权益保障法》第32条规定：“妇女在农村土地承包经营、集体经济组织收益分配、土地征收或者征用补偿费使用以及宅基地使用等方面，享有与男子平等的权利。”第33条明确规定：“任何组织和个人不得以妇女未婚、结婚、离婚、丧偶等为由，侵害妇女在农村集体经济组织中的各项权益。因结婚男方到女方住所落户的，男方和子女享有与所在地农村集体经济组织成员平等的权益。”《山东省实施〈中华人民共和国妇女权益保障法〉办法》第28条规定：“农村土地承包，妇女与男子享有平等的权利。承包期内，妇女结婚，在新居住地未取得承包地的，发包方不得收回其原承包地；妇女离婚或者丧偶，仍在原居住地生活或者不在原居住地生活但在新居住地未取得承包地的，发包方不得收回其原承包地。承包期内，妇女因结婚、离婚、丧偶等原因分户并申请分别签订承包合同的，发包方应当分别签订，并依照法定程序办理农村土地承包经营权证或者林权证等证书的变更手续。任何组织和个人不得以妇女未婚、结婚、离婚、丧偶等为由，侵害妇女的土地承包经营权、集体经济组织收益分配权、股权分配权、土地征收或者征用补偿费使用分配权、宅基地使用权等各项权益。在农村土地征收或者征用补偿过程中，任何单位和个人不得截留、拖欠、剥夺妇女依法应当获得的土地征收或者征用补偿费用。”此外，《农村土地承包法》第30条规定：“承包

① 龙军，禹爱民．农村离婚妇女土地承包经营权亟待加强保护［J/OL］．中国农经信息网，http://www.caein.com/index.asp?xAction=xReadNews&NewsID=50258&jdfwkey=yfrnw.

② 李明舜、林建军．妇女法研究［M］．北京：中国社会科学出版社，2008.

笔 记 区

期内，妇女结婚，在新居住地未取得承包地的，发包方不得收回其原承包地；妇女离婚或者丧偶，仍在原居住地生活或者不在原居住地生活但在新居住地未取得承包地的，发包方不得收回其原承包地。”第54条规定：“剥夺、侵害妇女依法享有的土地承包经营权的，发包方应当承担停止侵害、返还原物、恢复原状、排除妨害、消除危险、赔偿损失等民事责任。”

根据我国上述立法，未婚妇女与男子平等的享有土地承包经营权；出嫁女在新居住地未取得承包地的，发包方不得收回其原承包地；妇女离婚或者丧偶，仍在原居住地生活或者不在原居住地生活但在新居住地未取得承包地的，发包方不得收回其原承包地。对上述妇女的土地承包经营权，农村集体经济组织不得以任何理由进行侵害，否则应当承担停止侵害、返还原物、恢复原状、排除妨害、消除危险、赔偿损失等民事责任。

农村妇女的土地承包经营权常常受到侵害，这也与我国《农村土地承包法》中承包主体不明确有关。《农村土地承包法》中规定，土地承包是以户为单位。而我国传统中的“户”往往是以男性为主体确立起来的。当原来作为一户成员的妇女出嫁、离婚、改嫁、丧偶后，由于其本身在家庭中的地位，往往导致“人走而地不走”的情形，从而使得妇女的土地承包经营权受到侵害。因此，有效保障妇女的土地承包经营权，除了应当提高广大农村社会成员对妇女权益保护的认识，还要在制度层面和法律层面上进行具体完善，如明确农村妇女作为土地承包权的主体资格，通过土地承包经营权的物权登记促进承包权的明晰，明确妇女在家庭承包权中的共有地位及其分割制度等。

（二）妇女的宅基地使用权

1. 宅基地使用权的一般概述

宅基地是农村的农户或个人用作住宅基地而占有、使用本集体所有的土地。宅基地的所有权属于农村集体经济组织。宅基地的使用权是以利用该土地建造住宅及其附属设施为目的的，属于传统民法上的地上权。地上权是指利用他人土地营造建筑物、其他工作物及竹木并对其营造的建筑物、其他工作物及竹木取得所有权的用益物权。作为传统民法的地上权在我国《物权法》上主要演化成两项权利，即建设用地使用权和宅基地使用权。其中，

笔　记　区

建设用地使用权是因建筑物或其他工作物而使用国家所有的土地的权利，即其设立对象是国有土地。在集体土地上进行住宅目的以外的建设的，如建造村办企业厂房、集体公益设施等，一般称之为集体建设用地使用权。宅基地则是农村集体经济组织为保障农户生活需要而拨给农户建造房屋及小庭院使用的土地，用于建造住房、辅助用房（厨房、仓库、厕所）、庭院、沼气池、禽兽舍、柴草堆放等。集体建设用地使用权和宅基地使用权都是以集体土地作为设立对象。宅基地使用权属于我国《物权法》明确规定的一种用益物权，其以对集体土地的占有、使用、收益主要目的。

我国立法没有规定宅基地的使用期限。但根据《土地管理法》第65条的规定，有下列情形之一的，农村集体经济组织报经原批准用地的人民政府批准，可以收回土地使用权：（1）为乡（镇）村公共设施和公益事业建设，需要使用土地的；（2）不按照批准的用途使用土地的；（3）因撤销、迁移等原因而停止使用土地的。依照前款第（1）项规定收回农民集体所有的土地的，对土地使用权人应当给予适当补偿。另外，根据《物权法》第154条的规定，宅基地因自然灾害等原因灭失的，宅基地使用权消灭。对失去宅基地的村民，应当重新分配宅基地。

2. *农村妇女宅基地使用权的问题*

因受传统观念的影响，农村妇女的宅基地使用权时常会受到侵害，尤其是离婚妇女或丧偶妇女的宅基地使用权尤其容易受到侵害。《妇女权益保障法》第32条规定："妇女在农村土地承包经营、集体经济组织收益分配、土地征收或者征用补偿费使用以及宅基地使用等方面，享有与男子平等的权利。"第33条规定："任何组织和个人不得以妇女未婚、结婚、离婚、丧偶等为由，侵害妇女在农村集体经济组织中的各项权益。"《山东省实施〈妇女权益保障法〉办法》则明确规定，任何组织和个人不得以妇女未婚、结婚、离婚、丧偶等为由，侵害妇女的土地承包经营权、集体经济组织收益分配权、股权分配权、土地征收或者征用补偿费使用分配权、宅基地使用权等各项权益。在农村土地征收或者征用补偿过程中，任何单位和个人不得截留、拖欠、剥夺妇女依法应当获得的土地征收或者征用补偿费用。

笔 记 区

因此，妇女在宅基地使用权方面与男子享有平等权利。未婚妇女一般与父母同宅，不存在申请宅基地的问题。妇女出嫁并成为所在集体经济组织一员后，有权享有在该集体经济组织的宅基地使用权。该妇女在离婚或丧偶后，同样享有在该集体经济组织的宅基地使用权。在分家或分割遗产时都应当注意保护妇女合法的宅基地使用权，任何人不得以任何理由剥夺。在房屋拆迁中，妇女也有权获得与男子相同的拆迁补偿。

三、妇女在夫妻关系中的财产权利

（一）夫妻财产制概述

夫妻财产制又称婚姻财产制，是指夫妻关系存续期间，规定夫妻财产关系的法律制度。夫妻财产制的内容包括各种夫妻财产制的设立、变更与废止，夫妻婚前财产和婚后所得财产的归属、管理、使用、收益、处分，以及家庭生活费用的负担，夫妻债务的清偿，婚姻终止时夫妻财产的清算和分割问题。根据《婚姻法》第19条的规定，夫妻可以约定婚姻关系存续期间所得的财产以及婚前财产归各自所有、共同所有或部分各自所有、部分共同所有。约定应当采用书面形式。没有约定或约定不明确的，适用《婚姻法》第17条、第18条的规定。据此，我国采取法定夫妻财产制与约定夫妻财产制相结合的模式，即若夫妻间就夫妻财产关系作了约定，并且约定真实合法有效的，夫妻间财产关系按照约定处理，采用约定夫妻财产制；若没有约定，或约定无效或不明，直接适用《婚姻法》第17条、第18条的规定，采用法定夫妻财产制。

所谓法定夫妻财产制，是指依照法律规定直接适用处理现实夫妻财产关系的夫妻财产制度。法定夫妻财产制适用于夫妻没有对财产制进行约定或者夫妻财产制约定无效这两种情形。《婚姻法》第17条、第18条分别对夫妻共同财产和夫妻个人财产的范围作了明确规定。

所谓夫妻约定财产制，是指法律允许双方以协议的方式，对夫妻在婚姻关系存续期间所得的财产所有权的归属、使用、收益和处分的事项做出的约定，以排除法定共同财产制适用的制度。随着我国改革开放及社会的发展，人们物质文化生活水平日趋提

笔　记　区

高，公民财产的日益丰富，夫妻要求用文件形式处理双方财产是很正常的。另一方面，随着婚姻问题上的封建观念不断破除，离婚不再是悲剧，也不是丑事，离婚案件逐渐增多，再婚夫妻特别是老年人再婚也随之增加，涉外婚姻和涉港澳台婚姻也不断增多。法律允许夫妻对财产问题进行约定，可以照顾到上述多种复杂情况，有利于对离婚财产纠纷的提前预防，也有利于保护这部分婚姻当事人的合法权益。但约定夫妻财产制不得存在恶意串通、损害第三人的情形，也不得违背法律的强制性规定。否则，约定即为无效，应按照法律的规定进行处理。如《婚姻法》第19条第3款规定："夫妻对婚姻关系存续期间所得的财产约定归各自所有的，夫或妻一方对外所负的债务，第三人知道该约定的，以夫或妻一方的财产清偿。"另据最高人民法院《关于适用〈中华人民共和国婚姻法〉若干问题的解释（一）》第18条的规定，前述"第三人知道该约定的"，应由夫妻一方对此负有举证责任。又如《妇女权益保障法》第47条第2款规定："夫妻书面约定婚姻关系存续期间所得的财产归各自所有，女方因抚育子女、照料老人、协助男方工作等承担较多义务的，有权在离婚时要求男方予以补偿。"作此规定，主要是因为在中国传统的家庭观念和实际情况中，妇女在家庭关系中往往承担着较多的抚育子女、赡养老人等方面的义务，甚至为了照顾家庭而不得不辞职。此时，若完全按照夫妻之间的约定处理财产关系显然对妇女是不利的。因此，为了更好的保护妇女权益，防止约定夫妻财产制实质损害妇女的权益，立法作此规定。另外《婚姻法》亦有类似规定，如第40条规定："夫妻书面约定婚姻关系存续期间所得的财产归各自所有，一方因抚育子女、照料老人、协助另一方工作等付出较多义务的，离婚时有权向另一方请求补偿，另一方应当予以补偿。"

（二）夫妻共同财产

1. 共同财产的范围

所谓夫妻共同财产，是指夫妻在婚姻存续期间一方所得或双方共同所得的收入和财产，均归夫妻双方共同所有，但特有财产或约定分别所有的财产除外的夫妻财产制度。《婚姻法》第17条规

笔 记 区

定:“夫妻在婚姻关系存续期间所得的下列财产，归夫妻共同所有：(一)工资、奖金；(二)生产、经营的收益；(三)知识产权的收益；(四)继承或赠与所得的财产，但本法第18条第3项规定的除外；(五)其他应当归共同所有的财产。”根据最高人民法院《关于适用〈中华人民共和国婚姻法〉若干问题的解释(二)》第11条规定:“婚姻关系存续期间，下列财产属于婚姻法第11条规定的“其他应当归共同所有的财产”:(一)一方以个人财产投资取得的收益；(二)男女双方实际取得或者应当取得的住房补贴、住房公积金；(三)男女双方实际取得或者应当取得的养老保险金、破产安置补偿费。”《婚姻法》第17条第3项规定的“知识产权的收益”是指婚姻关系存续期间，实际取得或者已经明确可以取得的财产性收益。

2. 妇女在共同财产中的权利

根据我国《婚姻法》和《妇女权益保障法》的有关规定，夫妻双方对共同所有的财产有平等的处理权。妇女对依照法律规定的夫妻共同财产享有与其配偶平等的占有、使用、收益和处分的权利，不受双方收入状况的影响。因日常生活需要而处理夫妻共同财产的，任何一方均有权决定；夫或妻非因日常生活需要对夫妻共同财产做重要处理决定，夫妻双方应当平等协商，取得一致意见。但他人有理由相信其为夫妻双方共同意思表示的，另一方不得以不同意或不知道为由对抗善意第三人。

3. 共同财产的分割

对于共同财产离婚时应当依法进行分割。《婚姻法》第39条第1款规定:“离婚时，夫妻的共同财产由双方协议处理；协议不成时，由人民法院根据财产的具体情况，照顾子女和女方权益的原则判决。”若男女双方协议离婚后1年内就财产分割问题反悔，请求变更或者撤销财产分割协议的，人民法院仍应当受理。人民法院审理后，未发现订立财产分割协议时存在欺诈、胁迫等情形的，应当依法驳回当事人的诉讼请求。《婚姻法》同时规定，离婚时，如一方生活困难，另一方应从其住房等个人财产中给予适当帮助，具体办法由双方协议；协议不成时，由人民法院判决。“一方生活困难”是指依靠个人财产和离婚时分得的财产无法维持当地基

笔　记　区

本生活水平。一方离婚后没有住处的，属于生活困难。离婚时，一方以个人财产中的住房对生活困难者进行帮助的形式可以是房屋的居住权或者房屋的所有权。因此，离婚时，生活困难的妇女可以要求对方在住房等方面给予适当的帮助。

夫妻共同财产的分割可以采用实物分割、作价分割或变价分割的方式。在不影响共有财产的使用价值和特定用途时，可对共有财产采取实物分割的方式，可以进行实物分割的共有物一般是可分物，如金钱、粮食、布匹等。对于不可分割的共有物，如一套房屋、一辆汽车、一头耕牛等，夫妻一方愿意取得共有物的，可以由其取得该共有物。对于共有物的价值超出其应得份额的部分，取得共有物的一方应对对方作金钱补偿。对于共有财产不能分割或分割有损其价值，而且夫妻双方都不愿接受共有物时可以将共有物出卖，所得价款由夫妻双方共分。另外，对于一些特殊的共同财产如有价证券、公司、企业股权等由于涉及其他相关的法律法规的规定，最高人民法院《关于适用〈中华人民共和国婚姻法〉若干问题的解释（二）》规定了一些独特的分割方式。

（1）人民法院审理离婚案件，涉及分割发放到军人名下的复员费、自主择业费等一次性费用的，以夫妻婚姻关系存续年限乘以年平均值，所得数额为夫妻共同财产。所谓年平均值，是指将发放到军人名下的上述费用总额按具体年限均分得出的数额。其具体年限为人均寿命70岁与军人入伍时实际年龄的差额。

（2）夫妻双方分割共同财产中的股票、债券、投资基金份额等有价证券以及未上市股份有限公司股份时，协商不成或者按市价分配有困难的，人民法院可以根据数量按比例分配。

（3）人民法院审理离婚案件，涉及分割夫妻共同财产中以一方名义在有限责任公司的出资额，另一方不是该公司股东的，按以下情形分别处理：①夫妻双方协商一致将出资额部分或者全部转让给该股东的配偶，过半数股东同意、其他股东明确表示放弃优先购买权的，该股东的配偶可以成为该公司股东；②夫妻双方就出资额转让份额和转让价格等事项协商一致后，过半数股东不同意转让，但愿意以同等价格购买该出资额的，人民法院可以对转让出资所得财产进行分割。过半数股东不同意转让，也不愿意以同等价格购买该出资额的，视为其同意转让，该股东的配偶可

笔 记 区

以成为该公司股东。

（4）人民法院审理离婚案件，涉及分割夫妻共同财产中以一方名义在合伙企业中的出资，另一方不是该企业合伙人的，当夫妻双方协商一致，将其合伙企业中的财产份额全部或者部分转让给对方时，按以下情形分别处理：①其他合伙人一致同意的，该配偶依法取得合伙人地位；②其他合伙人不同意转让，在同等条件下行使优先受让权的，可以对转让所得的财产进行分割；③其他合伙人不同意转让，也不行使优先受让权，但同意该合伙人退伙或者退还部分财产份额的，可以对退还的财产进行分割；④其他合伙人既不同意转让，也不行使优先受让权，又不同意该合伙人退伙或者退还部分财产份额的，视为全体合伙人同意转让，该配偶依法取得合伙人地位。

（5）夫妻以一方名义投资设立独资企业的，人民法院分割夫妻在该独资企业中的共同财产时，应当按照以下情形分别处理：①一方主张经营该企业的，对企业资产进行评估后，由取得企业一方给予另一方相应的补偿；②双方均主张经营该企业的，在双方竞价基础上，由取得企业的一方给予另一方相应的补偿；③双方均不愿意经营该企业的，按照《中华人民共和国个人独资企业法》的有关规定办理。

（6）双方对夫妻共同财产中的房屋价值及归属无法达成协议时，人民法院按以下情形分别处理：①双方均主张房屋所有权并且同意竞价取得的，应当准许；②一方主张房屋所有权的，由评估机构按市场价格对房屋做出评估，取得房屋所有权的一方应当给予另一方相应的补偿；③双方均不主张房屋所有权的，根据当事人的申请拍卖房屋，就所得价款进行分割。

若离婚时，一方隐藏、转移、变卖、毁损夫妻共同财产，或伪造债务企图侵占另一方财产的，分割夫妻共同财产时，对隐藏、转移、变卖、毁损夫妻共同财产或伪造债务的一方可以少分或不分。离婚后，另一方发现有上述行为的，可以向人民法院提起诉讼，请求再次分割夫妻共同财产。当事人向人民法院提起诉讼，请求再次分割夫妻共同财产的诉讼时效为2年，从当事人发现之次日起计算。

需要注意的是，上述妇女在夫妻共同财产关系中的权利以夫

笔　记　区

妻关系合法有效为前提，若婚姻无效或被撤销，妇女是不能依据上述规则享有和行使权利的。根据最高人民法院《关于适用〈中华人民共和国婚姻法〉若干问题的解释（一）》第15条的规定："被宣告无效或被撤销的婚姻，当事人同居期间所得的财产，按共同共有处理。但有证据证明为当事人一方所有的除外。"另外该解释第5条的规定，未按《婚姻法》第8条规定办理结婚登记而以夫妻名义共同生活的男女，若1994年2月1日民政部《婚姻登记管理条例》公布实施以前，男女双方已经符合结婚实质要件的，按事实婚姻处理。若1994年2月1日民政部《婚姻登记管理条例》公布实施以后，男女双方符合结婚实质要件的，人民法院应当告知其在案件受理前补办结婚登记；未补办结婚登记的，按解除同居关系处理。因此，若男女之间婚姻无效、被撤销或被法院认定为同居关系的，此时双方的财产关系应该按共同共有处理。

（三）夫妻个人财产

1. 个人财产的范围

所谓夫妻个人财产，是指夫妻双方在婚前各自所有的财产和其他夫妻个人的特有财产。根据《婚姻法》第18条的规定，有下列情形之一的，为夫妻一方的财产：（1）一方的婚前财产；（2）一方因身体受到伤害获得的医疗费、残疾人生活补助费等费用；（3）遗嘱或赠与合同中确定只归夫或妻一方的财产；（4）一方专用的生活用品；（5）其他应当归一方的财产。《婚姻法》规定为夫妻一方所有的财产，不因婚姻关系的延续而转化为夫妻共同财产。但当事人另有约定的除外。另外，根据最高人民法院《关于适用〈中华人民共和国婚姻法〉若干问题的解释（二）》的有关规定，军人的伤亡保险金、伤残补助金、医药生活补助费属于个人财产。

2. 个人财产的权利

作为夫妻一方个人所有的财产，应由其本人占有、使用、收益和处分，他人不得非法干涉、剥夺，离婚时，归一方所有，他人无权分割。因此，离婚、丧偶妇女有权处分个人所有的财产，他人不得以任何理由加以干涉。在财产所有人死亡时，应全部划入遗产的范围，按《继承法》处理。

笔 记 区

婚姻存续期间，夫妻双方的个人财产属个人所有，一方应当享有完整的所有权。但依据社会习惯，夫妻中另一方实际仍在一定范围内拥有一定的使用权。如一方婚前购置的个人所有的房屋，另一方在婚后拥有居住的权利，该权利我们可视为《德国民法典》上的居住权；一方婚前购买的家电等物品，另一方在婚姻存续期间也有使用的权利。当然此类权利应仅限于一定范围内的占有、使用权，而不包括处分权。就我国目前立法来看，夫妻中一方对另一方个人财产的使用权也并非全无依据。根据《婚姻法》第20条的规定，夫妻有互相扶养的义务。一方不履行扶养义务时，需要扶养的一方，有要求对方付给扶养费的权利。夫妻间的相互扶养义务应当包括以夫妻个人财产为对方使用的内容。

（四）夫妻债务

夫妻债务分为共同债务与个人债务。所谓夫妻共同债务，是指为满足夫妻共同生活需要所负的债务。夫妻共同债务的范围包括以下几个方面：（1）婚前一方借款购置的财产已转化为夫妻共同财产，当初为购置这些财产所负的债务；（2）因日常生活所负的债务；（3）因生产经营活动，经营收入用于家庭生活或配偶分享所负的债务；（4）夫妻一方或者双方治病以及为负有法定义务的人治病所欠的债务；（5）因抚养子女所负的债务；（6）因赡养负有赡养义务的老人所负的债务；（7）其他应当认定为夫妻共同债务的债务。根据《婚姻法》第19条第3款的规定，夫妻对婚姻关系存续期间所得的财产约定归各自所有的，夫或妻一方对外所负的债务，第三人知道该约定的，以夫或妻一方的财产清偿。另据最高人民法院《关于适用〈中华人民共和国婚姻法〉若干问题的解释（一）》第18条的规定，前述“第三人知道该约定的”，应由夫妻一方对此负有举证责任。

夫妻举债需事先协商一致，并立下书面协议。一方单独举债，事后配偶一方没有追认的，应视为夫妻一方债务。个人债务包括：（1）夫妻双方约定的由个人负担的债务，但以逃避债务为目的的除外；（2）一方未经对方同意，擅自资助与其没有抚养义务关系的亲朋所负的债务；（3）一方未经对方同意，独立筹资从事经营活动，其收入未用于共同生活所负的债务；（4）男女各自婚前所

笔　记　区

负的债务，但已转化为夫妻共同债务的除外；（5）其他应当由个人承担的债务。

共同债务应当优先以共同财产清偿，个人债务应以夫妻一方财产清偿。根据最高人民法院《关于适用〈中华人民共和国婚姻法〉若干问题的解释（二）》的相关规定，债权人就一方婚前所负个人债务向债务人的配偶主张权利的，人民法院不予支持。但债权人能够证明所负债务用于婚后家庭共同生活的除外。债权人就婚姻关系存续期间夫妻一方以个人名义所负债务主张权利的，应当按夫妻共同债务处理。但夫妻一方能够证明债权人与债务人明确约定为个人债务，或者能够证明属于《婚姻法》第19条第3款规定情形的除外。夫妻对共同债务承担连带责任。当事人的离婚协议或者人民法院的判决书、裁定书、调解书已经对夫妻财产分割问题做出处理的，债权人仍有权就夫妻共同债务向男女双方主张权利。一方就共同债务承担连带清偿责任后，基于离婚协议或者人民法院的法律文书向另一方主张追偿的，人民法院应当支持。夫或妻一方死亡的，生存一方应当对婚姻关系存续期间的共同债务承担连带清偿责任。

（五）其他问题

1. *房屋问题*

房产的所有权归属是夫妻关系中较重大的问题，也是较敏感的问题。为了论述清楚，我们特将房产问题单独论述。

根据《物权法》第9条第1款的规定，不动产物权的设立、变更、转让和消灭，经依法登记，发生效力；未经登记，不发生效力，但法律另有规定的除外。不动产权属证书是权利人享有该不动产物权的证明。不动产权属证书记载的事项与不动产登记簿不一致的，除有证据证明不动产登记簿确有错误外，以不动产登记簿为准。因此，房屋所有权的归属以登记为准。具体而言，房屋所有权以房产证登记为准，房产证与房屋登记管理机构的登记不一致的，除有证据证明房屋登记管理部门的不动产登记簿确有错误外，以房屋登记管理机构的登记为准。或许正因为这一规定，在现实生活中，许多的夫妻围绕房产证登记谁的名字而争论不休，甚至因此而导致结婚不成或离婚。在这里应当提醒大家注意的是，

笔 记 区

上述规定只是确定房屋等不动产所有权的一般性规定。其他的法律有特别规定的，还要按照特别法优于一般法的原则确定房产产权的归属。根据现行《婚姻法》的规定，一方婚前财产属于个人财产，不因婚姻关系的延续而转化为夫妻共同财产，但当事人另有约定的除外。因此，除非夫妻间有特别约定，一方婚前购置的房屋，婚后仍然属于个人财产，而不论婚姻持续多久；婚后购置的房屋，无论房产登记在谁名下，均属夫妻共有财产，这是一般原则。但现实生活往往非常复杂，尤其现在一般都是采用按揭贷款的方式购置房屋。关于这方面的立法还不明确，各地的司法实践也不太一样。在确定房屋归属时，我们必须具体情况具体分析。在此，我们根据司法实践中的一般做法，将有关房屋产权的确定和分割中涉及的问题进行总结。

（1）婚前一方支付了全部购房款项。

若婚前即取得房产证的，此种情形下，一方婚前付清了全部房款，并取得房产证的，属于典型的婚前个人财产，该房屋属一方所有，离婚时，另一方无权要求对其分割。

若婚后才取得房产证的，此种情形和上述情形实质上是相同的，不同只是房产证取得的时间不同。这种情况下也应当认定为婚前个人财产，属于一方所有的财产。离婚时，夫妻另一方无权要求对该房屋进行分割。

（2）婚前一方贷款购房，婚后双方共同还贷。

若房产登记在一人名下的，不论是婚前取得房产证还是婚后取得房产证，此时，所购房屋原则上归一方所有。但婚后所偿还的贷款部分价值应属于双方共有，离婚时，应对另一方进行返还。此时，该房屋的购房款由两部分组成：一部分是婚前所支付的首付款和贷款；另一部分是婚后偿还的贷款。根据现行《婚姻法》的规定，一方的婚前财产属于个人财产。因此，房屋的首付款和婚前归还的贷款应当属于一方个人财产。婚后所偿还的贷款部分不论是以一方的收入归还还是以双方的收入共同归还，都应当视为夫妻共同财产。因为婚后所取得的工资、奖金、生产经营等收益属于夫妻共同财产。因此，离婚时对婚后偿还贷款部分在房屋总价款中所占的比例应予以分割。具体应以离婚时房屋的评估价值为准，而不是购房时的房屋价值。

笔　记　区

但需要另外指出的是，如果购房方确有证据证明，其婚后还贷资金来源于个人婚前财产，那么该房屋完全属于其个人财产，离婚时，另一方无权要求分割。当然，对于尚未归还的贷款债务应视为购房方的个人债务。

若离婚时尚未领取房产证的，此种情况根据最高人民法院《关于适用〈中华人民共和国婚姻法〉若干问题的解释（二）》第21条规定："离婚时双方对尚未取得所有权或者尚未取得完全所有权的房屋有争议且协商不成的，人民法院不宜判决房屋所有权的归属，应当根据实际情况判决由当事人使用。当事人就前款规定的房屋取得完全所有权后，有争议的，可以另行向人民法院提起诉讼。"由此，当事人之间可协商解决，如协商不成，法院不就产权归属进行判决，只对房屋使用权作判决。等到领取房产证后，另行起诉来确定房屋产权归属。

（3）婚前双方共同贷款购房，婚后双方共同还贷的。

此种情形下，房屋宜认定为夫妻共同财产。现在男女双方为了结婚而共同贷款买房的情况非常普遍，婚前双方共同贷款购房一般是以婚后共同生活为目的的。此时，双方是基于对房屋取得共同所有权的目的进行的房屋购置行为，婚后双方共同偿还贷款。因此，房屋应认定为共同共有。但在离婚进行财产分割时，房屋的价值应当进行分割。婚后偿还的贷款部分应属于共同共有。但婚前双方的出资，毕竟属于婚前个人财产。若存在当事人婚前出资数额比例悬殊，且婚后确未共同生活或婚姻关系存续期间较短等情形的，在分割共同所有的房产时也应一并考虑上述因素，可参考当时的出资比例对房产进行分割，而不是平分房屋。

若离婚时尚未取得房产证的，此种情况依然根据最高人民法院《关于适用〈中华人民共和国婚姻法〉若干问题的解释（二）》第21条规定："由当事人协商解决，如协商不成，法院不就产权归属进行判决，只对房屋使用权作判决。等到领取房产证后，另行起诉来确定房屋产权归属。"

（4）婚前共同出资购房，婚前取得房产证，且只登记在一人名下的。

这是对非登记姓名一方风险最大的情形。离婚时，如果不能证明双方共同出资购房，法院一般无法支持要求分割房产的请求。

笔　记　区

（5）婚后出资购房的。

若婚后领取房产证的，这种情况下属夫妻共同财产，但分割时应注意：①不论房产证上是一方的名字，还是双方的名字，均为共同财产；②房屋价值分割时按市场价计算，不按当初购房合同金额计算；③如果涉及贷款，先要将未偿还贷款部分除去，未偿还部分债务视为夫妻共同债务。

若婚后未领取房产证：此时，应依照最高人民法院《关于适用〈中华人民共和国婚姻法〉若干问题的解释（二）》第21条规定："由当事人协商解决，如协商不成，法院不就产权归属进行判决，只对房屋使用权作判决。等到领取房产证后，另行起诉来确定房屋产权归属。"

（6）父母参与出资购买房屋的。

在高房价背景下，年轻人购房往往需要父母提供一定的资金帮助。那么，购房中父母的出资行为如何认定？根据《最高人民法院关于适用〈中华人民共和国婚姻法〉若干问题的解释（二）》第22条的规定，当事人结婚前，父母为双方购置房屋出资的，该出资应当认定为对自己子女的个人赠与，但父母明确表示赠与双方的除外。当事人结婚后，父母为双方购置房屋出资的，该出资应当认定为对夫妻双方的赠与，但父母明确表示赠与一方的除外。因此，父母的赠与行为除有特别约定外，婚前赠与对象为自己的子女，婚后则为夫妻双方。

实践中，对于夫妻婚后父母出资购买房屋，房产登记在出资者自己子女的名下甚至将自己的名字也登记在房产证上的，从社会常理出发，可认定为是明确向自己子女一方的赠与。根据《婚姻法》第18条第3项的规定，遗嘱或赠与合同中确定只归夫或妻一方的财产属夫妻个人财产。该部分出资应认定为一方个人所有。若房产登记在出资人子女的配偶名下的，除非当事人能证明当时父母出资的书面约定或声明证明出资者明确表示向一方赠与的，一般宜认定为向双方赠与为妥，该部分出资宜认定为夫妻共同所有。

但是，如果一方提出父母出资行为是借款行为，而不是赠与行为的，并提供借据予以证明的，对此，法院一般的做法是：首先看另一方的态度，如果另一方不承认，法院一般不对该债权债务是否成立进行实质性审查，因为债权人不能作为第三人参加诉讼。因此，法院在此类案件中，在对房屋进行分割的同时，会告

笔 记 区

诉主张属于借款的一方可以另案起诉。

（7）恋人分手后房产的归属问题。

现实社会中，恋爱中的男女也可能存在共同购置房屋，但最终未能缔结婚姻的情况。此时，房屋产权如何确定呢？如果是以双方名义购买的，双方都在《房屋买卖合同》上签了字，且能够证明各自的出资份额的，则该套房屋属于双方共有财产，应按共有财产分割的规定来处理。根据《物权法》第103条的规定，共有人对共有的不动产或者动产没有约定为按份共有或者共同共有，或者约定不明确的，除共有人具有家庭关系等外，视为按份共有。因此，除非双方约定为共同共有，否则，该房屋应视为按份共有。分割时，依据《物权法》第104条的规定，按份共有人对共有的不动产或者动产享有的份额，没有约定或者约定不明确的，按照出资额确定；不能确定出资额的，视为等额享有。

如果所购房屋是以一个人的名义购买的，那么购房合同上或房产证上签字或登记的人即为产权人，其他的人对此不能提出所有权的要求。但如果另一方有证据证明其也曾出资，应当属于借款的性质，或者赠与的性质，持有房产的一方应向另一方给予补偿，但前提是对方承认这种事实或有证据证明该事实的存在。

（8）房产证上有夫妻双方以外第三人名字的。

实践中，房产证上除了有夫妻双方的名字外，还有可能有父母、子女的名字等。对此，法院不会在离婚案件审理中主动追加第三人，而是采取以下措施：①根据当事人的申请，将案件中止审理，告诉当事人另行提起析产之诉，后根据析产的判决结果，对夫妻共有部分的房屋进行分割；②根据当事人的申请，对房屋及相关财产的分割不予审理，由当事人另案起诉。

（9）由一方婚前承租、婚后用共同财产购买的房屋，房屋权属证书登记在一方名下的，根据最高人民法院《关于适用〈中华人民共和国婚姻法〉若干问题的解释（二）》第19条的规定，应当认定为夫妻共同财产。

（10）属于一方所有的房屋，婚后进行修缮、改建、扩建的。

根据《最高人民法院关于人民法院审理离婚案件处理财产分割问题的若干具体意见》第12条的规定，婚后8年内双方对婚前一方所有的房屋进行过修缮、装修、原拆原建，离婚时未变更产权

笔 记 区

的，房屋仍归产权人所有，增值部分中属于另一方应得的份额，由房屋所有权人折价补偿另一方；进行过扩建的，扩建部分的房屋应按夫妻共同财产处理。本条中的“8年”主要是因为该司法解释第6条规定：“一方婚前个人所有的财产，婚后由双方共同使用、经营、管理的，房屋和其他价值较大的生产资料经过8年，贵重的生活资料经过4年，可视为夫妻共同财产。”但现行的2001年修订的《婚姻法》以及最高人民法院《关于适用〈中华人民共和国婚姻法〉若干问题的解释（一）》颁布后，夫妻一方的所有的财产，不因婚姻关系的延续而转化为夫妻共同财产，除非当事人另有约定。所以第6条已经失效。但依据该司法解释的立法精神，一方所有的房屋，婚后以夫妻共有财产进行修缮、装修、原拆原建、扩建的，离婚时未变更产权的，房屋仍归产权人所有，但房屋增值部分属于夫妻共有财产。离婚时，应对这一部分价值进行分割。

上述各种情形中，房屋属于夫妻共同财产的，在离婚分割时，若双方对夫妻共同财产中的房屋价值及归属无法达成协议，则根据最高人民法院《关于适用〈中华人民共和国婚姻法〉若干问题的解释（二）》第20条的规定，人民法院按以下情形分别处理：①双方均主张房屋所有权并且同意竞价取得的，应当准许；②一方主张房屋所有权的，由评估机构按市场价格对房屋做出评估，取得房屋所有权的一方应当给予另一方相应的补偿；③双方均不主张房屋所有权的，根据当事人的申请拍卖房屋，就所得价款进行分割。

房屋属重要的生活资料，《妇女权益保障法》从保护妇女权益的角度作了其他有利于妇女权益的规定。《妇女权益保障法》第48条规定：“夫妻共有的房屋，离婚时，分割住房由双方协议解决；协议不成的，由人民法院根据双方的具体情况，按照照顾子女和女方权益的原则判决。夫妻双方另有约定的除外。夫妻共同租用的房屋，离婚时，女方的住房应当按照照顾子女和女方权益的原则解决。”另外《婚姻法》第42条规定：“离婚时，如一方生活困难，另一方应从其住房等个人财产中给予适当帮助。具体办法由双方协议；协议不成时，由人民法院判决。”根据最高人民法院《关于适用〈中华人民共和国婚姻法〉若干问题的解释（一）》第27条的规定，一方离婚后没有住处的，属于生活困难。离婚时，

笔　记　区

一方以个人财产中的住房对生活困难者进行帮助的形式，可以是房屋的居住权或者房屋的所有权。因此，离婚妇女若离婚后暂无居所，可在房屋居住方面要求对方提供一定的帮助。根据《最高人民法院关于人民法院审理离婚案件处理财产分割问题的若干具体意见》第14条的规定，婚姻存续期间居住的房屋属于一方所有，另一方以离婚后无房居住为由，要求暂住的，经查实可根据情形予以支持，但一般不超过2年。无房一方租房居住，经济上确有困难的，享有房屋产权的一方可给予一次性经济帮助。

2. 彩礼问题

彩礼是中国古代传统婚礼中的重要环节，是指男女双方因订立婚约而给与对方或其亲属的财物，在我国民间一般由男方向女方给予。我国古代的法律将由此形成的婚姻称作“聘娶婚”。聘娶婚自古以来是中国婚姻形式中最广泛、最持久、最正宗的婚配。最初，这种婚配表现为男方送一定的礼物、金钱给女方家里，女方若是接受了男方送的礼物，婚约就算成立。传说这种聘娶婚起始于伏羲氏，当时“以俪皮为礼”，即以雌雄一对鹿皮作为婚姻的聘礼。此后，聘娶婚的内容和程序逐渐增多，除预备聘礼外，还有接待应酬媒妁、听从父母意旨、祭告祖先等形式，慢慢形成了一套仪式。到西周时期，形成了完整的“六礼”。六礼是我国古代结婚的六道仪式。古籍《仪礼》上载：“昏有六礼，纳采、问名、纳吉、纳征、请期、亲迎。”这就是创于西周而后为历朝所沿袭的“婚姻六礼”传统习俗，也是“彩礼”习俗的来源。其中纳征又称“纳币”，是六礼中最关键的一项，也即俗称的“彩礼”。在“六礼”过程中所用的文书包括聘书、礼书和迎书，合称“三书”。到南宋时，“六礼”被并为“三礼”，依序为纳采、纳征、迎亲。到了清代又再简化为“二礼”，只留了纳征与迎亲。而在现代婚礼习俗中，三书六礼中的“纳征”是被保留的比较完整和较受重视的传统礼节了，这就是所谓的彩礼。

（1）彩礼的特征。

彩礼有两个特征：一是依习俗给付；二是有与对方结婚的目的。应当指出的是，现行《婚姻法》没有对彩礼做出禁止性规定，但是按照新的社会风尚，给付彩礼是人们应摒弃的陋习，不应提

笔 记 区

倡。但目前我国很多的地方仍存在把订婚作为结婚的前置程序，尤其是在广大农村地区。伴随着经济的发展和生活水平的提高，订婚的彩礼也在不断提高，价值越来越大，小到金银首饰，大到上万元的现金、汽车、住房等。但一旦双方最终不能缔结婚姻，则彩礼的处置问题往往引发纠纷，诉诸法院的案件也越来越多。

（2）彩礼的性质。

关于彩礼的性质有很多种说法，一种观点认为彩礼是一种附条件的赠与行为，另一种观点认为给付彩礼是一种无效行为，是借婚姻索取财物。

第一种观点认为，一方赠给另一方的贵重物品和大量钱财，实质上是为达到结婚目的而做出的附条件赠与，具体为附解除条件的赠与，婚约解除时，以酌情返还为宜。赠送彩礼的行为是男女双方订立婚约后，在预想到将来会结婚的基础上所为的赠与，以婚约的解除为解除条件。在婚约继续存在或者得到履行，即男女双方正式结婚的情况下，赠与行为合法、有效，彩礼归受赠人所有，赠与人不能索回；如果婚约解除，男女双方不能结婚，该赠与行为所附解除条件成就，赠与行为丧失法律效力，当事人之间的权利义务关系解除，赠与财产应当恢复到订立婚约前的状态，赠与财产应当返还给赠与人。需要指出的是，赠送彩礼的行为是一种附条件的赠与，而不是民法上规定的附义务的赠与。在附义务的赠与的情况下，受赠人应当按照法律规定履行所附义务，按此逻辑，接受财礼的一方必须履行婚约，与对方结婚，则显然是错误的，违背了婚姻自由原则。

婚约解除后，作为彩礼而赠送的财物的归属问题可以依照民法上的不当得利制度处理。所谓不当得利，是指没有合法根据使他人受损害而自己获得利益的行为。由于不当得利没有合法根据，所以不受法律保护，不当得利人应将所获得的不当利益返还给受损害的人。这种不当利益返还的权利义务关系就是不当得利之债。赠送彩礼的行为是在男女双方订立婚约的基础上，基于对双方当事人将来能够结婚的预期而为的赠与。发生赠与的原因是由于婚约的存在，随着婚约的解除，赠与彩礼的原因归于消灭，受赠人在婚约解除后丧失了继续占有彩礼的法律上的原因。婚约解除后，彩礼继续由受赠人占有的法律根据消灭，受赠人应当将财礼返还

笔　记　区

给赠与人，如果受赠人继续占有赠与物，即构成不当得利。按照法律的规定，赠与人有权要求受赠人返还受赠的财产，受赠人负有返还自己基于已解除的婚约而获得的不当得利的义务。

第二种观点认为，彩礼属于一种无效民事行为，婚约所附条件违背我国《婚姻法》的婚姻自由原则，限制了公民的婚姻自主权，甚至是一种借婚姻索取财物的行为。并且依据最高人民法院《关于贯彻执行〈中华人民共和国民法通则〉若干问题的意见（试行）》第75条的规定："附条件的民事行为，如果所附的条件是违背法律或者不可能发生的，应当认定该民事行为无效。"而认为因订婚所给付与接受财物的行为是一种无效民事行为。

给付彩礼在我国是一种有着广泛影响的传统习俗。在广大的农村地区，老百姓操劳多年，倾其所有给付彩礼是迫于地方习惯做法，为了最终缔结婚姻关系不得已而为之的。这种目的性、现实性、无奈性都不容否认和忽视。尤其是我国目前立法并没有明确禁止彩礼的给付。因此，彩礼的给付和收取并非不当得利。给付彩礼的行为认定为一种附解除条件的赠与行为更为合适。这种赠与行为以将来对方能与自己结婚为附加条件的。如果没有结成婚，其目的落空，此时彩礼如仍归对方所有，与其当初给付时的本意明显背离。因此，如果婚约未解除，那么赠与行为继续有效，彩礼归受赠人所有；如果婚约解除，赠与行为失去法律效力，彩礼应当返还赠与人。

（3）彩礼的范围。

在缔结婚姻的整个过程中，男方给付女方的财物数量和名目众多。究竟哪些属于法律意义上的彩礼，哪些应当返还，我国立法对此没有明确规定。本书认为，按照当地风俗习惯，凡是以结婚为目的给付的大额财物均应视为彩礼。彩礼可以是金钱，也可以是贵重物品，如贵重的首饰、汽车、房屋等物品。但要注意一般赠与和彩礼之间的区别。在判断是否属于彩礼方面可参考以下几个因素。

① 是否以婚约的订立作为给付前提和基础。若男女双方在恋爱过程中相互赠与的财物是完全基于双方自愿，则并不属于彩礼，应当认定为一般赠与行为。只要不是基于婚约，就不应当认定为彩礼的范围。

笔 记 区

② 是否基于当地的风俗习惯。彩礼给付的名目往往基于当地风俗习惯，如见面礼、改口费，若是按当地婚约风俗名义给付的财物，一般应视为彩礼。

③ 所给付财物的价值的大小。在农村地区彩礼一般少则几千，多则上万，甚至更多。彩礼的数额相对于当地生活水平属于数额较大。平时双方的互相赠与一般表现为数额较少的金钱或财物，应视为礼尚往来的正常花费，不能认定为彩礼。如烟、酒、食品、化妆品、衣物等易损耗的日常用品以及价值较小的纪念物品，包括请客招待费用，都不能认定为彩礼。

对属于彩礼范围的，可参照我国相关立法进行处理。对不属于彩礼的一般赠与，一般不予返还。

另外，彩礼返还的数额是否应全额返还？在婚俗习惯中，男方给付的彩礼女方会有相当部分用作举办婚礼的支付，如置办酒席等。对于婚礼过程中女方按当地风俗已实际消耗的合理部分，在返还时应予以扣除，对未消耗的部分则应当全额返还。因为，《婚姻法》有关返还彩礼制度，是实行彩礼返还制度，而非赔偿制度。但由于我国各地风俗对彩礼约定多有不同，因此，要准确把握彩礼返还制度，应当结合当地的风俗习惯来确定彩礼的范围以及实际消费来确定最终的返还额，如此才更具合理性。

（4）彩礼的归属与返还。

婚姻缔结后，作为附条件的赠与，彩礼应当归女方所有。在所有权的归属方面，彩礼应当视为女方的个人财产，即使彩礼是在双方登记之后给付的。根据《婚姻法》第18条第3项的规定，遗嘱或赠与合同中确定只归夫或妻一方的财产属于夫妻一方个人财产。”彩礼的赠与应当视为只对女方一方的赠与。

若婚姻未缔结或缔结后又离婚的，彩礼则可能面临返还的问题。根据最高人民法院《关于适用〈中华人民共和国婚姻法〉若干问题的解释（二）》第10条的规定，当事人请求返还按照习俗给付的彩礼的，如果查明属于以下情形，人民法院应当予以支持：①双方未办理结婚登记手续的；②双方办理结婚登记手续但确未共同生活的；③婚前给付并导致给付人生活困难的。适用前款第二项、第三项的规定，应当以双方离婚为条件。

“双方未办理结婚登记手续的”，该种情形下，给付彩礼作为

笔　记　区

附解除条件的赠与，由于条件的成就（即婚姻未能缔结），赠与行为应当予以撤销，彩礼自当返还。需要注意的是，此种情形下，不论是男方原因还是女方原因导致婚姻未缔结，彩礼均须返还。这可能与部分地区的若女方悔婚，彩礼应尽数返还；若男方悔婚，则彩礼不予返还的风俗习惯有所不同。实践中，应当严格执行相关立法。

“双方办理结婚登记手续但确未共同生活的”，离婚时也应该返还。其立法理由是：如果一直没有共同生活的话，也就没有夫妻之间相互协助、共同生活的经历。所以，对双方当事人而言，法律意义上的婚姻关系虽已成立，但实质意义上真正的共同生活还远没有开始。由于各地方的习惯不一样，农村及一些地方往往更注重的是举办一些有地方特色的婚礼，并且两个人真正走到一个家庭中，开始共同生活。而且许多时候，举办这些仪式与登记结婚要隔很长时间，如果双方尚未共同生活的，也没有过多把双方共同联系在一起的纽带。依据最高人民法院《关于适用〈中华人民共和国婚姻法〉若干问题的解释（二）》第10条第1款第3项的规定，如果“婚前给付并导致给付人生活困难的”，离婚时也应该返还。其立法理由是：给付彩礼、办理结婚登记并共同生活在一起后，由于双方性格不合等原因，加之生活困难等因素，结婚时间不长，双方就离婚了的，实践中也大有人在。而且由于给付彩礼，全家已经债台高筑，生活陷于困境，此时这些人也大多要求返还彩礼，处理不好的话，很容易激化矛盾。那么什么是“婚前给付并导致给付人生活困难的”？应当说生活困难有绝对困难和相对困难之分。所谓绝对困难，是指生活确实发生困难，给付人依靠自己的力量已经无法维持当地最基本的生活水平。相对困难则是指生活水平因彩礼的给付有所下降。最高人民法院《关于适用〈中华人民共和国婚姻法〉若干问题的解释（二）》第10条所指的“生活困难”，应当指导致生活绝对困难，而非指相对困难。这体现出对生活确有困难一方的帮助，实际上也是对接受彩礼一方提出了一个隐含的要求。因为彩礼的给付方往往是公婆，接受方是儿媳。公婆因彩礼给付导致生活困难，儿媳应当对公婆尽到相应的赡养、照顾义务。所以，最高人民法院制定司法解释时，以绝对困难作为生活困难的标准同时兼顾了双方当事人的合

笔 记 区

法权益。因此，最高人民法院《关于适用〈中华人民共和国婚姻法〉若干问题的解释（二）》第10条中的“生活困难”，必须是导致生活绝对困难而非相对困难。“婚前给付并导致给付人生活困难的”的表现，一般是给付彩礼的一方婚前举债给付、婚后无经济来源偿还债务的，或者是婚前用家庭财产给付、婚后无固定经济来源、依靠自己的力量无法维持最基本的生活水平。当然确定“生活困难”还需根据给付彩礼的数额、给付人的生活来源、当地生活水平等因素综合考虑，目前可参照当地最低生活保障标准合理确定。

思考题

1.《中国妇女发展纲要（2001—2010年》在“妇女与经济”方面提出的主要目标是什么？

2. 根据我国《继承法》的规定，第一顺序、第二顺序的法定继承人范围如何？

3. 继承权丧失的情形有哪些？

4. 如何完善对我国农村妇女土地承包经营权、宅基地使用权的保护？

5. 根据我国《婚姻法》的规定，夫妻共同财产和夫妻个人财产的范围是什么？

6. 彩礼应当返还的情形有哪些？

案例分析题

1. 某女张某与某男杨某于2007年5月结婚，婚前杨某以首付10万、贷款30万元购买房屋一套，并一直用自己的工资还贷。截至结婚时，杨某已还贷款12万元。婚后，杨某继续用自己的工资偿还剩余贷款，并于2009年7月还清银行贷款，并取得了房产证，房屋登记于杨某个人名下。婚后，张某的婆婆给了5万元，加上张某工资3万元，购置了价值8万元的小轿车一辆。2010年4月17日，杨某在下班途中遭遇车祸死亡。此时，张某已有4个月身孕。经查，杨某工资卡还有工资6万，张某工资卡有工资4万，另外二人还有定期存款8万。二人未对夫妻财产关系进行约定。后在分割杨某遗

笔　记　区

产时，张某提出其肚子里的孩子应当单独继承一份遗产，杨某的父母因担心张某以后将孩子打掉而表示反对。杨某的弟弟、妹妹等人也提出继承要求。

请问：本案应如何处理。

2. 男青年朱某的母亲病重住院期间希望看到儿子早日成婚，朱某和女朋友张某为了满足母亲的愿望，将婚期提前，他们于1999年5月9日举行了婚礼，婚礼后一周朱某的母亲即离开人世。朱某从母亲那里继承了价值5万元的遗产。1999年5月20日，朱某与张某正式办理了结婚登记，其后单位分配给朱某一间平房，朱某和张某又自搭一间厨房。张某的父母看到独生女儿住房困难，便从自己的8间私房中赠与张某夫妇2间，并办理了房屋过户登记。2000年1月，朱某和张某的女儿出生，孩子过满月时，张某的父母给了孩子1万元，嘱咐张某为孩子存起来。张某将夫妻共同的积蓄1万元和父母给孩子的1万元交给朱某，朱某将其用自己的名字存入银行。2003年5月，朱某与张某因婚后感情不和、经常吵架为由起诉到法院要求离婚。双方对离婚无争议，但对财产分割和女儿由谁直接抚养发生争执。原告朱某称：从母亲那里继承的5万元遗产应属于我个人所有；单位分配的一间平房和自建的一间厨房亦归我个人使用；张某父母赠与的2间房我应分得1间；婚后存款2万元我也有权分得一半；孩子可以由张某直接抚养，我愿意每月支付300元的抚育费。张某则不同意朱某的请求，她认为朱某母亲留下的5万元遗产也有自己的一份；单位分配的一间平房和自建的一间厨房自己也应取一半；自己父母赠与的2间房应完全属于自己，并称如果父母知道我们会离婚就根本不会将房子赠与我们；婚后存款2万元应用于我抚养孩子之用，朱某每月支付孩子抚育费不得少于500元。

请就本案当事人双方争议的问题做出分析并提出处理意见。

笔 记 区

第六章 妇女的人身权利

导 言

本章主要包括人身权的基本理论以及妇女的人身权利的具体内容两部分知识，重点内容是妇女的人身权利。妇女的人身权利主要包含妇女的生命健康权、姓名权、隐私权、生育权。我国法律对妇女人身权利的保护既有一般保护也有特殊保护。与妇女人身权利相关的热点问题有性骚扰问题、针对女性的家庭暴力问题。本章的重点问题是我国法律对妇女人身权利的规定，难点是性骚扰的防范与处理以及家庭暴力的解决对策。

学习目标

1. 了解妇女的人身权利的概念、属性，理解妇女的人身权利的现状、存在的问题和相应的对策。

2. 掌握我国目前关于妇女的人身权利的法律规定。

3. 培养学生运用所学理论知识解决现实中妇女的人身权利遭受侵害的问题的能力。

第一节 人身权利的基本理论

一、人身权的概念

根据我国民法学界关于人身权的一般认识，人身权是指民事主体依法享有的，以在人格关系和身份关系上所体现的与其自身不可分离的利益为内容的民事权利。

二、人身权的特征

人身权作为一项民事权利，具有以下六个方面的主要特征。

（一）人身权是民事主体固有的权利

所谓人身权的固有性，是指人身权与民事主体存在的同期性，自出生时享有，死亡时终止。自然人和法人在其具有法律上的人格时起，直至死亡或消灭，都自然地享有人身权，其他的民事权利不具有这个特性。另外，人身权的固有性还表现在民事主体的无意识性。即无论民事主体是否意识到，人身权都客观地存在着。

（二）人身权是没有直接财产内容的民事权利

人身权以民事主体的人格利益和特定的身份为客体，其客体本身并不具有直接的财产内容，它所体现的是人们的道德情感、社会评价等。因此，人身权属于非财产性权利。同时，人身权与财产权又存在一定的联系，具体表现为：第一，人身权是某些财产权取得的前提，如亲权是遗产继承权取得的前提；第二，人身权可以转化为财产权，如附着良好信誉的法人名称可以有偿转让，并获得财产利益；第三，人身权受到损害时的财产性补偿，如自然人名誉权受到损害时的精神损害赔偿。

（三）人身权具有不可转让性

人身权与民事主体不可分离决定了人身权的不可转让性。除法律另有规定外，人身权不得以任何形式买卖、赠与和继承。但是，人身权的不可转让性也存在例外，即某些人身权若脱离民事主体本身仍具有法律意义或者经济价值，此时，该人身权则存在转移的可能，即具有可转移性。

人身权的不可转让性决定其行使方式的局限性，即某些人身权通常由民事主体自己使用或者排斥他人使用，而不能像所有权那样实现权能分离，或者如同知识产权许可他人使用。同时，人身权的不可分离性决定其不可剥夺性，即民事主体违反民事义务，仅能依法追究民事责任，而不能剥夺其人身权利。

（四）人身权具有不可放弃性

依据庞德的观点，个人生活方面的利益作为一种社会利益，即指“文明社会生活要求每个人都能根据当时社会标准进行生活”。由此可以得知，由于某些个人利益必然隐含和体现了社会

笔 记 区

公共利益，因此，这些个人利益就具有了不得放弃的特征。根据《合同法》第53条的明确规定，当事人关于造成人身伤害的而免责的约定是无效的，这就体现了人身权的不可放弃的特性，同时也体现了法律对社会公共利益和道德的保护。

（五）人身权具有法定性

民事权利的取得方式有两种，即根据当事人之间的约定和根据法律的规定。人身权利的取得基于法律的直接规定，而无须民事主体之间的特别约定。

（六）人身权具有绝对性和支配性

民事权利有绝对权和相对权之分。人身权的不可分离性决定了权利人可以向任何人主张人身权，并排斥任何人的非法干涉。从这个角度来看人身权，人身权属于绝对权的范畴。

另外，根据民事权利的权能的内容，可以将民事权利分为支配权和请求权。民事主体可以基于人身权直接支配其人格利益或者身份，而无须对方当事人为特定的行为，此点特征决定了人身权属于支配权。

三、人身权的分类

依据不同的标准可以对人身权进行不同的分类，其中，根据人身权的客体是人格利益还是身份关系为标准将人身权分为人格权和身份权，这是人身权最基本的分类。下面以这种分类作为基础阐述人身权的基本类型。

（一）人格权

1. 人格权的含义

人格权是指民事主体依法固有为维护自身独立人格所必备的，以人格利益为客体的权利。[①]

2. 人格权的法律特征

（1）人格权是民事主体依法固有的民事权利。对自然人来讲，

① 王利明．人格权法新论［M］．长春：吉林人民出版社，1994：10.

笔　记　区

这种权利与生俱来；对法人和其他组织来讲，这种权利自成立时享有，不依人的意志而客观存在，不需要民事主体实施一定的行为去取得。

（2）人格权是民事主体维护人格独立所必需的。具体表现在两个方面：第一，民事主体只有具有人格权，才能实现人格的独立和自由，才能称得上是法律意义上的人；第二，主体只有具有人格权，才能培养独立的人格意识，时刻意识到自己的独立人格，充分尊重他人的独立人格，使人的价值得到最充分的体现和发挥。

（3）人格权以人格利益为客体。人格利益是指公民、法人固有的与其不可分离的利益，是人身利益的一种。人格利益具有非物质性、无差别性、法定性以及不可分离性等法律特点。

（4）人格权是法律确认的权利。民事主体的人格权，尤其是自然人的人格权，不是法律赋予的，而是与生俱来的固有权利。法律的明确规定仅仅是将人生来就有的自然权利确认为法律上的权利。

（二）身份权

1. 身份权的含义

所谓身份权，是指民事主体以特定身份为客体而享有的维护一定社会关系的权利。确切地说，“身份权”一词只是借用了权利的用语，其本质为权利义务的集合体。

2. 身份权的类型

根据我国学术界的通说，民事主体的身份权包括亲权、亲属权、配偶权三大类。

（1）亲权。

亲权是指父母对其未成年子女所行使的权利，该权利的基础在于父母与未成年子女这一特定的身份关系。我国相关立法并未采取亲权的概念，而是采用了监护权的概念。但是二者在主体、客体以及权利的内容等许多方面存在比较明显的区别。

① 两者的权利主体不同。

亲权的权利主体根据子女的类型不同而有所区别。婚生子女的亲权人为婚生子女的父母，父母一方死亡的，他方为单独亲权

笔 记 区

人；非婚生子女的亲权人在世界不同国家的立法中有不同的规定，有些国家立法规定，未经生父认领的非婚生子女，亲权由生母一方单独行使，经生父认领的非婚生子女，亲权由生父母共同行使。根据我国《婚姻法》第25条的规定，非婚生子女的生父母都是亲权人；关于养子女的亲权人，适用上述关于婚生子女亲权人的规定；关于继子女的亲权人的问题，如果继子女与继父母未形成抚养教育关系，则继子女的亲权人为其生父母。若继子女与继父母形成了抚养教育关系，则原则上由生父母和继父母共同行使亲权。所以，亲权人只能是子女的父母。

根据我国《民法通则》的规定，可以成为未成年人监护权权利主体的人包括：父母；祖父母、外祖父母；兄、姐；经未成年人的父、母的所在单位或者未成年人住所地的居民委员会、村民委员会同意的，愿意承担监护责任的，关系密切的其他亲属、朋友；未成年人的父、母的所在单位或者未成年人住所地的居民委员会、村民委员会或者民政部门。可以成为精神病患者监护权权利主体的人包括：配偶；成年子女；其他近亲属；经精神病人的所在单位或者住所地的居民委员会、村民委员会同意的，愿意承担监护责任的，关系密切的其他亲属、朋友；精神病人的所在单位或者住所地的居民委员会、村民委员会或者民政部门。

② 两者的对象不同。

亲权制度只适用于未成年子女，而监护制度既可以适用于未成年子女，也可以适用于不能辨认自己行为和不能完全辨认自己行为的成年精神病患者。

③ 两者的内容不同。

由于亲权是基于血缘关系产生的，因此法律关于亲权人的限制比较少，亲权人在法律上享有的权利比较广泛。而监护则不同。由于监护人与被监护人不一定必然存在血缘关系，因此，为了维护被监护人的合法权益，法律往往会对监护人的权利进行一定的限制。如我国《民法通则》规定，监护人非为被监护人的利益需要不得处分其财产。

（2）亲属权。

亲属权是指民事主体因血缘、收养等关系产生的特定身份而享有的民事权利。亲属权具体可划分为以下三种。

笔 记 区

① 父母与成年子女之间的权利，如父母享有请求成年子女赡养的权利。

② 祖父母、外祖父母与孙子女、外孙子女之间的权利，如父母已经死亡的未成年的孙子女、外孙子女享有请求有负担能力的祖父母、外祖父母抚养的权利。

③ 兄弟姐妹之间的权利，如父母无力抚养的未成年弟妹享有请求有负担能力的兄、姐抚养的权利。

（3）配偶权。

配偶权是指在合法有效的婚姻关系存续期间，夫妻双方基于夫妻身份所互享的民事权利。关于配偶权的内容，国内学者的意见分歧比较大，总的来说主要有四种观点。我们认为配偶权的主要内容应当包括夫妻姓名权、夫妻同居义务、夫妻忠实义务、婚姻住所决定权、夫妻人身自由权、 夫妻日常家事代理权、夫妻生育权七部分。

第二节　妇女的生命健康权

一、生命健康权的含义

根据《民法通则》第98条的规定，妇女的生命健康权包括生命权、健康权和身体权三项人身权。其中，生命权是以生命安全为内容的、他人不得非法干涉的权利。侵害生命权是指不法地剥夺他人生命的侵权行为，其表现为伤害他人身体致人死亡。 健康权利是以身体的内部机能的完整性为主要内容的一种人格权。健康是指人体各器官系统发育良好、功能正常、体质健壮、精力充沛、具有良好劳动效能的状态。健康是尽可能长的维持生命的前提，是生命的保障。身体权是指自然人保持其身体组织完整并支配其肢体、器官和其他身体组织的权利。身体是生命的物质载体，是生命得以产生和延续的最基本条件，由此决定了身体权对自然人至关重要。身体权与生命权、健康权密切相关，侵害自然人的身体往往导致对自然人健康的损害。但是生命权以保护自然人生命的延续为内容，身体权所保护的是身体组织的完整及对身体组织的支配。

笔　记　区

二、我国法律关于妇女生命健康权的保护

妇女的生命健康权是妇女最重要、最基本的人权，妇女生命健康权得到保障是女性参与社会发展的必要的前提条件。因此，中华人民共和国成立后，国家出台了一系列的保护妇女生命健康权益的法律、法规。

（一）《刑法》

我国《刑法》中规定侵犯他人生命健康权的犯罪，主要有以下几个方面。

1. 故意杀人罪

《刑法》第232条规定："故意杀人的，处死刑、无期徒刑或者十年以上有期徒刑；情节较轻的，处三年以上十年以下有期徒刑。"

2. 过失致人死亡罪

《刑法》第233条规定："过失致人死亡的，处三年以上七年以下有期徒刑；情节较轻的，处三年以下有期徒刑。本法另有规定的，依照规定。"

3. 故意伤害罪

《刑法》第234条规定："故意伤害他人身体的，处三年以下有期徒刑、拘役或者管制。犯前款罪，致人重伤的，处三年以上十年以下有期徒刑；致人死亡或者以特别残忍手段致人重伤造成严重残疾的，处十年以上有期徒刑、无期徒刑或者死刑。本法另有规定的，依照规定。"

4. 过失重伤罪

《刑法》第235条规定："过失伤害他人致人重伤的，处三年以下有期徒刑或者拘役。本法另有规定的，依照规定。"

5. 强奸罪

《刑法》第236条规定："以暴力、胁迫或者其他手段强奸妇女的，处三年以上十年以下有期徒刑。奸淫不满十四周岁的幼女的，以强奸论，从重处罚。"同时还规定："强奸妇女、奸淫幼女，有下列情形之一的，处十年以上有期徒刑、无期徒刑或者死刑：（一）强

笔 记 区

奸妇女、奸淫幼女情节恶劣的；（二）强奸妇女、奸淫幼女多人的；（三）在公共场所当众强奸妇女的；（四）二人以上轮奸的；（五）致使被害人重伤、死亡或者造成其他严重后果的。”

6. 强制猥亵、侮辱妇女罪

《刑法》第237条规定：“以暴力、胁迫或者其他方法强制猥亵妇女或者侮辱妇女的，处五年以下有期徒刑或者拘役。聚众或者在公共场所当众犯前款罪的，处五年以上有期徒刑。”

7. 非法拘禁罪

《刑法》第238条规定：“非法拘禁他人或者以其他方法非法剥夺他人人身自由的，处三年以下有期徒刑、拘役、管制或者剥夺政治权利。具有殴打、侮辱情节的，从重处罚。犯前款罪，致人重伤的，处三年以上十年以下有期徒刑；致人死亡的，处十年以上有期徒刑。使用暴力致人伤残、死亡的，依照本法第234条、第232条的规定定罪处罚。”

8. 拐卖妇女罪

根据《刑法》第240条的规定，拐卖妇女的，处五年以上十年以下有期徒刑，并处罚金。有下列情形之一的，处十年以上有期徒刑或者无期徒刑，并处罚金或者没收财产；情节特别严重的，处死刑，并处没收财产：（1）拐卖妇女集团的首要分子；（2）拐卖妇女三人以上的；（3）奸淫被拐卖的妇女的；（4）诱骗、强迫被拐卖的妇女卖淫或者将被拐卖的妇女卖给他人迫使其卖淫的；（5）以出卖为目的，使用暴力、胁迫或者麻醉方法绑架妇女的；（6）造成被拐卖的妇女或者其亲属重伤、死亡或者其他严重后果的；（7）将妇女卖往境外的。

9. 收买被拐卖的妇女罪

根据《刑法》第241条的规定，收买被拐卖的妇女、儿童的，处三年以下有期徒刑、拘役或者管制。收买被拐卖的妇女，强行与其发生性关系的，依照刑法第236条的规定定罪处罚。收买被拐卖的妇女、儿童，非法剥夺、限制其人身自由或者有伤害、侮辱等犯罪行为的，依照本法的有关规定定罪处罚。

10. 虐待罪

《刑法》第260条规定：“虐待家庭成员，情节恶劣的，处二

笔 记 区

年以下有期徒刑、拘役或者管制。犯前款罪，致使被害人重伤、死亡的，处二年以上七年以下有期徒刑。”

11. 遗弃罪

《刑法》第261条规定：“对于年老、年幼、患病或者其他没有独立生活能力的人，负有扶养义务而拒绝扶养，情节恶劣的，处五年以下有期徒刑、拘役或者管制。”

（二）《民法通则》

我国《民法通则》中也有保护妇女生命健康权的规定。《民法通则》第98条规定：“公民享有生命健康权”；《民法通则》第105条规定：“妇女享有同男子平等的民事权利”；《民法通则》第119条规定：“侵害公民身体造成伤害的，应当赔偿医疗费、因误工减少的收入、残废者生活补助费等费用；造成死亡的，并应当支付丧葬费、死者生前扶养的人必要的生活费等费用。”

（三）《婚姻法》

《婚姻法》在第2条、第3条规定实行男女平等的婚姻制度、保护妇女的合法权益、禁止家庭暴力、禁止家庭成员间的虐待和遗弃的同时，用专章规定了“救助措施与法律责任”。《婚姻法》第43条规定：“实施家庭暴力或虐待家庭成员，受害人有权提出请求，居民委员会、村民委员会以及所在单位应当予以劝阻、调解。对正在实施的家庭暴力，受害人有权提出请求，居民委员会、村民委员会应当予以劝阻；公安机关应当予以制止。实施家庭暴力或虐待家庭成员，受害人提出请求的，公安机关应当依照治安管理处罚的法律规定予以行政处罚。”第44条规定：“对遗弃家庭成员，受害人有权提出请求，居民委员会、村民委员会以及所在单位应当予以劝阻、调解。对遗弃家庭成员，受害人提出请求的，人民法院应当依法做出支付扶养费、抚养费、赡养费的判决。”此外，《婚姻法》还规定了离婚时的损害赔偿制度，根据《婚姻法》第46条的规定，因实施家庭暴力或虐待、遗弃家庭成员，导致离婚的，无过错方有权请求损害赔偿。

（四）《妇女权益保障法》

作为维护妇女权益的专门性的法律——《妇女权益保障法》，

笔　记　区

其中多条规定涉及妇女生命健康权的保护。

1.《妇女权益保障法》第38条规定："妇女的生命健康权不受侵犯。禁止溺、弃、残害女婴；禁止歧视、虐待生育女婴的妇女和不育的妇女；禁止用迷信、暴力等手段残害妇女；禁止虐待、遗弃病、残妇女和老年妇女。"

2.《妇女权益保障法》第39条规定："禁止拐卖、绑架妇女；禁止收买被拐卖、绑架的妇女；禁止阻碍解救被拐卖、绑架的妇女。各级人民政府和公安、民政、劳动和社会保障、卫生等部门按照其职责及时采取措施解救被拐卖、绑架的妇女，做好善后工作，妇女联合会协助和配合做好有关工作。任何人不得歧视被拐卖、绑架的妇女。"

3.《妇女权益保障法》第41条规定："禁止卖淫、嫖娼。禁止组织、强迫、引诱、容留、介绍妇女卖淫或者对妇女进行猥亵活动。禁止组织、强迫、引诱妇女进行淫秽表演活动。"

除以上几部法律之外，在《中华人民共和国治安管理处罚法》（以下简称《治安管理处罚法》）中也有关于妇女生命健康权保护的规定，如殴打他人，造成轻微伤害的以及虐待家庭成员，受虐待人要求处理，尚不构成刑事处罚的，处5日以下拘留或者警告等。另外《劳动法》、《女职工劳动保护规定》、《女职工禁忌劳动范围的规定》、《母婴保健法》中也有关于保护妇女健康权的规定。

第三节　妇女的姓名权

一、姓名权的概念

（一）姓名

姓名是公民在法律上的正式称谓，是公民在法律上的特定化标志，一般其名字由"姓"加"名"组成。"姓"是其家族的标志，"名"是本人的标志。姓名在法律上的意义主要有以下两个方面。

1．姓名是使自然人特定化的社会标志，具有社会定位功能。在法律上，自然人是独立的民事主体，可以以自己的名义享有权

笔 记 区

利并承担义务。自然人在具体的民事法律关系中通过姓名相互标识和区别，彼此作为独立的人格而对待。特定的姓名，代表特定的民事主体，是民事主体资格的外在化表现。

2. 姓名作为其在法律上的标志，是自然人维持其个性所必不可少的、作为人所必须具备的人格利益。

（二）姓名权

《民法通则》第99条第1款规定："公民享有姓名权，有权决定、使用和依照规定改变自己的姓名，禁止他人干涉、盗用、冒用。"根据《民法通则》的规定，我们可以将"姓名权"定义为：公民依法享有的决定、使用、变更自己的姓名并要求他人尊重自己姓名的一种人格权利。

关于姓名权的性质即姓名权属于何种权利，在民法理论学说上有不同的观点，概括来看，主要有以下四种观点。第一种观点为"所有权说"。德国学者魏尔德认为，姓名权如所有权一样可以对抗第三人，并附有任意行使的权能，所以具有所有权的性质，属于绝对权，可以对抗任何人。第二种观点为"无形财产权说"。德国学者斯陶伯认为，姓名权是无形的，特定情况下会带来经济价值，并可以对此进行处分，故为无形财产权。第三种观点为"亲属权说"。该观点认为姓名是一定家庭的标志，姓名权的发生源于亲属关系，属于亲属权的一部分。第四种观点为"人格权说"。该观点认为姓名权是人格权，自然人以其姓名与他人交往，并以其姓名建立自己的社会形象与人格利益，与生命健康权、名誉权一样，所以是人格权。以上这四种观点中被我国立法所采纳的观点是第四种，具体表现在《民法通则》第五章第四节"人身权"中规定姓名权。姓名权与生命健康权、肖像权、名誉权、荣誉权、婚姻自主权等放在一节之中，并没有再作分类。

二、妇女姓名权

（一）妇女姓名权的概述

在旧的社会制度和婚姻家庭制度中，妇女的人格是不独立的，传统的礼教要求妇女要"三从四德"（"三从"是未嫁从父、既嫁从夫、夫死从子，"四德"是妇德、妇言、妇容、妇功），妇女没

笔　记　区

有参与社会活动的权利，她们的活动空间被局限在家庭里。在这种社会中妇女在法律上并不具有独立的法律地位，因此姓名对于妇女也不具有重要的意义。

中华人民共和国成立以来，中国妇女在政治、经济、文化、社会和家庭生活等各方面均享有与男子平等的权利。中国政府运用法律的、行政的和教育的手段消除对妇女的各种歧视，保障妇女与男子具有同等的权利和地位，具有同等的人格和尊严。姓名权就是其中重要的一部分内容。1950年的《婚姻法》第11条规定："夫妻有各用自己姓名的权利。"本条规定旨在废除在姓名问题上歧视妇女的旧法，实现夫妻在姓名权上的完全平等。1980年《婚姻法》重申了这一规定。2001年修改保持了原来的规定。2001年《婚姻法》第14条规定："夫妻双方都有各用自己姓名的权利"。这个规定的实际含义是指妇女结婚后有权使用自己的姓名，主要是保护已婚妇女的姓名权。2005年修改我国《妇女权益保障法》时，在第36条中重新强调了妇女享有与男子平等的包括姓名权在内的各种人身权利。

（二）妇女姓名权的内容

根据我国法律的规定，妇女的姓名权可以从以下几个方面来理解。

1. 妇女的自我命名权

自我命名权就是妇女决定自己姓名的权利，任何人无权干涉。妇女有决定自己姓名的权利，但是如果女子结婚后自愿在自己的姓名之外再加上丈夫的姓，也是依据当事人自己的意志决定。妇女的自我命名权的另一个表现是妇女有选择自己别名的权利，可以根据自己的意志和愿望来确定登记姓名以外的笔名、艺名以及其他相应的名字，任何人都不得干涉。

2. 妇女的姓名使用权

姓名使用权就是妇女对自己的姓名的专有使用权。使用自己的姓名是妇女姓名权的重要内容。妇女在民事活动中，除法律另有规定的，可以使用本名，也可以使用自己的笔名、艺名或化名等。任何组织与个人都不得强迫妇女使用或不使用某一姓名。

笔 记 区

3. 妇女的改名权

改名权就是妇女按照法律规定改变自己姓名的权利，也称为姓名变更权。妇女的改名权的含义为，妇女可以按照自己的意愿依照规定改变自己的姓名，不受其他限制。这种变更姓名的行为虽然仅依单方意思表示就可以生效，但是不经过公示，不得对抗第三人。

(三) 侵害妇女姓名权的责任构成要件

侵害妇女姓名权的责任构成要件包括侵害行为、行为人的过错、侵害行为与损害后果之间具有因果关系以及存在损害后果四个方面的内容。

1. 侵害行为

根据《民法通则》第99条的规定，侵害妇女姓名权的行为一般由作为的方式构成，其中最主要、最常见的行为是干涉、盗用、假冒妇女的姓名。

（1）干涉妇女决定、使用和变更自己的姓名。

干涉妇女姓名就是针对妇女姓名实施某种积极行为，阻挠妇女行使自己的姓名权。主要包括以下几种情况：①干涉妇女决定自己的姓名，强迫妇女命何名或者不命何名；②干涉妇女使用自己的姓名，强迫妇女使用或者不使用正式姓名；③干涉妇女改变自己的姓名，强迫妇女改变或者不改变自己的姓名。

（2）盗用妇女的姓名。

未经妇女的同意或者授权，擅自以妇女的名义进行民事活动或者从事不利于妇女、不利于社会公共利益的行为即为盗用妇女姓名的行为。盗用妇女的姓名，行为人通常出于某种不正当目的，行为的结果则直接损害妇女或者社会的利益。

（3）假冒妇女的姓名。

假冒妇女的姓名是冒名顶替、冒充妇女的姓名进行活动的行为。在冒充妇女的姓名时，侵权人常常利用他人对知名人士的尊敬、羡慕、信任，使用某知名人士的姓名进行各种活动。在实践中，利用与妇女同姓名的条件冒充妇女实施行为，利用与妇女姓

笔 记 区

名容易混淆的条件冒充妇女，以及利用妇女的身份和名义从事某种行为，也应当认定为假冒行为。

2. 行为人主观上具有过错

侵害妇女姓名权的行为应当以行为人主观上存在故意为要件。行为人过失的情况下将妇女的名字弄错，不应当认定为对妇女姓名权的侵害。

3. 存在损害后果

侵害行为人只要在故意的主观意思支配下实施了盗用、假冒等侵害妇女的姓名权的行为，就可以认定已经给妇女造成了损害的后果。当然，如果受害人列出其他特别的损害事实，也可以据此主张权利。

4. 侵害行为与损害后果之间具有因果关系

侵害姓名权的行为与损害后果之间的因果关系与一般侵权行为民事责任构成要件中的因果关系并无实质的差别，但是由于侵害姓名权的违法行为和损害事实合二为一，因此作为受害人，妇女只需证明其姓名权受到侵害即可，无须特别证明损害后果的存在。

（四）侵害妇女姓名权的民事救济

根据《民法通则》第120条的规定，公民的姓名权受到侵害的，有权要求停止侵害、恢复名誉、消除影响、赔礼道歉，并可以要求赔偿损失。据此，作为受害人，妇女可以根据《民法通则》第134条的规定，针对不同的侵权方式和后果，采取停止侵害、恢复名誉、消除影响、赔礼道歉、赔偿损失等方式来保护自己的合法权益。另外，根据《中华人民共和国户口登记条例》第18条的规定，公民变更姓名，依照下列规定办理：18周岁以上公民需要变更姓名时，由本人向户口登记机关申请变更登记。公民的姓名权受到侵害时，有权要求停止侵害、恢复名誉、消除影响、赔礼道歉。

笔 记 区

第四节　妇女的人身自由权

一、妇女的人身自由权的概述

妇女的人身自由权是自由权的具体内容之一。从法律的角度来看，自由权的内容主要包含有两大部分：其一是指公民所享有的宪法意义上的自由权，具体包括我国《宪法》所规定的公民在言论、出版、结社、集会、游行、示威方面的自由以及公民所享有的宗教信仰自由；其二是指自然人所享有的在民法意义上的自由权，具体包括自然人在婚姻家庭领域所享有的自由、在合同领域中所享有的自由以及在人格权领域内所享有的自由。本节所介绍的妇女的人身自由权主要是从婚姻家庭法以及妇女权益保障法两个角度介绍妇女的人身自由权。

二、从婚姻家庭法的角度看妇女的人身自由权

（一）概述

从婚姻家庭法的角度看，妇女的人身自由权主要表现为夫妻人身自由权。夫妻人身自由权是与夫妻关系有关的人身自由权的内容，主要涉及参加生产、工作、学习和社会活动等方面。其本质是指妇女参加社会活动、进行社会交往、从事社会职业的权利。妇女的这一权利的主旨是为了防范丈夫对妻子人身自由权利的干涉。妇女所享有的夫妻人身自由权的状况不仅取决于其在家庭中的地位，更重要的是取决于妇女在社会中的地位。

在旧社会，妇女在家庭中处于从属的地位，作为妻子的妇女更是受到“男女有别”、“男外女内”、“三从四德”等各种封建礼教的约束，只能在家从事家务劳动、伺候公婆和丈夫，根本没有参加工作和社会活动的自由和权利。妇女在家庭中处于从属地位使得妇女在社会上更没有地位。因此要真正实现男女在社会中的平等，首先需要解决的就是男女在家庭中的不平等状况，为

笔　记　区

实现男女的平等提供有效的支撑。1950年的《婚姻法》第9条规定："夫妻双方均有选择职业、参加工作和参加社会活动的自由。"这一规定对妇女积极参加生产和社会工作起到了积极的作用。1980年《婚姻法》对这一条进行了完善，增加了参加学习的自由。2001年《婚姻法》修改时，在第15条明确规定："夫妻双方都有参加生产、工作、学习和社会活动的自由，一方不得对他方加以限制或干涉。"

（二）夫妻人身自由权的内容

我国的《婚姻法》将夫妻的人身自由权规定为参加生产工作、参加学习以及参加社会活动等三个方面。

1. 参加生产工作的权利

生产是泛指一切生产活动，而工作则是强调有一定社会职业的劳动。夫妻双方均有参加生产工作的权利重点是强调妇女应当有参加生产工作的权利，而妇女有参加生产工作的权利重点强调的是已婚妇女应当享有参加生产和工作的权利。只有保障已婚妇女享有参加生产工作的权利，使已婚妇女从无偿的家务劳动走向有偿的社会劳动，才能从根本上改变男女双方在家庭中不平等地位，真正实现男女在社会地位上的平等。另外，保障妇女参加生产和工作的权利同时也能促进社会经济的发展。

根据2005年8月国务院新闻办公室发布的《中国性别平等与妇女发展状况》的调查显示，1998—2003年，各级妇联组织积极争取小额信贷，直接帮助250万妇女实现再就业。2004年年底，全国城乡女性就业人数为3.37亿人，占全部从业人员的44.8%；全国城镇单位女性就业人员为4227万人，占城镇单位就业人员总数的38.1%。2004年年底，国有企事业单位专业技术人员中的女性比例达到43.6%，比1995年的37.3%提高了6.3个百分点，其中高、中级职务中的女性比例分别由20.1%、33.4%提高到30.5%和42.0%。

2. 参加学习的权利

参加学习的权利是1980年《婚姻法》新加入的内容，该内容在2001年修改《婚姻法》时被保留。参加学习中的学习，不仅包括正规的在校学习，也包括扫盲学习、职业培训以及其他各种形

笔 记 区

式的专业知识与专业技能的学习。只有保证妇女学习的权利，才能提高妇女的文化素质、提高妇女的就业率，最终实现妇女在家庭中与丈夫的平等地位。另外，保证妇女学习的权利，对于发挥家庭的教育职能、提高全民族文化素质都能起到重要的作用。

中国政府致力于女童受教育环境的改善，根据2005年8月国务院新闻办公室发布的《中国性别平等与妇女发展状况》的调查显示，2004年男女童入学率分别为98.97%和98.93%，男女差距由1995年的0.7个百分点下降到0.04个百分点。普通初中和高中在校女生的比例分别达到47.4%和45.8%；中等职业学校在校女生的比例达到51.5%；全国普通高等院校在校女生为609万人，占在校生总数的45.7%，比1995年提高10.3个百分点；女硕士、女博士的比例分别达到44.2%和31.4%，比1995年分别提高13.6和15.9个百分点。2004年，全国城镇地区15岁及以上女性文盲率为8.2%，比1995年下降5.7个百分点；农村地区15岁及以上女性文盲率为16.9%，比1995年下降10.5个百分点。全国青壮年妇女文盲率为4.2%，比1995年下降了5.2个百分点，超过总文盲率的下降幅度。

3. 参加社会活动的权利

社会活动是指参政、议政、科学、技术、文学、艺术及各种群众组织、社会团体的活动，以及各种形式的公益活动等。

中华人民共和国成立以后，妇女全面参与国家和社会事务管理，在政治、经济、教育、科技文化、体育、卫生等社会生活的各个方面都取得了令人瞩目的发展。根据2005年8月国务院新闻办公室发布的《中国性别平等与妇女发展状况》的调查显示，2004年年底，各级党委、人大、政府、政协、法院、检察院、民主党派、人民团体县（处）级和地（厅）级干部中女干部分别占同级干部总数的16.9%和12.6%，比1995年增长了4.3和4.5个百分点；女正、副市长（专员、州长）共368人；省（部）级以上女干部占同级干部总数的9.9%，比1995年增长2.8个百分点。国务院副总理和国务委员中各有1位女性，最高人民法院、最高人民检察院以及国务院组成部门中有25位正副部长级女干部。2003年，全国新录用公务员的女性比例为27.8%，中央国家机关新录用公务员中的女性比例达到37.7%。在基层，女性居委会委员达23.7万人、村委会委

笔　记　区

员达44.3万人，分别占居委会和村委会委员总数的55.8%和15.1%。

妇女的人身自由权不仅仅是单纯的权利，作为婚姻家庭法所规定的权利，其本身就包含有一定的义务的内容。因此任何人都不得以行使夫妻人身自由权为由来逃避其负担的婚姻家庭法中的其他义务。如夫妻双方不论哪一方都不得以行使人身自由权为由回避自己对家庭、老人、子女以及配偶所承担的义务。

三、从妇女权益保障法的角度看妇女人身自由权（人格权上的人身自由权）

（一）法律规定

《妇女权益保障法》第37条规定："妇女的人身自由不受侵犯。禁止非法拘禁和以其他非法手段剥夺或者限制妇女的人身自由；禁止非法搜查妇女的身体。"

《妇女权益保障法》所规定的人身自由权是妇女所享有的社会意义上的人身自由权，具体表现为妇女所享有的行为自由和意志自由不受侵犯。

（二）人格权上的人身自由权的含义、特征和内容

1. 人格权上的人身自由权的含义

妇女的人格权上的人身自由权是指妇女对自己的行为自由以及意志自由等人格利益所享有的权利。

2. 人格权上的人身自由权的特征

（1）该权利的主体仅限于自然人。

（2）该权利是一项基本权利。人身自由权是一项基本的法律权利，许多的其他权利都是以人身自由权作为基础的。同时，法律上的很多权利中也都包含有自由权的因素。

3. 人格权上的人身自由权的内容

人格权上的人身自由权的内容包括行为自由和意志自由两个方面。其中行为自由是指人的身体、行为不受非法的限制和拘束，意志自由是指人的意志不受非法的限制、干涉和强迫。

笔 记 区

第五节 妇女的隐私权

一、隐私权的起源

“隐私权”作为一种法律概念及权利，最早是由美国法律规定的。1892年哈佛大学教授萨缪尔·沃伦和路易斯·布兰戴斯在《哈佛大学法学评论》上发表了《隐私权》一文，在文章中首先提出了“隐私权”的概念：“保护个人的著作以及其他智慧或情感的产物之原则，是为隐私权”，萨缪尔·沃伦和路易斯·布兰戴斯教授在文章中认为隐私权是人的自由权利的重要组成部分。虽然当时的概念在论证的科学程度上存在一定的局限性，但在这之后关于隐私权的理论才逐渐被人们所认识和重视。

在中国，由于受到传统因素的影响，对包含隐私权在内的人格权的研究起步比较晚。我国最早的对隐私权的保护方法是以侵害名誉权的间接方式进行保护的。最典型的是1987年的“女经理隐私被宣扬并加以批判”案，此案是国内隐私权发展历程中比较著名的案例。值得注意的是，此案判决的依据是把隐私权侵害认定为侵害名誉权，并不直接认定为侵害隐私权。

二、隐私权的概念和特征

（一）隐私权的概念

按照学术界的通说，隐私权是指自然人享有的对其个人的，与公共利益、群体利益无关的个人信息、私人活动和私有领域进行支配的具体人格权。

（二）隐私权的特点

1. 隐私权的主体是特定的民事主体——自然人

关于隐私权的主体问题存在的争议主要有两个方面，即法人能否作为隐私权的主体以及死者能否作为隐私权的主体。

笔　记　区

关于法人能否作为隐私权主体的问题，我们认为法人不应作为隐私权的主体。原因在于：隐私权存在的目的是为了人保持其作为人所应有的尊严。隐私权受到侵害之后往往表现为一种人格的伤害和内心的不安。与此相对应，法人的“隐私”主要表现为法人的秘密。这种“隐私”遭受侵害之后，对法人的影响往往只表现在经济利益方面的损害。因此，法人的“秘密”定性为商业秘密，通过其他的法律途径予以保护更为合理。

关于死者能否作为隐私权主体的问题。我们认为从法学理论逻辑的角度看，死者由于不享有民事权利能力，因此无资格享有民事权利。从这个角度说，死者不应作为隐私权的主体。但是这并不代表法律对死者生前的隐私就不予保护，只是保护的方法不是通过隐私权的方法，而是通过保护其隐私利益的方法。

2. 隐私权的客体包括私人活动、个人信息和个人领域

关于隐私权的客体，一般认为是个人私生活秘密。我们认为将隐私权的客体概括为私人活动、个人信息和个人领域更为合理。

私人活动是相对于公共事务、群体事务、单位事务而言的，是以具体的、有形的形式表现于外界的隐私。

个人信息是特定个人不愿公开的情报、资料、数据等，是抽象的、无形的隐私，具体包括所有的个人情况、资料。

个人领域也称私人空间，是指个人的隐密范围，如身体。除此之外，个人居所、旅客行李、学生的书包、口袋、日记本、通信等均为个人领域。

3. 隐私权的保护范围受公共利益的限制

对隐私权的保护应当受到公共利益的限制。当隐私权与公共利益发生冲突时，应当依公共利益优先的原则进行处理。

三、隐私权的内容

隐私权应是一种具体人格权，其基本内容包括以下四项权利。

（一）隐私保密权

隐私保密权是指特定公民对其情报、信息依法享有保密的权

笔 记 区

利，未经许可，任何人不得刺探、公开和传播。对于无关公共利益的隐私，无论是有利于权利主体的隐私还是不利于权利主体的个人资讯，权利人都有权隐瞒，不对他人言明。这种隐瞒不是恶意、不诚实的表现，而是维护自己的人格利益的需要。

（二）隐私利用权

公民对于自己的隐私不仅仅享有消极的隐瞒权，还享有能动的利用权。隐私利用权是指公民对其隐私依法积极利用，以满足其精神方面和物质方面的需要。这种利用权的内容是自己自我利用，而不是他人利用。另外需要强调的是对隐私的利用不得违反法律，也不得有悖于社会公共利益和善良风俗。违背法律和有悖于社会公共利益、善良风俗而利用隐私，为违法行为，应认为是非法利用隐私。

（三）隐私维护权

隐私维护权是指权利主体行使权利时得排除他人非法干涉、侵扰。这种维护权主要表现为两个方面：第一，权利主体为保护隐私权在排除侵扰过程中的自助行为依法受保护；第二，在隐私权受侵害后，权利主体得寻求司法保护。

（四）隐私支配权

隐私支配权是指公民对于自己的隐私有权按照自己的意愿进行支配。隐私支配权的内容主要包括：权利人有权公开部分隐私，有权准许对个人活动和个人领域进行察知，有权准许他人利用自己的隐私。如准许他人利用个人经历创作文学作品，准许他人利用自己的社会关系进行其他活动等。而未经权利人允诺而利用者，为严重的侵权行为。

四、具体的侵害隐私权行为的表现

（一）刺探、调查个人情报、资讯

法律赋予自然人隐私权的目的就是为了使得自然人有权利控制私生活秘密，包括一切与公共利益无关的个人情报和资讯。因

笔 记 区

此，未经权利主体的同意，刺探、调查个人的身体资料、生活经历、财产、社会关系、家庭状况、婚恋状况、家庭住址、电话号码、政治倾向、心理活动、两性生活、疾病史及其他个人私生活情报资讯的，均构成侵害隐私权的行为。

（二）干涉、监视私人活动

自然人有权按照自己的意志，从事或不从事与公共利益无关的私人活动，任何人不得干涉、监视、跟踪、骚扰。因此，监视私人活动，强力干涉私人从事某种活动或不从事某种活动，监视私人与他人的交往，监视、窃听夫妻两性生活，私人跟踪，骚扰他人的安宁生活等都侵害了私人活动的权利，构成对隐私权的侵害。

（三）侵入、窥视私人领域

私人领域是隐私的重要组成部分，任何人非经法定程序，不得非法侵入或窥视，更不得非法搜查，否则均将构成侵害隐私权行为。

（四）擅自公布他人隐私

隐私隐瞒权是隐私权的最重要权利之一，权利主体有权隐瞒一切与公共利益无关的私生活秘密。擅自公布他人的私生活秘密是严重的侵害隐私权行为。擅自公布隐私主要有两种表现：第一，非法刺探、调查所得的私人秘密后，予以公布，这是既刺探、调查，又予以非法公布，因而是属于侵害隐私权的严重情节；第二，因业务或职务关系而掌握他人的秘密，其对个人信息的掌握是合法的但是未经权利人的允许而擅自泄漏则是违法的，也构成侵害隐私权。这两种表现的主要区别在于：第一种情形在主观上的要求必须是故意，而第二种情形在主观上对故意或者过失并无特定的要求，故意、过失均可。

（五）非法利用隐私

非法利用隐私是未经隐私权人的同意而利用其个人资讯、情报资料的行为。非法利用隐私行为的特征是将他人的资讯、情报为自己所利用，用于营利或非营利目的。非法利用隐私有两种：一种是未经本人同意而利用，此种为盗用他人隐私；二是虽经本

笔 记 区

人同意，但利用人超出约定的范围而利用。非法利用他人隐私，无论是否以营利为目的，均为侵害隐私权。所应强调的是，死者的隐私法益也应予以保护。对于死亡人的隐私，只要不涉及公共利益的需要，任何人不得进行非法公布或非法利用。其行使保护权的主体为其近亲属，如果涉及公共利益，死者又无近亲属的，检察机关可以依法起诉。

五、我国关于妇女隐私权的法律保护

关于对妇女隐私权的法律保护，以往我国采取的是间接、分散的立法方式，主要有宪法、刑法、诉讼法、行政法、民法以及妇女权益保障法等法律。这些法律形成了一个多层面的隐私权法律保护局面。

（一）《宪法》对妇女隐私权的一般保护

宪法是我国的根本大法，其中很多条文都涉及对隐私权的保护。《宪法》第38条规定："中华人民共和国公民的人格尊严不受侵犯。禁止用任何方式对公民进行侮辱、诽谤和诬告陷害"。第39条规定："中华人民共和国公民的住宅不受侵犯。禁止非法搜查或者非法侵入公民的住宅"。第40条规定："中华人民共和国公民的通信自由和通信秘密受法律的保护。除因国家安全或者追查刑事犯罪的需要，由公安机关或者检察机关依照法律规定的程序对通信进行检查外，任何组织或者个人不得以任何理由侵犯公民的通信自由和通信秘密"。

（二）民法对妇女隐私权的一般保护

在所有保护隐私权的法律法规层面中，民法是保护最充分、最完整的部门法。民法对隐私权的保护主要体现在三个方面：一是对公民的民事权利尤其是人身权进行原则性规定，确立了公民隐私权不容侵犯的民法保护精神；二是通过确定侵害隐私权的民事责任而实现对隐私权的保护；三是通过法律解释明确保护。

1.《民法通则》

《民法通则》第100条规定："公民享有肖像权，未经本人同

笔 记 区

意，不得以营利为目的使用公民的肖像。”第101条规定：“公民、法人享有名誉权，公民的人格尊严受法律保护，禁止用侮辱、诽谤等方式损害公民、法人的名誉。”

2.《最高人民法院关于贯彻执行〈民法通则〉若干问题的意见（试行）》

《最高人民法院关于贯彻执行〈民法通则〉若干问题的意见（试行）》第140条规定：“以书面、口头等形式宣扬他人的隐私，或者捏造事实公然丑化他人人格，以及用侮辱、诽谤等方式损害他人名誉，造成一定影响的，应当认定为侵害公民名誉权的行为。以书面、口头等形式诋毁、诽谤法人名誉，给法人造成损害的，应当认定为侵害法人名誉权的行为。”

3.《最高人民法院关于审理名誉权案件若干问题的解答》

《最高人民法院关于审理名誉权案件若干问题的解答》第7条规定：“是否构成侵害名誉权的责任，应当根据受害人确有名誉被损害的事实、行为人行为违法、违法行为与损害后果之间有因果关系、行为人主观上有过错来认定。以书面或者口头形式侮辱或者诽谤他人，损害他人名誉的，应认定为侵害他人名誉权。对未经他人同意，擅自公布他人的隐私材料或者以书面、口头形式宣扬他人隐私，致他人名誉受到损害的，按照侵害他人名誉权处理。因新闻报道严重失实，致他人名誉受到损害的，应按照侵害他人名誉权处理。”

第8条规定：“因撰写、发表批评文章引起的名誉权纠纷，人民法院应根据不同情况处理。文章反映的问题基本真实，没有侮辱他人人格的内容的，不应认定为侵害他人名誉权。文章反映的问题虽基本属实，但有侮辱他人人格的内容，使他人名誉受到侵害的，应认定为侵害他人名誉权。文章的基本内容失实，使他人名誉受到损害的，应认定为侵害他人名誉权。”

（三）刑法对妇女隐私权的一般保护

我国《刑法》对隐私权的保护主要是通过对侵害隐私权行为追究刑事责任来实现的。《刑法》第245条规定：“非法搜查他人身体、住宅，或者非法侵入他人住宅的，处三年以下有期徒刑或者

笔 记 区

拘役。司法工作人员滥用职权，犯前款罪的，从重处罚。”第252条规定：“隐匿、毁弃或者非法开拆他人信件，侵犯公民通信自由权利，情节严重的，处一年以下有期徒刑或者拘役。”第253条规定：“邮政工作人员私自开拆或者隐匿、毁弃邮件、电报的，处二年以下有期徒刑或者拘役。”《刑法》修正案（七）规定：“国家机关或者金融、电信、交通、教育、医疗等单位的工作人员，违反国家规定，将本单位在履行职责或者提供服务过程中获得的公民个人信息，出售或者非法提供给他人，情节严重的，处三年以下有期徒刑或者拘役，并处或者单处罚金。窃取或者以其他方法非法获取上述信息，情节严重的，依照前款的规定处罚。单位犯前两款罪的，对单位判处罚金，并对其直接负责的主管人员和其他直接责任人员，依照各该款的规定处罚。”

（四）诉讼法对妇女隐私权的一般保护

在诉讼法方面，我国法律确立了人民法院公开审理案件的一般原则，但对于有些涉及当事人个人隐私的案件，我国《刑事诉讼法》、《民事诉讼法》以及《行政诉讼法》同时规定了对这些案件不适用公开审理，应当或者可以不公开审理。

（五）在行政法规、行政规章方面对妇女隐私权的一般保护

行政法规、行政规章在我国的法律体系中占有重要的地位，其数量是我国任何其他形式的法律所不可比拟的。在行政法规、行政规章中，关于新闻、出版、广告、宣传、广播、电视、电影、医疗卫生、档案管理、邮电、社会治安等许多规定中都有妇女隐私权保护的规定。

（六）《妇女权益保障法》对妇女隐私权的特别保护

《妇女权益保障法》第42条规定：“妇女的名誉权、荣誉权、隐私权、肖像权等人格权受法律保护。禁止用侮辱、诽谤等方式损害妇女的人格尊严。禁止通过大众传播媒介或者其他方式贬低损害妇女人格。未经本人同意，不得以营利为目的，通过广告、商标、展览橱窗、报纸、期刊、图书、音像制品、电子出版物、网络等形式使用妇女肖像。”

笔　记　区

（七）《未成年人保护法》对妇女隐私权的特别保护

《未成年人保护法》第39条规定："任何组织或者个人不得披露未成年人的个人隐私，对未成年人的信件、日记、电子邮件，任何组织或者个人不得隐匿、毁弃；除因追查犯罪的需要，由公安机关或者人民检察院依法进行检查，或者对无行为能力的未成年人的信件、日记、电子邮件由其父母或者其他监护人代为开拆、查阅外，任何组织或者个人不得开拆、查阅。"

2009年我国颁布了《侵权责任法》，该法第2条规定："侵害民事权益，应当依照本法承担侵权责任。本法所称民事权益，包括生命权、健康权、姓名权、名誉权、荣誉权、肖像权、隐私权、婚姻自主权、监护权、所有权、用益物权、担保物权、著作权、专利权、商标专用权、发现权、股权、继承权等人身、财产权益。"。《侵权责任法》已于2010年7月1日生效。这意味着隐私权已经被我国法律正式、直接承认。从此之后，我国关于隐私权的保护由原来的间接保护变为直接保护。此后，受害人可以直接以隐私权受侵害作为案由向人民法院提起民事诉讼来保护自己的合法权益。

六、妇女隐私权保护所面临的难题与困扰

对于目前我国多层面的隐私权立法格局，虽然看似全面，但和美国等立法较完善的国家相比其缺陷是显而易见的。特别是随着社会的发展和科学技术的进步，立法的不足之处日益明显，主要表现在以下几个方面。

（一）偷窥

在高科技时代，一般的手机都带有拍照功能，这可以说是社会进步发展的表现之一，但是有些不良分子利用了这一功能，用手机从事一些偷拍活动。除了手机和数码相机，一些"窃听器"和"针孔摄像头"也是位列侵害人的隐私的罪魁之列。而我国现行的行政管理法规与科技发展相比较，在法律制度管理方面的发展显得比较迟缓。

（二）个人资料泄密

在信息社会里，个人信息就是资源和价值。据央视《东方时

笔 记 区

空》2010年4月的一份调查显示，74%的人有过信息被泄露的遭遇，在被泄露的信息当中，90%是联系方式被泄露。而我国关于个人信息资料保护方面的法律措施，特别是行政管理方面的法律措施基本上没有发挥出其应有的作用。

（三）网络泄露个人隐私

在现代社会中，网络在给我们的工作和生活带来越来越多便利的同时，也成为违法犯罪分子的犯罪工具。在个人隐私方面，网络逐渐成为隐私泄漏的主要通道和途径。通过网络的途径泄漏个人隐私大多数情况下是网络服务提供商的责任。由于设备、技术和管理等方面的问题使得用户的个人信息得不到切实有效的保障。而我国目前的法律中有关网络监管的行政管理性规定无论是从制度层面上还是从实际执行层面上都不是十分健全。

（四）人肉搜索对个人隐私的挑战

就其本质来说，人肉搜索是信息搜索的一种方式，可以弥补单纯机器搜索的不足，从技术角度来说是有优越性的。但是如果人肉搜索被不当利用的话对一些人来说是一种灾难，个人隐私的保护问题进一步引起人们的讨论。

第六节　妇女的生育权

一、生育权的含义与内容

根据联合国《消除对妇女一切形式歧视公约》第16条第一部分(e)条款规定：“男、女有相同的（生育）权利，自由负责地决定其子女人数和生育间隔，并有机会获得使他们能够行使这种权利的知识、教育和方法”。据此，国际社会关于生育权通行的定义方式是：“所有夫妻和个人有负责的自由决定其子女人数和生育间隔以及为达此目的而获得资料、教育方法的基本人权。”

我国现有的法律中关于“生育权”的规定比较少，在学术理论界关于“生育权”的认识存在着比较大的分歧。在关于“生育

笔　记　区

权”的定义方面较具代表性的观点有以下四种。有些学者认为生育权是夫妻依法而负责任的决定生育子女的数量和时间的自由。也有不生育的自由。有些学者认为生育权是夫妻双方和其他女性依法享有的自主决定是否生育、生育的时间和次数的权利。有些学者认为生育权是自然人基于合法的婚姻而享有的是否生育子女以及如何生育子女的权利。还有一些学者认为生育权有广义的生育权和狭义的生育权之分。广义的生育权是指公民依法通过两性自然受精或者人工授精进行繁育后代的权利。狭义的生育权是指夫妻基于合法的婚姻所享有的孕育子女的权利。从以上的定义中可以看出，学者们虽然关于生育权的主体以及生育权是否必须基于合法婚姻关系的存在作为前提条件等问题存在着比较大的争议，但是学者们关于以下生育权的内容形成了比较一致的意见，具体如下。

（1）生育权是自由而负责地决定生育子女的时间、数量和间隔的权利。

（2）公民有生育的权利，也有不生育的自由。公民有权利选择生育与不生育，不生育也不应当受到歧视。

（3）在生育权问题上夫妻双方享有平等的权利。从理论上说，生育是男女双方的共同行为，不可能依靠单方实现，因此，一方不能强迫另一方实现这个权利，生育权利应当是以双方协商为基础的，两个人在共同的意愿下才能实现生育权。

二、妇女的生育权

回顾历史，妇女总是处于被支配的地位。从生育权的角度看，她们生育的权利也是受到限制的。随着社会经济的发展，妇女的地位日益提升，妇女“自我意识”的觉醒使她们走向男权社会，争得自己的一席之地。要打破固有的思维，就应从基础着手，即从妇女在家庭的地位着手。解决此问题的关键就在于妇女是否真正拥有生育权。但是从妇女生育权的实际情况来看，生育对于妇女而言更多的是一种责任。这种基于自然属性和人类道德的责任

笔记区

包括生育孩子、哺养孩子、教育孩子等。由此看来，生育给妇女带来的要求和负担是远远高于男性的，实际上给妇女戴上了无形的枷锁。

我国十分重视妇女生育权的保障，《妇女权益保障法》规定了妇女的生育权。根据《妇女权益保障法》的精神，妇女的生育权应该包括生殖健康权、计划生育的权利、堕胎的权利三部分内容。

三、夫妻生育权冲突

在妇女生育权法律保护的实践中，争议最大的是夫妻生育权冲突。夫妻之间的生育权冲突主要表现在以下几个方面。

（一）因双方感情不和，女方可以拒绝生育

生育权是一项特殊的人身权，是人生来具有的与人身不可分割的一种权利，夫妻双方均有生育的权利，也有不生育的自由。在女方怀孕以后，胎儿就成为女方人身的组成部分，这时，男方的生育权只能通过女方来实现。如果双方意见一致，男方的生育权就能够实现，如果双方的意见不一致，则只能依照女方的意愿决定，男方的生育权就不能实现。男方虽然享有生育权，其生育权的实现不得侵害女方不生育的人身自由权。因此女方怀孕后，是否生育子女应由女方决定，女方不和男方协商，自行终止妊娠，其行为并不违反法律规定。这也是权利发生冲突时的价值选择。

（二）丈夫强制妻子怀孕与生育是侵权行为

生育权的本质与特性决定了不能强制公民生育，只宜通过各种变通措施对生育权进行保护。根据权利不能滥用的法律要求，夫妻在行使生育权时，不能违背对方意愿和侵害对方权益。男女双方在要不要生育或何时生育的问题上难以达成一致时，任何一方都不能将其意志强加给另一方，这是生育权男女平等的最根本体现。只有充分尊重男女双方的生育意愿，才能使生育权的行使符合法律要求并产生当事人期待的后果。

一般来说，在发生权利冲突时，司法倾向于保护妇女权益的原因是：生育行为需要具备一定的生理、健康条件并存在生育风

笔　记　区

险，生育的主要任务由妇女承担。生育本身会对妇女的身体健康构成一定损害，甚至危及生命。从法理上看，承担较大义务便意味着应享有较大权利。侧重保护妇女权益，既符合立法本意，也是公正司法的要求。

如果丈夫违背妻子的意志，在妻子对生育还没有做好充分的思想准备和心理准备，认为生育条件尚未具备，要求丈夫推迟生育时间的情况下，丈夫不顾妻子的请求和实际情况，采取暴力手段，强迫妻子怀孕的，只要妻子有足够证据，就可以依据《妇女权益保障法》中“妻子有不生育的自由”的规定，果断地进行人工流产；在强迫妻子怀孕时，丈夫使用了恶劣手段，情节严重的，妻子还可依法向人民法院起诉丈夫对自己的婚内强奸行为，追究丈夫的责任，并要求获得赔偿。因此，男性强迫对方怀孕、流产，属于侵害女性生育权和其他人身权（如生命健康权）的行为，行为人应承担侵权责任。构成犯罪的，还要承担刑事责任。[①]

第七节　性骚扰问题

一、国外关于性骚扰立法问题的概述

20世纪六七十年代，西方的女权主义运动使得很多的国家已经制定了一些涵盖性骚扰行为的法律。许多的国家通过特别立法的形式对“性骚扰”进行了专门立法。

美国是最早提出性骚扰问题的国家。性骚扰问题最早成为法律关注的问题缘于发生在1975年的卡米塔·伍德事件。此后，“性骚扰”一词传播开来，并被编入词典。20世纪70年代美国密执安大学著名的女权主义法学家凯瑟琳·麦金农首次从法律意义上对性骚扰进行了定义。她认为，性骚扰是一种被美国宪法和民权法禁止的性别歧视。

在欧洲，欧盟委员会于2000年提出了一项修改草案，建议15个成员国对性骚扰制定共同的定性标准。性骚扰案件的被告必须

① 李小年：夫妻生育权若干法律问题探讨［J］．学术与探索，2008，（2）．

笔 记 区

拿出证据，证明自己清白，否则将受到惩处。那些对性骚扰视而不见的企业领导人也将受到惩处。2003年5月10日，欧盟委员会对这个指令进行了修改，修改后对“性骚扰”的定义是：以对方非自愿的身体上或语言上的有性含义的进攻性行为，造成损害对方尊严、名誉，给对方心理造成恐慌、敌意、耻辱的后果。

在国际法的立法方面，在反对和遏制“性骚扰”的问题上目前还没有一个专门的具有约束力的公约，但有很多不具约束力的公约都对这一行为进行了规定，如1985年第三次世界妇女大会通过的《内罗毕战略》把“使青年妇女不受性骚扰”列为主要目标之一。联合国的《消除对妇女暴力行为的宣言》要求所有加入这个宣言的成员国都要在本国范围之内，运用包括法律手段在内的一切措施去消除对妇女的暴力，其中包括性骚扰行为。国际劳工组织1989年的169号公约，也在其中的一些条款中对“性骚扰”进行了规定。①

二、性骚扰在中国

“性骚扰”在20世纪90年代初已是一个使用频率很高的词汇，1999年首次被收入新版《辞海》。《辞海》给“性骚扰”下的定义是：性骚扰是20世纪70年代出现于美国的用语，指在存在不平等权利关系背景条件下，社会地位较高者利用权力向社会地位较低者强行提出性的要求，从而使后者感到不安的行为，是性别歧视的一种表现。该定义揭示了性骚扰的两个关键要素，即体现为不平等权利关系的“阶级”要素及体现为性别歧视的“性别”要素。

性骚扰与法律层面的真空有关。在相关的法律中只有1979年的《刑法》流氓罪中有关性骚扰的法律规定。随着20世纪末《刑法》被修订，流氓罪被取消，使公共场所性骚扰行为失去法律规范，更使工作场所和其他隐蔽场所的性骚扰行为无法规范。而且，生活中普遍存在的性骚扰可能是终日不断的肮脏的话语、下流动作，这些言语或行为够不上犯罪，不发生在公共场所，甚至够不

① 贺莉丹. 性骚扰立法在国外[J/OL]. [2005-07-05]. http://news.sina.com.cn/w/2005-07-05/16547138896.shtml.

笔　记　区

上“流氓”行为，无法给予治安处罚。再者，刑法和行政法规侧重于维护社会的正义与公平，就算给骚扰者处以刑罚或治安处罚，也无法给受害者遭受的伤害加以补偿。

三、我国目前关于性骚扰问题的立法状况

（一）《妇女权益保障法》

2005年修订的《妇女权益保障法》第一次从基本法的高度明确禁止性骚扰，并做出了相应的规定。

《妇女权益保障法》第40条规定：“禁止对妇女实施性骚扰。受害妇女有权向单位和有关机关投诉。”第58条规定：“违反本法规定对妇女实施性骚扰或者家庭暴力，构成违反治安管理行为的，受害人可以提请公安机关对违法行为人依法给予行政处罚，也可以依法向人民法院提起民事诉讼。”

（二）《治安管理处罚法》

《治安管理处罚法》第42条第5项规定：“多次发送淫秽、侮辱、恐吓或者其他信息，干扰他人正常生活的，处五日以下拘留或者五百元以下罚款；情节较重的，处五日以上十日以下拘留，可以并处五百元以下罚款。”第44条规定：“猥亵他人的，或者在公共场所故意裸露身体，情节恶劣的，处五日以上十日以下拘留；猥亵智力残疾人、精神病人、不满十四周岁的人或者有其他严重情节的，处十日以上十五日以下拘留。”

（三）《刑法》

《刑法》中规定了性骚扰情节严重的可以构成犯罪。《刑法》中涉及侵害性权利的犯罪有强制猥亵、侮辱妇女罪和强奸罪等。

《刑法》第236条规定：“以暴力、胁迫或者其他手段强奸妇女的，处三年以上十年以下有期徒刑。奸淫不满十四周岁的幼女的，以强奸论，从重处罚。强奸妇女、奸淫幼女，有下列情形之一的，处十年以上有期徒刑、无期徒刑或者死刑：（一）强奸妇女、奸淫幼女情节恶劣的；（二）强奸妇女、奸淫幼女多人的；（三）在公共场所当众强奸妇女的；（四）二人以上轮奸的；（五）致使被

笔 记 区

害人重伤、死亡或者造成其他严重后果的。”

《刑法》第237条第1款和第2款规定：“以暴力、胁迫或者其他方法强制猥亵妇女或者侮辱妇女的，处五年以下有期徒刑或者拘役。聚众或者在公共场所当众犯前款罪的，处五年以上有期徒刑。”

四、性骚扰的界定

关于如何界定性骚扰在我国现行立法上还没有做出一个统一的界定，大多数人往往从性骚扰的外在表现上列举出一些性骚扰的特征以便于对性骚扰做出认定。虽然他们各自的说法不同，但对此都有一个基本原则，即违背受性骚扰人的意愿，故意做出或者发出性的行为或者挑逗，使对方的身体、心理产生不适、不快。

从20世纪末以来，我国出现了多起涉及性骚扰的案件，从法院的判决理由来看，我们大致总结出了性骚扰的构成应当具备的特点。

1．被骚扰者的心理抵触、反感等。这是从被骚扰者的主观心理状况对是否构成性骚扰的考察。

2．骚扰者的主观状态应当为带有性意思的故意，即明知自己带有性意识的行为违背被骚扰者的主观意愿，且希望或者放任这种结果发生。这是从骚扰者的主观心理状况对是否构成性骚扰的考察。构成性骚扰的行为人主观上不能是过失，因此，长期生活在性风俗、性观念比较开放的地方的人在相对保守的地方，其习惯性行为不构成性骚扰。在公交车或其他拥挤的公共场所，人们也可能在外力的作用下无意间触碰到对方的敏感部位，这也不属于性骚扰。

3．骚扰者的客观行为，骚扰行为可以表现为积极的作为行为，即积极主动的言语、身体、眼神或某种行为、环境暗示等，也可以表现为消极的不作为，即利用某种不平等的权利关系使被骚扰者按照其意愿行为。

4．侵犯的客体，性骚扰行为直接侵犯的权利客体是被骚扰者的性权利，实质上是公民人格尊严权的一种。

笔　记　区

五、性骚扰案所面临的“三难”

（一）立案难

把某民事侵权案件称作“性骚扰案”是媒体或大众的一种习惯叫法，法律上没有性骚扰这个概念。民事案件要想进入司法程序，必须有一个案由。所谓案由，可以理解为案件的性质、由来或者内容提要。诉讼过程中各种法律文书如判决书、裁定书、决定书、调解书都要写明案由，案由不只是在审判阶段才确定，法院接受当事人起诉状时就应明确案件的案由。案由既是案件内容的提要，又是案件类型划分的标志，同时它也是案件反映的法律关系性质的体现，名不正则言不顺。性骚扰案在目前而言，各个法院基本都是以侵犯名誉权为案由立案。名誉权作为所有性骚扰案件的案由并不妥当，因为侵犯名誉权表现在两个方面，既要有侵权行为，又要有一定的损害后果，即侵害人实施的行为损害了受害人的名誉，使其应有的社会评价受到了贬低的影响。对发生在隐蔽场所的性骚扰而言，证明侵害人有侵权行为尚且十分困难，更何况证明自己的名誉受到毁损。但打民事官司又不能没有案由，一时的权宜之计可以，如果形成一种惯例，让人觉得性骚扰就等于侵犯名誉权，那会把很多人挡在法院的大门之外。

（二）取证难

性骚扰官司遇到的最大难题是取证难，不但国内如此，国外也如此。敢在大庭广众之下骚扰女性的人毕竟是少数，绝大多数性骚扰行为发生在两人独处的场所，骚扰者不承认，受害人无可奈何，依据现在民事诉讼“谁主张，谁举证”的证据规则，受害人很难取到相关证据，特别是直接证据，这也是大多数女性遭遇性骚扰时选择隐忍而放弃法律途径解决的直接原因之一。

（三）赔偿难

取证难是目前性骚扰案件存在的问题之一，但不是最主要的问题。性骚扰案件所面临的主要难点是赔偿难。目前，性骚扰案件按照普通民事侵权案件处理。受害人要想获得赔偿，先得拿出

笔 记 区

受到损害的证据。性骚扰行为的损害后果表现在精神损害，就算有病历、医院收费单，依据现有法律规定，精神损害要有严重后果才能获得赔偿，如何证明性骚扰行为给受害人造成严重精神损害后果，成为受害人难以逾越的一大障碍。①

第八节　家庭暴力问题

一、家庭暴力的概述

家庭暴力的概念是在1995年第四次世界妇女大会之后正式进入公众视线的。至今，家庭暴力已经发展成为是一个全球性的问题。据世界银行调查统计，20世纪全世界有25%～50%的妇女都曾受到过与其关系密切者的身体虐待。全国妇联的一项最新抽样调查表明，在被调查的公众中，有16%的女性承认被配偶打过，14.4%的男性承认打过自己的配偶。每年约40万个解体的家庭中，25%缘于家庭暴力。特别是在离异者中，暴力事件比例则高达47.1%。据资料统计，目前，全国2.7亿个家庭中，遭受过家庭暴力的妇女已高达30%。

家庭暴力之所以受到特别关注，是因为它不仅是一个十分突出的社会问题，而且极大地危害社会治安、家庭稳定以及妇女儿童的身心健康。世界银行认为，暴力对女性来说与癌症一样是育龄妇女死亡和丧失生存能力的重要原因。因此在世界各国都应当建立更为健全的法律制度以消除对妇女的暴力。1993年联合国《消除对妇女的暴力行为宣言》规定，家庭暴力是指在家庭内发生的身心方面和性方面的暴力行为，包括殴打、在家庭中对女童的性虐待、因嫁妆问题而引起的暴力行为、强奸配偶、阴蒂割除和其他有害于妇女的传统习俗、非配偶的暴力行为和与剥削有关的暴力行为。该宣言并对“对妇女的暴力行为”进行了解释，是指对妇女造成或可能造成身心上或性行为上伤害或痛苦的任何基于性

---

① 张绍明. 中国反性骚扰立法研究[J/OL]. [2009-05-07]. http://www.chinalawedu.com/new/16900_173/2009_5_7_wa46661140561759002151 70.shtml.

笔　记　区

别的暴力行为，包括威胁进行这类行为、强迫或任意剥夺自由，不论其发生在公共生活或私人生活中。

二、中国的反家庭暴力立法

我国各种部门法中有许多关于禁止家庭暴力的法律规定，下面分别予以介绍。

《宪法》关于保障公民权利、男女平等等规定是中国反家庭暴力的立法依据。

《妇女权益保障法》法在总则、第33条至第35条、第40条至第42条中明确规定妇女在政治的、经济的、文化的、社会的和家庭的生活等方面享有同男子平等的权利。虽然没有使用“家庭暴力”的概念，但全法始终贯穿了反对包括家庭暴力在内的一切形式的对妇女的暴力，保护妇女权益的精神。

《未成年人保护法》总则、第2章、第47条、第52条的相关规定体现了禁止对未成年人的家庭暴力，保护未成年人权益的精神。

《民法通则》作为调整平等主体间的财产关系和人身关系的法律，在预防和制止家庭暴力方面发挥着重要作用。《民法通则》在第98第、第101条、第103条中规定了保护公民的生命健康权、名誉权、婚姻自由权等权利，同时在第134条中规定了相应的侵权责任形式。

《婚姻法》是中国第一部明确规定“禁止家庭暴力”的法律。2001年的《婚姻法》修改之后明确规定“禁止家庭暴力”，将实施家庭暴力作为准予离婚的法定情形之一，且受害人有权据此提出赔偿，并专门规定了对家庭暴力受害人的救助措施和施暴人的法律责任。这是我国第一次明确将家庭暴力问题写入法律中。根据第43条的规定，受害人有权向居民委员会、村民委员会、所在单位和公安机关等寻求救助。根据第45条的规定，相应机构应当应受害人要求采取救助措施；对构成犯罪的，司法机关应依法追究刑事法律责任。第32条规定了实施家庭暴力为法院准予离婚的法定情形之一，第46条规定了因家庭暴力导致离婚的，受害人有权请求损害赔偿。

《继承法》规定家庭暴力行为可能引起继承权的丧失。根据《继承法》第7条的规定，故意杀害被继承人、为争夺遗产而杀害其他继承人、遗弃被继承人或虐待被继承人情节严重的，丧失继承权。

《刑法》通过第232条至第238条、第240条、第246条、第257条、第260条、第261条对杀人罪、伤害罪、强奸罪、侮辱罪、非法拘禁罪、拐卖妇女儿童罪、暴力干涉他人婚姻自由罪、虐待罪、遗弃罪等罪名和刑罚的规定，对实施家庭暴力构成犯罪的人予以惩处。

行政法通过规定行政处罚和行政处分禁止家庭暴力行为。如《治安管理处罚法》第43条规定："殴打他人的，或者故意伤害他人身体的，处五日以上十日以下拘留，并处二百元以上五百元以下罚款；情节较轻的，处五日以下拘留或者五百元以下罚款。有下列情形之一的，处十日以上十五日以下拘留，并处五百元以上一千元以下罚款：（一）结伙殴打、伤害他人的；（二）殴打、伤害残疾人、孕妇、不满十四周岁的人或者六十周岁以上的人的；（三）多次殴打、伤害他人或者一次殴打、伤害多人的。"《治安管理处罚法》第45条规定："有下列行为之一的，处五日以下拘留或者警告：（一）虐待家庭成员，被虐待人要求处理的；（二）遗弃没有独立生活能力的被扶养人的。"

诉讼法包括《刑事诉讼法》、《民事诉讼法》和《行政诉讼法》，规定了家庭暴力受害人寻求司法救济的途径：通过民事诉讼程序追究施暴人的民事责任；对构成犯罪的，依照刑事诉讼程序提起自诉，或通过告诉，由司法机关依法定程序追究施暴人的刑事责任；对公安机关不依法履行制止或处罚家庭暴力职责的，受害人可按《行政诉讼法》的规定，要求其限期履行并赔偿相应损失。

地方性法规的规定。《妇女权益保障法》颁布实施以来，全国31个省、自治区、直辖市都先后出台了确保《妇女权益保障法》贯彻落实的实施办法。据统计，已有山东、湖南、四川、宁夏、江西、陕西、湖北、黑龙江等省、自治区人大先后通过了《关于预防和制止家庭暴力的决议》等专门性反家庭暴力的地方性法规。

三、我国立法关于家庭暴力的界定

（一）家庭暴力的定义

最高人民法院《关于〈中华人民共和国婚姻法〉若干问题的

笔 记 区

解释（一）》对家庭暴力行为给出了具体的定义："家庭暴力是指行为人以殴打、捆绑、残害、强行限制人身自由或其他手段，给家庭成员的身体、精神等方面造成一定伤害后果的行为。"全国妇联等七部委联合制定《关于预防和制止家庭暴力的若干意见》对此定义进行了重申。

（二）家庭暴力的构成要件

家庭暴力作为一般意义上的民事侵权行为，根据最高人民法院《关于〈中华人民共和国婚姻法〉若干问题的解释（一）》对家庭暴力行为给出的定义，其构成要件应包括以下几方面。

1. 主体必须具有行为能力，且为家庭共同生活成员。一般认为是共同生活在一个家庭内的亲属，包括有夫妻关系、父母子女关系，以及兄弟姐妹关系和一定范围内的姻亲关系的亲属。

2. 行为人主观上具有过错，且为故意。出于泄愤、征服或恃强凌弱的动机而放任不法行为，侵犯家庭成员的人格权和身份权。

3. 在损害后果上，有使受害人的人身、精神受到伤害的事实。

4. 行为人的不法行为与损害事实之间具有因果关系，基于行为人的主观为故意，此因果关系应为必然因果关系理论。

（三）家庭暴力的司法认定

在司法实践中认定家庭暴力的构成应当注意以下两个方面。

1. 合理分配证明责任

在家庭暴力的构成要件上，当事人较难举证证明的有两要素：一是主体，即实施暴力的行为人；二是客观方面，即具体的暴力行为或冷暴力的表现。对于损害后果通常情况下均有报警记录、有关部门的调解记录及损伤证明等证据予以印证，但行为主体及其具体行为则难以举证证明，而此时受害人显然已穷尽了举证能力。如果按照一般侵权确定证明责任分配，由受害人承担举证不能的后果显然违背公平、公正原则，更谈不上保护妇女权益的立法宗旨。家庭暴力因发生于家庭内部、夫妻之间，因而在时间、地点上具有特定性、封闭性。基于这种特性，法官完全可以根据诚实信用原则和公平原则，运用司法自由裁量权修正一般侵权证明责任分配规则的不足，在已有的间接证据基础上，采用举证责

笔 记 区

任的“倒置”或推理等方法，灵活、公正的分配证明责任。

2. 准确把握“一定伤害后果”的认定标准

这里的“一定”绝非是指一次性的伤害后果，它不仅包括对肉体损害程度达到某种伤势上的后果，也包括了无明显体征的屡次轻微暴力、冷暴力（其他手段）所造成的精神损害上的后果。对前者的认定，可根据人体法医学鉴定、医院疾病诊断证明加以判断。对后者，因无明显外在体征，故不能将达到某种程度的伤害后果或精神崩溃作为认定的必要条件，而应从加害人施暴的时间、次数分析其主观恶性，从被害人的精神状态、恐惧心理了解其精神痛苦，并结合一般人的心理是否足以忍受加以判断。

此外，家庭暴力之所以难见天日，很大程度上是受害女性的“家丑不可外扬”心理所致。我国《婚姻法》明确规定了夫妻应当互相尊重、夫妻在家庭中地位平等。这不仅是男女平等原则的体现，更是国家对妇女权益保护的立法宗旨所在。因此，受害女性应增强维权意识，抛弃男尊女卑、三从四德的封建思想，以现代女性的独立和自尊维护自身利益。面对家庭暴力，受害女性应当及时报警、及时进行法医学伤势检验，并寻求妇女联合会保护，为日后的维权及其他损害赔偿之诉收集、固定证据。①

四、家庭暴力的法律救济

（一）民事救济

民法在制止家庭暴力方面的特殊职能主要体现在通过民事救济使受害人的损失得到补偿和救济，并且获得结束暴力关系所需要的法律保护。施暴者承担民事责任的方式有停止侵害、赔偿损失、赔礼道歉等。

就赔偿损失而言，根据《民法通则》第119条的规定，侵害公民身体造成伤害的，应当赔偿医疗费、因误工减少的收入、残疾者生活补助费等费用；造成死亡的，并应当支付丧葬费、死者生前抚养的人的必要的生活费等费用。

---

① 朱朝阳. 从一起案件谈家庭暴力的司法认定［J/OL］.［2007-05-08］. http://www. chinacourt. org/public/detail.php?id=245257.

笔　记　区

（二）婚姻救济

《婚姻法》第32条规定了实施家庭暴力为法院准予离婚的法定情形之一，第46条规定因家庭暴力导致离婚的，受害人有权请求损害赔偿。

（三）行政救济

实施家庭暴力或者虐待家庭成员，尚不够刑事处罚的，受害人提出请求的，公安机关依法对施暴者予以行政处罚，处罚办法包括拘留、罚款或者警告。根据《婚姻法》第43条的规定，实施家庭暴力或者虐待家庭成员，受害人有权提出请求，居民委员会、村民委员会以及所在单位应当予以劝阻、调解。对正在实施的家庭暴力，受害人有权提出请求，居民委员会、村民委员会应当予以劝阻；公安机关应当予以制止。实施家庭暴力或虐待家庭成员，受害人提出请求的，公安机关应当依照治安管理处罚的法律规定予以行政处罚。根据《妇女权益保障法》第58条的规定，对妇女实施家庭暴力构成违反治安管理行为，受害人提出请求的，由公安机关对违法行为人依法给予行政处分。

（四）刑事救济

严重的家庭暴力是针对个人和社会的犯罪行为，应当受到刑事司法的控制。施暴者实施家庭暴力行为有可能会构成故意伤害罪、故意杀人罪、虐待罪、非法拘禁罪、暴力干涉他人婚姻自由罪、遗弃罪等。

（五）人身保护令

1. 人身保护令的含义

人身保护令是在普通法下由法官所签发的手令，命令将被拘押之人交送至法庭，以决定该人的拘押是否合法。人身保护令是以法律程序保障个人自由的重要手段。

2. 人身保护令在中国治理家庭暴力方面的规定

我国最高人民法院中国应用法学研究所于2008年3月制定的《涉及家庭暴力婚姻案件审理指南》主要在以下几个方面对人身保

笔 记 区

护令做出了规定。

（1）人身保护令的概念。

根据《涉及家庭暴力婚姻案件审理指南》的规定，人身安全保护裁定是一种民事强制措施，是人民法院为了保护家庭暴力受害人及其子女和特定亲属的人身安全、确保民事诉讼程序的正常进行而做出的裁定。

（2）人身保护令做出的法律依据。

根据《涉及家庭暴力婚姻案件审理指南》的规定，人民法院做出的人身安全保护裁定，以《民事诉讼法》第140条第1款第11项规定等为法律依据。

（3）人身安全保护裁定的主要内容。

根据《涉及家庭暴力婚姻案件审理指南》的规定，人民法院做出的人身安全保护裁定，可以包括下列内容中的一项或多项：

① 禁止被申请人殴打、威胁申请人或申请人的亲友；

② 禁止被申请人骚扰、跟踪申请人，或者与申请人或者可能受到伤害的未成年子女进行不受欢迎的接触；

③ 人身安全保护裁定生效期间，一方不得擅自处理价值较大的夫妻共同财产；

④ 有必要的并且具备条件的，可以责令被申请人暂时搬出双方共同的住处；

⑤ 禁止被申请人在距离下列场所200米内活动：申请人的住处、学校、工作单位或其他申请人经常出入的场所；

⑥ 必要时，责令被申请人自费接受心理治疗；

⑦ 为保护申请人及其特定亲属人身安全的其他措施。

（4）人身安全保护裁定的附带内容。

根据《涉及家庭暴力婚姻案件审理指南》的规定，申请人申请并经审查确有必要的，人身安全保护裁定可以附带解决以下事项。

① 申请人没有稳定的经济来源，或者生活确有困难的，责令被申请人支付申请人在保护裁定生效期间的生活费以及未成年子女抚养费、教育费等。

② 责令被申请人支付申请人因被申请人的暴力行为而接受治疗的支出费用、适当的心理治疗费及其他必要的费用。被申请人的暴力行为造成的财产损失，留待审理后通过判决解决。

笔　记　区

（5）人身安全保护裁定的种类和有效期。

根据《涉及家庭暴力婚姻案件审理指南》的规定，人身安全保护裁定分为紧急保护裁定和长期保护裁定。紧急保护裁定有效期为15天，长期保护裁定有效期为3—6个月。确有必要并经分管副院长批准的，可以延长至12个月。

（6）人身安全保护措施的管辖。

根据《涉及家庭暴力婚姻案件审理指南》的规定，人身安全保护措施的申请由受害人经常居住地、加害人经常居住地或家庭暴力行为发生地的人民法院受理。两个以上同级人民法院都有管辖权的，由最初受理的人民法院管辖。

（7）人身安全保护措施申请的提出时间。

根据《涉及家庭暴力婚姻案件审理指南》的规定，人身安全保护裁定的申请，应当以书面形式提出；紧急情况下，可以口头申请。口头申请应当记录在案，并由申请人以签名、摁手印等方式确认。人身安全保护裁定的申请，可以在离婚诉讼提起之前、诉讼过程中或者诉讼终结后的6个月内提出。诉前提出申请的，当事人应当在人民法院签发人身保护裁定之后15日之内提出离婚诉讼。逾期没有提出离婚诉讼的，人身安全保护裁定自动失效。

（8）人身安全保护申请的条件。

根据《涉及家庭暴力婚姻案件审理指南》的规定，申请人身安全保护裁定，应当符合下列条件：

① 申请人是受害人；

② 有明确的被申请人姓名、通信住址或单位；

③ 有具体的请求和事实、理由；

④ 有一定证据表明曾遭受家庭暴力或正面临家庭暴力威胁。

受害人因客观原因无法自行申请的，由受害人的近亲属或其他相关组织代为申请。相关组织和国家机关包括受害人所在单位、居（村）委会、庇护所、妇联组织、公安机关或检察机关等。申请人身安全保护措施的证据，可以是伤照、报警证明、证人证言、社会机构的相关记录或证明、加害人保证书、加害人带有威胁内容的手机短信等。

（9）人身安全保护措施申请的审查。

根据《涉及家庭暴力婚姻案件审理指南》的规定，人民法院

笔 记 区

收到人身安全保护措施的申请后，应当迅速对申请的形式要件及是否存在家庭暴力危险的证据进行审查。人民法院在审查是否存在家庭暴力危险的证据时，可以根据家庭暴力案件自身的特点和规律，本着灵活、便捷的原则适当简化。对于是否存在家庭暴力危险，申请人和被申请人均可以提交证明自己主张的证据，必要时人民法院也可以依职权调取证据予以核实或者举行听证。

（10）人身安全保护裁定的做出。

根据《涉及家庭暴力婚姻案件审理指南》的规定，人民法院收到申请后，应当在48小时内做出是否批准的裁定。人民法院经审查或听证确信存在家庭暴力危险，如果不采取人身安全保护措施将使受害人的合法权益受到难以弥补的损害的，应当做出人身安全保护裁定。

（11）人身安全保护裁定的送达。

根据《涉及家庭暴力婚姻案件审理指南》的规定，人身安全保护裁定应当向申请人、被申请人或者同住成年家庭成员送达，同时抄送辖区公安机关；达达方式一般以书面形式直接送达、邮寄送达或委托送达，拒绝签收的可以留置送达。情况紧急的，人民法院可以口头或通过电话等其他方式将裁定内容告知申请人、被申请人、辖区公安机关，并将告知情况记录在案。

（12）人身安全保护裁定的生效与执行。

根据《涉及家庭暴力婚姻案件审理指南》的规定，人身安全保护裁定自送达之日起生效。人民法院将人身安全保护裁定抄送辖区公安机关的同时，函告辖区的公安机关保持警觉，履行保护义务。公安机关拒不履行必要的保护义务，造成申请人伤害后果的，受害人可以以公安机关不作为为由提起行政诉讼，追究相关责任。

人民法院应当监督被申请人履行人身安全保护裁定。被申请人在人身安全裁定生效期间，继续骚扰受害人、殴打或者威胁受害人及其亲属、威逼受害人撤诉或放弃正当权益，或有其他拒不履行生效裁定行为的，人民法院可以根据《民事诉讼法》第102条的相关规定，视其情节轻重处以罚款、拘留。构成犯罪的，移送公安机关处理或者告知受害人可以提起刑事自诉。

（13）驳回申请及不服裁定的复议。

根据《涉及家庭暴力婚姻案件审理指南》的规定，人民法院经审查认为人身安全保护措施申请不符合申请条件的，驳回申请，并告知申请人申请复议的权利。被申请人对人身安全保护裁定不服的，可以在收到人身安全保护裁定之日起5日内向签发裁定的人民法院申请复议一次。人民法院在收到复议申请之日起5日内做出复议裁定。复议期间不停止人身安全保护裁定的执行。

（14）撤销人身安全保护裁定的听证。

根据《涉及家庭暴力婚姻案件审理指南》的规定，申请人、被申请人可以在收到人身安全紧急保护措施的裁定后3日内，请求人民法院举行延长或撤销紧急保护裁定的听证。人民法院认为有必要举行听证的，应当在听证前3日将听证通知送达申请人和被申请人。特殊情况下，人民法院可以根据需要随时安排听证。听证一律不公开进行。但是，经法院许可，双方当事人均可由一两位亲朋陪伴出庭。陪伴当事人出庭听证的亲朋有妨碍诉讼秩序的除外。听证通知合法送达后，申请人无正当理由拒不到庭的，一般情况下可以视为申请人放弃申请，但是，经核实受害人受到加害人胁迫或恐吓的除外。被申请人无正当理由拒不到庭的，不影响听证的进行。

（15）对撤回人身安全保护措施申请的审查。

根据《涉及家庭暴力婚姻案件审理指南》的规定，申请人提出申请后很快撤回申请的，或者经合法送达听证通知后不出席听证的，经审查，如存在以下因素，人民法院应当保持警觉，判断其是否因施暴人的威胁、胁迫所致。存在以下因素的，不予批准：

① 被申请人有犯罪前科的；

② 被申请人曾有严重家庭暴力行为的；

③ 被申请人自行或与申请人共同来申请撤销的；

④ 申请人的撤销申请无正当理由的或不符合逻辑的等。

（六）中宣部、最高人民检察院、公安部、民政部、司法部、卫生部、全国妇联2008年7月制定的《关于预防和制止家庭暴力的若干意见》

2008年7月31日中宣部、最高人民检察院、公安部、民政部、

笔 记 区

司法部、卫生部、全国妇联六部委为预防和制止家庭暴力，依法保护公民特别是妇女儿童的合法权益，建立平等和睦的家庭关系，维护家庭和社会稳定，促进社会主义和谐社会建设，依据《婚姻法》、《妇女权益保障法》、《未成年人保护法》、《治安管理处罚法》等有关法律，制定了该意见。该意见共13条，从内容上来看主要涉及以下三个方面的内容。

1. 将家庭暴力纳入了110出警范围

该意见规定对家暴案件，公安机关应当根据不同情况，依法及时做出处理。

（1）对情节轻微的家庭暴力案件，应当遵循既要维护受害人的合法权益，又要维护家庭团结，坚持调解的原则，对施暴者予以批评、训诫，告知其应承担的法律责任及相应的后果，防范和制止事态扩大。

（2）对违反治安管理规定的，依据《治安管理处罚法》予以处罚。

（3）对构成犯罪的，依法立案侦查，做好调查取证工作，追究其刑事责任。

（4）对属于告诉才处理的虐待案件和受害人有证据证明的轻伤害案件，应当告知受害人或其法定代理人、近亲属直接向人民法院起诉，并及时将案件材料和有关证据移送有管辖权的人民法院。

2. 关于妇联系统在处理家庭暴力问题中的作用

该意见规定，妇联组织要积极开展预防和制止家庭暴力的宣传、培训工作，建立反对家庭暴力热线，健全维权工作网络，认真接待妇女投诉，告知受害妇女享有的权利，为受害妇女儿童提供必要的法律帮助，并协调督促有关部门及时、公正地处理家庭暴力事件。要密切配合有关部门做好预防和制止家庭暴力工作，深化“平安家庭”创建活动，推动建立社区妇女维权工作站或家庭暴力投诉站（点），推动“零家庭暴力社区（村庄）”等的创建，参与家庭矛盾和纠纷的调解。妇联系统的人民陪审员在参与审理有关家庭暴力的案件时，要依法维护妇女儿童的合法权益。处理家庭暴力案件的有关单位和人员应当注意依法保护当事人的隐私。

笔 记 区

3. 关于其他部门在处理家庭暴力问题中的作用

该意见指出，公安派出所、司法所，居（村）民委员会、人民调解委员会、妇代会等组织要认真做好家庭矛盾纠纷的疏导和调解工作，切实预防家庭暴力行为的发生。对正在实施的家庭暴力要及时予以劝阻和制止。积极开展对家庭成员防范家庭暴力和自我保护的宣传教育，鼓励受害者及时保存证据、举报家庭暴力行为，有条件的地方应开展对施暴人的心理矫治和对受害人的心理辅导，以避免家庭暴力事件的再次发生和帮助家庭成员尽快恢复身心健康。

该意见同时指出，人民检察院对公安机关提请批准逮捕或者移送审查起诉的家庭暴力犯罪案件应当及时审查并处理。对于罪行较重、社会影响较大且得不到被害人谅解的，依法应当追究刑事责任，符合逮捕或起诉条件的，应依法及时批准逮捕或者提起公诉。对于罪行较轻、主观恶性小、真诚悔过、人身威胁性不大，以及当事人双方达成和解的，可以依法做出不批准逮捕、不起诉决定。司法行政部门应当督促法律援助机构组织法律服务机构及从业人员，为符合条件的家庭暴力受害人提供法律援助。鼓励和支持法律服务机构对经济确有困难又达不到法律援助条件的受害人，按照有关规定酌情减收或免收法律服务费用。卫生部门应当对医疗卫生机构及其工作人员进行预防和制止家庭暴力方面的指导和培训。民政部门救助管理机构可以开展家庭暴力救助工作，及时受理家庭暴力受害人的求助，为受害人提供庇护和其他必要的临时性救助。

思考题

1. 简述妇女人身权的内容。
2. 简述妇女隐私权的保护。
3. 如何完善有关性骚扰问题的立法？
4. 如何完善有关家庭暴力问题的立法？

案例分析题

1. 家住某市的冯文明与李延丽经人介绍于2000年1月结婚，

2001年11月，生下一个女儿。冯文明很不满意，有时还拳脚相加。李延丽觉得自己没能给冯家生个儿子，断了冯家的香火，自己挨打活该，什么都不怪，要怪就怪自己的命不好。为了改善和丈夫的关系，为了年幼的女儿，对于冯文明的家庭暴力，她总是忍气吞声，自己一个人默默地承受着身体和精神的双重痛苦。她希望以这种方式唤醒丈夫的良知，没想到丈夫却越发的变本加厉。2008年6月的一天夜里，冯文明喝得酩酊大醉回到家里，李延丽慌忙给他倒茶解酒，没想到换来的是冯文明的拳打脚踢，李延丽四处躲闪，可冯文明还是穷追不舍，李延丽忍无可忍，拿起身边的椅子向丈夫冯文明狠狠地砸去，当场将冯文明击倒在地。随后，李延丽主动到公安机关投案自首，后经鉴定冯文明构成六级伤残。

请问：（1）冯文明的行为是否构成家庭暴力？（2）面对家庭暴力，作为李延丽的法律顾问应当给予什么样的法律建议？

2. 2003年农历8月，原告黄某（女）与被告戴某（男）经他人介绍认识并谈恋爱。同年11月7日，原告、被告到婚姻登记机关办理结婚登记手续。2004年4月12日，原告回娘家居住时，被告欲向原告索款购买肥料，双方为此发生纠纷，致原告膝盖受伤。事情发生后，被告及其亲戚多次到原告的娘家，要求与原告和好。2004年5月19日，原告诉至南靖县人民法院要求与被告离婚，2004年6月9日本院判决不准原告、被告离婚。之后原告、被告仍继续分居生活、双方互不往来。原告在第一次起诉离婚未果后，未经被告同意将怀孕7个多月的胎儿引产。原告于2005年8月15日再次以夫妻感情确已破裂为由起诉要求与被告离婚。被告认为原告在2004年4月7日检查时胎儿是正常的，原告没有经过被告的同意私自引产，致使被告的精神受到伤害，被告要求原告赔偿精神损失5000元。

请问：（1）法院应否支持原告的离婚请求？（2）被告的请求法院能支持吗，为什么？

笔 记 区

第七章 妇女的婚姻家庭权利

导 言

家庭是社会的细胞，家庭文明是社会文明的基础，家庭稳定是社会稳定的根基，妇女婚姻家庭权利的保障则是维护家庭稳定、促进家庭文明的前提和保证。妇女婚姻家庭权利的实现是妇女自身的发展与提高、家庭的和睦与稳定、社会的文明与进步的重要基础。本章主要介绍了妇女婚姻家庭权利的主要内容以及相关的法律保护，此外还进一步论述了妇女的生育权、事实婚姻问题、艾滋病患者的结婚权利等婚姻家庭领域的热点问题。

学习目标

1. 了解妇女婚姻家庭权利的基本理论。

2. 识记婚姻自由权的概念、妇女的婚姻家庭权利的主要内容和法律对妇女婚姻家庭权利保护的一般知识，并在此基础上理解妇女的生育权、艾滋病患者的结婚权利以及事实婚姻的发展阶段与妇女权利保障的问题。

3. 通过延伸阅读和实践训练使学生做到理论联系实际，提高应用法律知识帮助广大妇女维护婚姻家庭权利的能力。

第一节 妇女婚姻家庭权利的基本理论

一、婚姻家庭与婚姻家庭制度

法律上的婚姻是男女双方以永久生活为目的，以夫妻的权利义务为内容的合法结合。家庭是以婚姻、血缘和共同经济为纽带，其成员间互享法定权利、互负法定义务的亲属团体。婚姻家庭是

笔 记 区

借助于男女两性的生理差异而形成，随着社会生产力的变化而不断变化的社会关系，其本质属性是社会性。

婚姻家庭是人类社会最广泛、最普遍的法律实体，担负着实现人口再生产的职能、组织消费的职能和抚育教育的职能。婚姻家庭关系是因婚姻或法律拟制原因而形成的一定范围的亲属之间的权利和义务关系，可以分为夫妻的配偶关系、父母子女的亲子关系和祖父母、外祖父母和孙子女、外孙子女的权利义务关系，以及兄弟姐妹关系和其他家庭成员之间的关系。其中，夫妻关系是家庭关系的主要部分，也是其他家庭关系的基础。夫妻关系因具有永久共同生活的目的、承担着生育和抚育子女、赡养老人等责任而不同于男女两性的同居。所以，夫妻关系是由法律规定的夫妻双方之间的权利义务关系。从法的角度确立夫妻间的权利义务关系是保障当事人权益的前提条件，同时对建立和睦家庭亦具有重要意义。

婚姻家庭关系是适应人类社会发展的客观需要而出现的，在人类社会中，婚姻家庭制度当然不是自始存在、永恒不变的，它是社会发展到一定阶段的产物。婚姻家庭制度是社会制度的组成部分，是一定社会制度下的婚姻家庭形态，即由一定的经济基础所决定的通过各种社会规范所确认的婚姻家庭模式。当两性关系的主体范围受到限制时，婚姻家庭制度的历史也就产生了。人类社会发展史上婚姻家庭的历史类型主要有群婚制、对偶制和一夫一妻制。婚姻家庭制度作为一定经济基础之上的上层建筑，是用以确认和规范婚姻家庭关系的。婚姻家庭制度以法律的形式确认后，纳入法律调整轨道的婚姻家庭关系则成为婚姻家庭法律关系。

二、妇女婚姻家庭权利的概念

所谓婚姻家庭权利，是指婚姻当事人及家庭成员在婚姻家庭关系中依法享有的权利和利益。这些权利和利益是基于特定身份而产生的，如夫妻关系、父母子女关系等。概括说来这些权利包括人身权利和基于人身关系而产生的财产权利。婚姻家庭权利的享有不因主体的性别而有所区别，夫与妻、男性和女性家庭成员的法律地位都是平等的。

笔　记　区

妇女婚姻家庭权利是指妇女在婚姻家庭关系中依法享有的权利和利益。

妇女的婚姻家庭权利是社会关注的热点，我国一直致力于通过立法保障妇女的婚姻家庭权利。2001年和2005年分别修改的《婚姻法》、《妇女权益保障法》，以及全国各省、市、自治区制定的《妇女权益保障法》实施办法，都对妇女婚姻家庭权利做出了保护。修改后的《婚姻法》尤其强调男女平等基本原则，在此基础上具体强调夫妻地位平等和婚姻家庭权利义务平等，有针对性地补充了禁止实施家庭暴力、禁止重婚等有利于维护妇女权利的条款。《妇女权益保障法》强调国家保障妇女享有与男子平等的婚姻家庭权利，保护妇女的婚姻自主权、生育权以及婚姻家庭生活中的人身权利与财产权利。由于历史、社会等原因，从总体上讲，妇女仍然处于弱势地位，目前我们在制定法律时在一定程度上还缺少社会性别分析，对妇女权利的特别保护不够。在男女平等、禁止实施家庭暴力、妇女的财产权利以及生育权等问题上依然存在事实上的男女不平等，妇女婚姻家庭权利的保护从形式平等发展到事实平等还需要广大女性同胞以及我们全社会的共同努力。

三、妇女婚姻家庭权利的内容

妇女婚姻家庭权利主要包括婚姻权利和家庭权利。

（一）妇女的婚姻权利

1. 婚姻自由权

婚姻自由是指公民有权在法律规定的范围内，自主自愿地决定本人的婚姻问题，不受任何人的强制或干涉。《宪法》第49条第4款规定：“禁止破坏婚姻自由……”《婚姻法》第2条规定：“实行婚姻自由。”第3条第1款规定：“禁止包办、买卖婚姻和其他干涉婚姻自由的行为……”第5条规定：“结婚必须男女双方完全自愿，不许任何一方对他方加以强迫或任何第三者加以干涉。”那么，妇女的婚姻自由权应该是指妇女有权依法决定个人的婚姻问题，任何人不得强制和干涉。

广义上讲婚姻自由包括恋爱自由、结婚自由、离婚自由、同

笔 记 区

居自由和性取向自由。妇女的婚姻自由权是全面的、多方位的，所谓恋爱自由，是指妇女有根据自己的意愿选择恋爱对象的自由。同居自由是指未婚男女有选择同居对象的自由。出于对个体权利的尊重，我们的法律理论也在逐渐接纳多元文化主义，该理论认为，一个人的性取向是个人生活方式问题，旁人无权干涉。

狭义上的婚姻自由仅仅是指结婚自由和离婚自由，即婚姻自由包括结婚自由与离婚自由两个方面。结婚自由是指婚姻当事人有依法缔结婚姻关系的自由。当事人是否结婚，与谁结婚，是其本人的权利，任何人无权干涉。离婚自由是指夫妻有依法解除婚姻关系的自由。离婚作为一种个人自由，必须以社会利益来权衡利弊得失，因为这种自由是建立在他人的利益之上的，这些人通常包括子女、配偶、纳税人乃至整个社会。结婚自由是婚姻自由的主要方面，离婚自由是对婚姻自由的重要补充。结婚是一种普遍行为，离婚是特殊行为，保障结婚自由是为了使当事人能够完全按照自己的意愿，结成共同生活的伴侣；保障离婚自由是为了使感情确已破裂，无法共同生活的夫妻能够通过法定途径解除婚姻关系。禁止包办婚姻、买卖婚姻和其他干涉婚姻自由的行为，这是保护婚姻自由权利的必然要求。

任何权利都必须在法律的框架下行使，婚姻自由的行使也必须符合法律的规定。婚姻自由权利和公民的其他权利一样不是绝对的，而是相对的。这个自由也只有在合法的前提下才是真正的自由，这是婚姻自由的法律标准。我国《婚姻法》明确规定了结婚、离婚的条件和程序，这些规定是在婚姻问题上的合法与违法的界限。对于追求什么样的目的、出于何种的动机，这些只是道德领域的问题。当然，订婚、婚约以及无配偶者同居行为也不受法律保护。

2. 婚姻中权利平等

婚姻中权利平等包含两方面的内容：一是夫妻各自享有独立的人格和尊严，对家庭事务共同协商，任何一方不得享有凌驾于他方之上的优越地位；二是夫妻双方在家庭中（即在人身关系和财产关系两个方面）的权利和义务是平等的。具体而言包含以下几个方面。

笔　记　区

（1）独立的姓名权。

独立的姓名权是指妇女在婚姻家庭中有使用自己姓名的权利。姓名是体现每个公民个人的亲属团体从属和本身个性的一种符号，其由姓氏和名字两部分组成。姓氏表明公民的家族血缘团体，名字则是公民本身的特定符号和标记，二者的组合构成姓名的完整内容。可见，姓名表示个人与群体之间的内在联系，具有重要的社会功能和丰富的内涵。在法律上，姓名使某公民与其他的公民区别开来，从而便于参加各种社会活动，行使法律赋予的各种权利和承担相应的义务。根据《民法通则》第99条的规定，公民的姓名权是指公民决定、使用和依照法律规定改变自己姓名的权利。具体而言，姓名权包括姓名决定权、姓名使用权、姓名变更权和禁止他人干涉、盗用、假冒的权利。

（2）人身自由权。

人身自由权是指妇女在婚姻家庭中有参加生产、工作、学习和社会活动的自由，任何人不得加以限制和干涉。我国法律赋予已婚妇女充分的平等的人身自由权，为实现真正的男女平等、夫妻家庭地位平等提供了法律保障。

（3）夫妻共有财产的平等所有权。

夫妻在婚姻关系存续期间所得的财产，归夫妻共同所有，夫妻对共同所有的财产有平等的处理权。妻子对夫妻共同财产享有与丈夫平等的占有、使用、收益和处分的权利。

（4）要求扶养权。

要求扶养权是指妻子享有要求丈夫扶养的权利，当丈夫不履行扶养义务时，需要扶养的妻子有要求丈夫给付扶养费的权利。确立夫妻间扶养的权利和义务，其立法宗旨是维护婚姻关系的稳定，保护夫妻双方的合法权益。

（5）遗产继承权。

《婚姻法》明确规定夫妻有相互继承遗产的权利。夫妻是指彼此具有合法婚姻关系的男女双方。合法的夫妻不包括同居的男女双方。婚姻关系存续期间，丈夫死亡，妻子有权以配偶身份作为第一顺序法定继承人继承丈夫的遗产。

（6）生育权。

生育权是指妇女有按照国家计划生育政策的有关规定生育子

笔 记 区

女的权利，也有按照个人意愿不生育子女的自由。

（二）妇女的家庭权利

1．母亲对未成年子女享有与父亲平等的监护权。父亲死亡、丧失行为能力或者有其他情形不能担任未成年子女的监护人的，母亲的监护权任何人不得干涉。

2．离婚妇女对未成年子女的探视权，任何人不得阻挠女方行使对子女的探望权。父母与子女间的关系不因父母离婚而消除。离婚后父母对于子女仍有抚养和教育的权利与义务。因此，在将监护权判给男方的情况下，法律赋予了妇女探望子女的权利。

3．父母不履行抚养教育义务时，未成年的或不能独立生活的女儿有要求父母给付抚养费和教育费的权利；女儿有权作为第一顺序法定继承人继承父母的遗产。

4．对于父母已死亡或父母无力抚养的未成年的女性，有负担能力的兄、姐对其有扶养的义务；兄弟姐妹之间作为第二顺序法定继承人有相互继承遗产的权利。如无第一顺序的法定继承人——配偶、子女、父母，妹妹有权继承兄、姐的遗产，反之亦然。

5．有负担能力的祖父母、外祖父母对于父母已经死亡的未成年的孙女、外孙女有抚养的义务，有负担能力的孙女、外孙女对子女已经死亡的祖母、外祖母有赡养的义务。祖母、外祖母有权作为第二顺序的法定继承人继承孙子女、外孙子女的遗产，孙女、外孙女在其父母先于祖父母、外祖父母死亡时，有权作为代位继承人继承祖父母、外祖父母的遗产。

第二节　妇女婚姻家庭权利的法律保护

保护妇女婚姻家庭权利的目的就是为了提高妇女的家庭地位，保障妇女对家庭资源的占有及分配，体现家庭内的性别平等。目前我国保护妇女婚姻家庭权利的法律渊源主要有《宪法》、《刑法》、《婚姻法》、《妇女权益保障法》和地方性规章、政策。这些法律法规和政策构成了我国保护妇女婚姻家庭权利的法律体系，在社会的发展中为实现男女平等、切实提高妇女地位发挥了积极

笔　记　区

的推动作用。

法律对妇女婚姻家庭权利的一般保护有以下几个方面。

一、保护妇女的婚姻自由权

根据《婚姻法》的规定，禁止任何单位或者个人干涉妇女结婚、离婚自由。禁止利用封建迷信、家族关系等形式侵害妇女的婚姻家庭权益。禁止包办、买卖婚姻和变相买卖婚姻、借婚姻索取财物以及其他非法干涉妇女婚姻自由的行为。

包办婚姻是指第三者（包括父母）违背当事人的意愿，强制其结婚或离婚的违法行为。买卖婚姻是指第三者（包括父母）以索取大量财物为目的，包办强迫他人婚姻的违法行为。这两种非法婚姻往往表现为以女儿换儿媳的转亲、换亲等方式，有些地区还保留着订童婚、抱童养媳等现象。其他干涉婚姻自由的行为则是法律对包办、买卖婚姻以外的各种非法干涉结婚自由、离婚自由的违法行为的总称。如父母阻挠子女婚事、干涉丧偶妇女再婚、子女干涉父母再婚、干涉他人离婚或复婚等。借婚姻索取财物是指除买卖婚姻以外的其他借婚姻索取财物的行为。如男女双方自主自愿结婚，但一方却向另一方索要许多的财物，以此作为成婚的先决条件。男女双方之间以及一方对另一方的父母出于自愿的赠与是完全合法的。假若借婚姻骗取财物则超出了借婚姻索取财物的范围，可根据具体情况以诈骗罪承担刑事责任。对于侵害妇女婚姻自由权的处置，在《刑法》中明确规定“以暴力干涉他人婚姻自由的，处二年以下有期徒刑或者拘役。犯前款罪，致使被害人死亡的，处二年以上七年以下有期徒刑。”

二、保护妇女的生育权

生育权作为一个法律概念在现代社会有着特殊的含义，妇女生育权的实现与社会经济的稳定增长和持续发展有着密切的联系，必须运用法律的和必要的行政手段，通过物质利益的导向作用来保护、影响并引导人们的生育行为。目前，各国的法律对生育的问题存在两种态度，其中一种态度是生育是完全自由的，生不生、生多少、跟谁生都是当事人自己的事情。第二种态度是生

笔 记 区

育权受法律保护，但同时受到一定的限制。我国政府制定人口与计划生育政策，提倡一对夫妇只生一个孩子。《妇女权益保障法》规定女方按照计划生育的要求中止妊娠的，在手术后6个月内，男方不得提出离婚；女方提出离婚，或者人民法院认为确有必要受理男方离婚请求的，不在此限。任何人不得以生育女婴或者不生育为由迫使妇女离婚。

因为妇女在怀孕、分娩和哺乳子女等方面承担着巨大的责任、义务和风险，法律赋予女性生育权，并尊重妇女的生育权，保护妇女的生育健康。《妇女权益保障法》第51条更明确地规定了“妇女有按照国家有关规定生育子女的权利，也有不生育的自由”。

妇女在生育、生殖方面享受政府的特殊保护。有关部门有义务为育龄夫妇提供安全、有效的避孕药具和技术，保障实施节育手术的妇女的安全和健康。妇女在怀孕期间不得被辞退或下调工资，不得安排其加班加点，怀孕7个月以上，不得安排其夜班劳动。哺乳期内每天两次哺乳时间，每次30分钟，每天这两次时间可以合并为1小时使用，经期不参加不利于身体的工作。

法律尊重妇女的生育权不等于否定男性的生育权。因为妇女在怀孕、分娩、哺乳子女方面承担着最大的责任、义务和风险，所以法律把生育的自由选择权交给妇女是无可非议的，生育权应赋予妇女。关于“夫妻有平等的生育权”的规定很明显地缺少性别意识。虽然子女孕育是由丈夫提供了精子，但胎儿的整个孕育过程、生产过程均是由妻子独自完成的，妇女承受了巨大的身体的、精神的压力和痛苦。同时生育权赋予妇女的精神是与有关国际条约（我国已签约）相一致的。因此，是否生育子女夫妻应充分协商，如果双方互不谅解，达不成协议，夫妻可以通过离婚，另觅愿意生育的配偶，实现个人的生育自由权。但是不可以因为想要孩子而强迫妻子生育子女或禁止妻子堕胎。《妇女权益保障法》第 47 条规定“妇女有按照国家有关规定生育子女的权利，也有不生育的自由”，明确将生育权赋予了妇女。而关于男女享有平等的生育权的说法追求的只是一种表面的平等，但在实际上却否定了妇女不生育的自由权，因而事实上剥夺了妇女的生育权，不是男女平等，而是男女不平等。[①]总之，尽管我国法律规定生育

① 陈明侠. 婚姻法修改与妇女婚姻家庭权利保护［N］. 中国社会报，2000.

笔 记 区

权的主体为夫妻双方，但对妇女的生育权应给予特殊保护。

三、保护妇女的姓名权

夫妻双方都有使用自己姓名的权利是姓名权在我国夫妻关系中的具体体现，也是我国法律确认的夫妻人身关系的重要内容。夫妻双方对姓名权的享有并不受婚姻关系的影响。结婚后，双方仍保持各自姓名的独立性，不因婚姻生活的具体环境、双方的职业、收入和彼此间的扶养关系而发生变化。在婚姻关系存续期间，夫妻中的任何一方都有权使用或依法改变自己的姓名，他方不得干涉，也不得盗用、假冒。

夫妻姓名权平等的另一体现就是子女可以随父姓，也可以随母姓，那种认为子女只能随父姓，不能随母姓的传统的封建思想观念是错误的。《婚姻法》第22条规定："子女可以随父姓，可以随母姓。"这是我国法律对子女姓氏问题做出的专门规定。但是，《婚姻法》并未规定父母一方可以将子女的姓氏随意更改，离婚后单方面将孩子的姓氏更改的做法是没有法律依据的。未成年人在变更姓名时必须得到监护人的同意。父母是未成年子女的监护人，在子女姓名的问题上享有平等的权利，所以，任何一方变更子女姓名时都要征得对方的同意。1993年11月3日最高人民法院发布的《关于人民法院审理离婚案件处理子女抚养问题的若干具体意见》第19条规定："父或母一方擅自将子女姓氏改为继母或继父姓氏而引起纠纷的，应责令恢复原姓氏。"从以上司法解释可以看出，除非双方协商一致或子女成年后自己决定姓氏，否则任何一方擅自变更子女姓名的做法是不当的，如果引起纠纷，人民法院将责令恢复原来的姓名。[①]

四、保护妇女的人身自由

《宪法》和《妇女权益保障法》都明确规定国家保护妇女的人身自由。《宪法》第48条第1款规定："中华人民共和国妇女在政治

① 刘秋苏. 夫妻离婚后一方擅自更改孩子姓氏是否合法[J/OL]. [2004-07-01]. http://www.chinacourt.org/public/detail.php?id=121673.

笔 记 区

的、经济的、文化的、社会的和家庭的生活等各方面享有同男子平等的权利。”《妇女权益保障法》第2条规定：“妇女在政治的、经济的、文化的、社会的和家庭的生活等各方面享有同男子平等的权利。实行男女平等是国家的基本国策。国家采取必要措施，逐步完善保障妇女权益的各项制度，消除对妇女一切形式的歧视。国家保护妇女依法享有的特殊权益。禁止歧视、虐待、遗弃、残害妇女。”

《婚姻法》第15条规定规定了家庭生活中妇女的人身自由。“夫妻双方都有参加生产、工作、学习和社会活动的自由，一方不得对他方加以限制或干涉。”该规定主要是对人身自由权的确定，同时也是对人身自由权的法律保障。所谓生产、工作，是指一切社会劳动，这里的学习不仅包括正规的在校学习，也包括扫盲学习、职业培训以及其他各种形式的专业知识与专业技能的学习。所谓社会活动，是指参政、议政活动，科学、技术、文学、艺术和其他文化活动，各种群众组织、社会团体的活动以及各种形式的公益活动等。[①]这里规定的夫妻人身自由权并不是公民的人身自由权的全部内容，而是与夫妻关系有关的人身自由权的内容，涉及参加生产、工作、学习和社会活动，实际上讲的是妇女参加社会活动、进行社会交往、从事社会职业的权利。由于“男主外、女主内”传统夫妻关系模式的影响，妇女比男子承担更多的家务劳动，较少参与社会活动，部分妇女在家庭中多处于从属地位，生活依赖丈夫。因此，本条规定虽然对等地适用于夫妻双方，但从立法的针对性来看主要是保障已婚妇女的上述权利，禁止丈夫对妻子的人身自由加以限制或干涉。妇女的人身自由权不仅取决于其在家庭中的地位，主要的是取决于妇女在社会中的地位。这一规定的目的在于限制丈夫对妻子的人身自由权利的干涉，这是在男女平等的条件下妇女参与社会活动的权利的体现。

此外，妻子在离婚诉讼期间，男方及其亲属不得侵犯和限制女方的人身自由，夫妻关系被依法解除后，任何人不得干扰女方的正常生活。

---

① 胡康生．中华人民共和国婚姻法释义［M］．北京：法律出版社，2001．

笔　记　区

五、保护妇女的财产权

当前社会男女两性的经济地位事实上仍存在着很大的差距。部分妇女因为养育子女、照顾家庭放弃了原有的职业，这些女性基本没有独立的经济收入，即使是职业女性，她们的就业机会和经济收入也大多低于男子。2001年《婚姻法》修正案规定，以共同财产制作为法定夫妻财产制，以约定财产制为补充，同时对夫妻共同财产的范围作了列举式的规定，并增加了夫妻个人特有财产的规定，同时，对夫妻约定财产制作了较为详细的规定。这实际上有利于保障夫妻中经济能力较弱一方的权益，避免对婚姻家庭生活和社会生活产生剧烈的震荡。

《婚姻法》规定夫妻在婚姻关系存续期间所得的下列财产，如工资和奖金，从事生产、经营的收益等归夫妻共同所有。我国的夫妻共同财产制属于婚后所得共同制，即在婚姻关系存续期间，除个人特有财产和夫妻另有约定外，夫妻双方或一方所得的财产均归夫妻共同所有，夫妻双方享有平等的财产所有权。这里的“共同所有”是指共同共有，不是按份共有。因此，妇女对依照法律规定的夫妻共同财产享有与其配偶平等的占有、使用、收益和处分的权利，不受双方收入状况的影响。

妇女对夫妻共同财产的使用、处分权受法律保护。对共同财产的处分，除另有约定以及为日常生活所需财产外，丈夫应当在取得妻子的同意之后进行。夫妻一方未经对方的同意擅自处分共同财产的，对方有权请求宣告该处分行为无效，但不得对抗善意第三人。一方因擅自处分行为给配偶造成损失的，应当予以赔偿。因一方擅自处分行为所负的债务，应由该方以个人财产清偿。根据最高人民法院《关于人民法院审理离婚案件处理财产分割问题的若干具体意见》第17条的规定，一方未经对方同意，擅自资助与其没有扶养义务的亲朋所负的债务；或一方未经对方同意，独自筹资从事经营活动，其收入确未用于共同生活所负的债务，不能认定为夫妻共同债务，应由一方以个人财产清偿。

夫妻离婚时，应当依法分割夫妻共同财产。在分清个人财产、夫妻共同财产的前提下，法院应根据财产的具体情况，照顾子女

笔 记 区

和女方权益的原则，公平公正地分割共同财产。不得因女方劳动收入少或者无劳动收入而少分或者不分财产给女方。男方隐藏、转移、变卖、毁损夫妻共有财产，或者伪造债务损害女方权益的，可以少分或不分，离婚后，女方发现男方有上述行为的可以在诉讼时效内向人民法院提起诉讼，请求再次分割共有财产。这里的诉讼时效是指权利人自知道或应当知道权利被侵害时起计算，两年内向人民法院提起诉讼。

在分割夫妻共同财产时，对于与生产经营相关的财产、房屋以及知识产权的分割应维护妇女的合法权益。生产经营类财产原则上应作均等分割，但根据生产、生活的实际需要和财产来源等情况，具体处理时也可有所差别。《妇女权益保障法》第44条规定国家保护离婚妇女的房屋所有权。夫妻共有的房屋，离婚时，分割住房由双方协议解决；协议不成的，由人民法院根据双方的具体情况，照顾子女和女方权益的原则判决。夫妻双方另有约定的除外。对于夫妻共同租用的房屋，离婚时，应当按照照顾子女和女方权益的原则协议解决。夫妻居住男方单位的房屋，离婚时，女方无房居住的，男方有条件的应当帮助其解决。

六、禁止对妇女实施任何形式的家庭暴力

家庭暴力是指家庭成员之间殴打、捆绑、禁锢、虐待、限制人身自由的暴力行为。近年来，我国家庭暴力问题在一些地方比较突出，因家庭暴力导致离婚和人身伤害案件增多。家庭暴力的直接受害者主要是妇女、儿童和老人。

随着妇女权利意识的觉醒和增长，对妇女实施家庭暴力的问题受到社会各界更为广泛的关注。禁止对妇女实施任何形式的家庭暴力的法律规定包括国际法和国内立法两方面。

中国已经签署了《消除对妇女一切形式歧视公约》、《儿童权利公约》等国际公约，是《北京宣言》、《行动纲领》等国际文件的承诺国，已向全世界庄严承诺采取有效措施，制止家庭暴力，保护妇女、儿童、老人等一切弱势群体的权益。

国内法从宪法到地方性法规都有禁止家庭暴力的规定。《宪法》关于保障公民权利、男女平等等规定是中国反家庭暴力的立

笔　记　区

法依据。《妇女权益保障法》第46条明确规定："禁止对妇女实施家庭暴力。国家采取措施，预防和制止家庭暴力。公安、民政、司法行政等部门以及城乡基层群众性自治组织、社会团体，应当在各自的职责范围内预防和制止家庭暴力，依法为受害妇女提供救助。"第58条规定："违反本法规定，对妇女实施性骚扰或者家庭暴力，构成违反治安管理行为的，受害人可以提请公安机关对违法行为人依法给予行政处罚，也可以依法向人民法院提起民事诉讼。"《未成年人保护法》第10条规定："父母或者其他监护人应当创造良好、和睦的家庭环境，依法履行对未成年人的监护职责和抚养义务。禁止对未成年人实施家庭暴力，禁止虐待、遗弃未成年人，禁止溺婴和其他残害婴儿的行为，不得歧视女性未成年人或者有残疾的未成年人。"《民法通则》规定保护公民的生命健康权、名誉权、婚姻自由权等权利，并规定了相应的侵权责任形式。《婚姻法》是中国第一部明确规定"禁止家庭暴力"的法律，规定了对家庭暴力受害人的救助措施：受害人有权向居民委员会、村民委员会、所在单位和公安机关等寻求救助；相应机构应当应受害人要求采取救助措施；对构成犯罪的，司法机关应依法追究刑事法律责任，规定实施家庭暴力为法院准予离婚的法定情形之一，并规定因家庭暴力导致离婚的，受害人有权请求损害赔偿。《继承法》规定了因家庭暴力行为可能引起继承权丧失的情形："故意杀害被继承人"、"为争夺遗产而杀害其他继承人"、"遗弃被继承人或虐待被继承人情节严重"。《刑法》通过对杀人罪、伤害罪、强奸罪、侮辱罪、非法拘禁罪、拐卖妇女儿童罪、暴力干涉婚姻自由罪、虐待罪、遗弃罪等罪名和刑罚的规定，对实施家庭暴力构成犯罪的人予以惩处。行政法通过规定行政处罚和行政处分来禁止家庭暴力行为。如《治安管理处罚条例》对侵犯他人人身权利尚不够刑事处罚的"殴打他人、造成轻微伤害"、"非法限制他人人身自由"、"虐待家庭成员，受虐待人要求处理"等规定应由公安机关予以拘留、罚款或警告。诉讼法规定了家庭暴力受害人寻求司法救济的途径：通过民事诉讼程序追究施暴人的民事责任；对构成犯罪的，依照刑事诉讼程序提起自诉，由司法机关依法定程序追究施暴人的刑事责任；对公安机关不依法履行制止或处罚家庭暴力职责的，受害人可按《行政诉讼法》的规定

笔 记 区

要求其限期履行并赔偿相应损失。《妇女权益保障法》颁布实施以来，全国多个省、自治区、直辖市都先后出台了地方性法规和确保《妇女权益保障法》贯彻落实的实施办法。湖南、四川、宁夏、江西、陕西、湖北、黑龙江等省、自治区人大先后通过了《关于预防和制止家庭暴力的决议》等专门性反家庭暴力的地方性法规。

现在有关专家、学者和媒体对家庭冷暴力问题讨论得十分热烈。冷暴力是近几年法学界与社会学者在婚姻家庭问题研究及对策中提出的一种婚姻长期处于冷战状态的新概念，是夫妻双方感情受挫、失落、无奈、厌倦的表现。法律无法直接干预家庭冷暴力问题，而只能等待当事人对婚姻现状做出理智、明确的抉择。家庭冷暴力问题不宜作为法律概念提出来。另外，冷暴力也可能成为男性对妇女实施家庭暴力的借口，如女性对男性的唠叨、数落或指责都可能被男性以家庭冷暴力为由向女方实施家庭暴力，反而淡化了女方的正当权益。《消除对妇女的暴力行为宣言》和世妇会《行动纲领》中均对针对妇女的暴力作了明确的说明，反对一切形式家庭暴力已是当今世界的一个重要话题。

七、维护一夫一妻制的婚姻制度，保护妇女的配偶身份权

一夫一妻制是一男一女结合为配偶的婚姻形式。中华人民共和国成立后废除了旧社会中以纳妾为主要形式的多妻制，实行真正的一夫一妻制的婚姻家庭制度。一夫一妻制是以婚姻自由、男女平等为特征的，要求男女双方为保持爱情的专一性和持久性而互相履行相互忠实的义务。但在“性解放”、“性自由”等观念影响下，近年来的重婚、有配偶者与他人同居等已成为严重的社会问题，它严重地破坏了一夫一妻制，败坏了社会主义道德风尚，破坏了婚姻家庭，超过了人伦道德对夫妻关系的最低要求，法律必须严格禁止这类行为。

《婚姻法》与《妇女权益保障法》都有对重婚、有配偶者与他人同居或者明知他人有配偶而与其同居，妨害一方或者双方婚姻家庭关系的禁止性规定。现行《刑法》第258条的规定是“有配偶而重婚的，或者明知他人有配偶而与之结婚的，处二年以下有期徒刑或者拘役”。根据司法解释，有配偶的人与他人以夫妻名义

笔　记　区

同居，或明知他人有配偶与其以夫妻名义同居生活的，属于重婚。

根据现行法律和政策，对于通奸、姘居，如果情节轻微的，进行批评教育，道德谴责，并给予党纪、政纪处分；情节较重的，给予撤销党内职务或者留党察看处分；情节严重的，给予开除党籍处分。与现役军人的配偶通奸的，依照规定从重或者加重处分。重婚或者包养情妇（夫）的，给予开除党籍处分。党员利用职权、教养关系、从属关系或者其他相类似关系与他人发生性关系的，给予撤销党内职务处分；情节严重的，给予留党察看或者开除党籍处分。

包“二奶”现象侵害了女性的尊严与权益。严格意义上的配偶身份权一般被称为夫妻人身关系。2001年《婚姻法》新增加“夫妻间互相尊重、互相忠实”这一条款，以强调立法对我国夫妻共同生活和家庭生活的基本指向，以突出和睦、幸福、文明的家庭为核心，同时反对追求个人享乐而不顾侵害他人的幸福和合法权益的行为。但是因很难把握“忠实”的内涵和外在形式，为此，当事人仅以违反夫妻忠实义务的条款为依据提起诉讼的，人民法院不予受理；已经受理的，裁定驳回起诉。从实践看，如果丈夫包“二奶”，妻子只有在离婚时可以要求损害赔偿。

八、保护母亲对未成年子女的监护权、抚养权

根据《民法通则》的规定，未成年人的父母是未成年人的监护人。未成年人的父母已经死亡或者没有监护能力的，才需要依法另行确定监护人。《妇女权益保障法》第49条第1款规定：“父母双方对未成年子女享有平等的监护权。”作为监护人的父和母，应当平等、合作，履行对未成年子女的监护职责。保护被监护人的身体健康，照顾被监护人的生活，管理和保护被监护人的财产，代理被监护人进行民事活动，对被监护人进行管理和教育，在被监护人合法权益受到侵害或者与他人发生争议时，代理其进行诉讼。《妇女权益保障法》第49条第2款规定：“父亲死亡、丧失行为能力或者有其他情形不能担任未成年子女的监护人的，母亲的监护权任何人不得干涉。”祖父母对未成年孙辈的抚养与监护必须征得未成年孙辈母亲的同意。

笔 记 区

父母与子女的关系不因父母离婚而消除。依法保障离婚妇女对子女的抚养权是坚持男女平等、保护妇女和子女合法权益的必然要求。我国《婚姻法》和有关司法解释中都有若干保障离婚妇女对子女抚养权的规定。《婚姻法》第36条第3款规定："离婚后哺乳期内的子女，以随哺乳的母亲抚养为原则。哺乳期后的子女，如双方因抚养问题发生争执不能达成协议时，由人民法院根据子女的权益和双方的具体情况判决。"

妇女在合法权益受到侵害时，被侵害的妇女有权要求有关主管部门处理，有权依法向人民法院提起诉讼，也可以向妇女组织投诉。据有关部门的调查，目前社会上流浪儿童越来越多，这些流浪儿中父母离异或单亲家庭父亲（或母亲）再婚的占绝大多数，也有一些孩子因学习压力过大或家庭教育方式简单粗暴而离家出走。父母作为最初的启蒙教师的不负责是使儿童流落街头的最主要的原因。由于现行《婚姻法》关于父母对子女权利义务规定的过于简单、原则以及其他种种原因，父母或者过于溺爱子女，或者非打即骂过于严厉，或者放任自流，或者遗弃女婴；而离婚父母或者争抢子女，或者双方均丢弃子女不管，致使子女身心发育不正常，造成青少年精神疾病患者大幅度增加，青少年犯罪现象增多。鉴于此，为了保护儿童特别是女童的合法权利，使儿童能够健康成长，明确规定父母对子女平等的亲权和监护的权利和义务十分必要且刻不容缓。

九、保护离婚妇女对未成年子女的探视权

探视权又称探望权，广义上泛指一方看望另一方的权利，《婚姻法》中规定的"探视权"具有特定的含义，是指基于血亲或拟制血亲关系的父母在婚姻关系解除后与未成年子女之间没有财产内容的一种探视、看望行为的权利。

1980年的《婚姻法》对探望权没有明确规定，仅规定"离婚后，子女无论由父方或母方抚养，仍是父母双方的子女"，所以在执行中出现了一些偏差，当事人或是认为父母离婚后孩子属于与其共同生活一方的子女，与对方无关，不允许对方探望子女；或是以孩子与对方共同生活，不让自己探望为由，不支付抚养费；

笔　记　区

或是频繁探望子女，影响对方及子女的正常生活；或是为了争夺对子女的直接抚养权，转移、藏匿子女。1988年11月最高人民法院《关于贯彻执行〈中华人民共和国民法通则〉若干问题的意见》第21条规定："夫妻离婚后，与子女共同生活的一方无权取消对方对该子女的监护权；但是未与该子女共同生活的一方，对该子女有犯罪行为、虐待行为或者对该子女明显不利的，人民法院认为可以取消的除外。"2001年的《婚姻法》修改时增设了探视权制度，"离婚后，不直接抚养子女的父或母，有探望子女的权利，另一方有协助的义务。行使探望权利的方式、时间由当事人协议；协议不成时，由人民法院判决。父或母探望子女，不利于子女身心健康的，由人民法院依法中止探望的权利；中止的事由消失后，应当恢复探望的权利。"探望权制度的设立使离婚后的父母对其子女的探望权法定化、明确化，使当事人的探望权有法可依，受到国家强制力的保护。

根据我国现行法律精神，探望权的主体是未成年人的父亲或者母亲。因此，离婚后与子女分居的妇女当然是对子女行使探望权的主体，直接抚养子女的父亲一方是义务主体，不得妨害和阻挠妇女探望权的行使，而且负有协助的义务，以使探望活动能够顺利进行。探望权是一种法定权利，不必以支付抚养费为前提，即使离婚妇女因为某种原因暂时未能支付抚养费，仍有探望子女的权利。同样，未成年子女的父母是否再婚都不影响妇女探望子女的权利。但是由于种种原因，离婚妇女的探视权常常受到阻碍，无法正常行使。现实生活中，与子女同居的父亲一家往往阻挠母亲与子女交往和参与对子女的教育，甚至在未成年子女的面前诋毁母亲。

在发生探望权利纠纷时，首要的救济方式是双方当事人的协商。双方应从有利于子女健康成长的角度出发，对探望的时间、探望的方式进行协商。当双方无法就探望事宜达成一致时，尤其在男方无故拒绝女方探望子女时，妇女可依《民事诉讼法》的有关规定提起诉讼，请求人民法院依法判决。最高人民法院《关于适用〈中华人民共和国婚姻法〉若干问题的解释（一）》第24条规定："人民法院做出的生效的离婚判决中未涉及探望权，当事人

笔 记 区

就探望权问题单独提起诉讼的，人民法院应予受理。”所以，不管是登记离婚还是诉讼离婚，只要没有对探望权做出处理，当事人都可以提起诉讼，通过法律手段解决探望权问题。对于人民法院的判决，义务方不履行义务，不配合另一方探望子女的，《婚姻法》第48条将其纳入强行执行的范围之中，规定对不执行有关探望子女的判决裁定的，人民法院依法强制执行。由于探望权涉及子女人身问题，为避免强制执行中的偏差，最高人民法院《关于适用〈中华人民共和国婚姻法〉若干问题的解释（一）》第32条又做出了进一步的规定，即对《婚姻法》第48条关于对拒不执行有关探望子女判决和裁定的，由人民法院依法强制执行的规定是指对拒不履行协助另一方行使探望权的有关个人和单位采取拘留、罚款等强制措施，不能对子女的人身、探望行为进行强制执行。①

第三节　离婚制度对妇女权利的特殊保护

一、离婚经济帮助制度

《婚姻法》第42条规定：“离婚时，如一方生活困难，另一方应从其住房等个人财产中给予适当帮助。具体办法由双方协议；协议不成时，由人民法院判决。”可见，离婚虽终止了夫妻间的扶养义务，但离婚时一方生活困难，另一方仍有给予经济帮助的责任，这样既可以解决困难一方的实际需要，也有助于消除其在离婚问题上的经济顾虑，保障离婚自由得以实现。

离婚时的经济帮助与夫妻共同生活期间的扶养义务的性质是完全不同的。夫妻间的扶养义务是夫妻在婚姻关系存续期间的法定义务，离婚时该义务随配偶身份关系的解除而终止，而经济帮助是由原来婚姻关系派生出来的一种责任，不是夫妻扶养义务的延续。

① 刘瑞升. 父母离婚后对未成年子女行使探视权案件存在的问题及对策[J/OL]. [2008-7-21]. http://zjkqdq.hbsfy.org/ReadNews.asp?NewsID=776.

笔　记　区

离婚时，一方对另一方的经济帮助应符合三个条件。

1. 被帮助的一方必须生活确有困难，且自己无力解决。“一方生活困难”是指依靠个人财产和离婚时分得的财产无法维持当地基本生活水平。

2. 经济帮助具有严格的时限性。一方生活困难是指离婚时已经存在困难，而不是离婚后生活困难。如果一方年轻有劳动能力，生活暂时困难，另一方可给予短期的或一次性的经济帮助，结婚多年，一方年老或病残，失去劳动能力而又无生活来源，另一方应在居住或生活方面给予长远的妥善安排。

3. 提供帮助的一方必须有经济能力。这种帮助是适当的，特别是指从其住房等个人财产中分给对方适当的经济帮助。

按照最高人民法院《关于适用〈中华人民共和国婚姻法〉若干问题的解释（一）》第27条的规定，一方离婚后没有住处的，属于生活困难。离婚时，一方以个人财产中的住房对生活困难者进行帮助的形式，可以是房屋的居住权或者房屋的所有权。另外，不能将一方对另一方的经济帮助与夫妻共同财产的分割相混淆。经济帮助是一方对另一方所作的有条件的帮助，而共同财产分割是夫妻双方对共同财产依法享有的权利。如果一方所得的财产足以维持其生活，他方可不予经济帮助，不能用经济帮助取代共同财产的分割。在执行帮助期间，受帮助一方另行结婚或另有经济收入足够维持生活时，帮助方即可终止给付。原经济帮助执行完毕后，一方又要求继续给予经济帮助的，人民法院不予支持。

二、离婚损害赔偿制度

2001年修改后的《婚姻法》第46条规定：“有下列情形之一，导致离婚的，无过错方有权请求损害赔偿：（1）重婚的；（2）有配偶者与他人同居的；（3）实施家庭暴力的；（4）虐待、遗弃家庭成员的。”新《婚姻法》以法律的形式确立了离婚损害赔偿制度。第46条规定了损害赔偿的具体情形，这是《婚姻法》从立法技术和立法规范的角度规定的，对离婚妇女合法权益的维护具有积极作用。

（一）婚姻损害赔偿的概念

婚姻损害赔偿是指配偶一方违法侵害配偶方的合法权益，其

笔 记 区

过错行为导致婚姻关系破裂，在离婚时，对所遭受的损害，无过错配偶有权要求赔偿，过错配偶应承担赔偿损失、给付抚慰金等民事责任。当妇女因为丈夫的违法行为成为受害者，离婚时依法享有要求离婚损害赔偿的权利。

（二）妇女婚姻损害赔偿的构成要件

婚姻损害赔偿的构成要件包括侵权行为、损害事实、主观过错、因果关系、离婚。妇女婚姻损害赔偿的构成要件包括以下五点。

1. 男方有法定的侵权行为

男方有法定的侵权行为即《婚姻法》第46条列举的重婚，有配偶者与他人同居，实施家庭暴力，虐待、遗弃家庭成员四种情形。配偶一方的侵权行为主要是指违反了婚姻家庭义务，侵犯他方合法的婚姻家庭权利的行为。重婚的、有配偶者与他人同居的行为侵犯了他方配偶权、同居权；实施家庭暴力，虐待、遗弃家庭成员的行为，违反了男女平等原则，违反家庭成员敬老爱幼、互相帮助以及抚养、扶养和赡养义务，侵犯了他方生命健康权和财产权利。

2. 女方需有精神受到损害或财产损失的事实

损害事实是指一定的行为致使权利主体的人身权、财产权受到侵害，并造成财产利益和非财产利益减少或灭失的客观事实。因丈夫的违法行为导致离婚，致使无过错妇女遭受损害有两种情形：一是重婚和有配偶者与他人同居的，主要为精神损害；二是实施家庭暴力以及虐待、遗弃家庭成员的，包括人身损害和财产损害。精神受到损害或财产损失的事实是客观存在的，没有这些事实的存在就不能请求对方给予赔偿。

3. 男方主观上必须有过错，同时女方必须无过错

婚姻损害赔偿以配偶一方有故意的过错为主观要件，即配偶一方故意实施法定违法行为。这里的“过错”实际上是一种根据法定的客观事实推定的过错。只要具备《婚姻法》第46条规定的情形之一，就认定当事人有过错，而不管这种行为是基于什么情形下做出来的。

笔　记　区

4. 男方实施的侵权行为及其由此所产生的离婚，必须与女方的财产损失、精神损害之间具有因果关系

男方实施的重婚、与他人同居、家庭暴力、虐待、遗弃等法定行为必须是导致婚姻关系破裂而离婚，是造成无过错妇女遭受损害的直接原因，那么，女方就有权请求男方赔偿。如果违法行为未导致离婚，受害配偶在婚姻关系存续期间提出追究过错方的侵权责任的，按照婚内侵权行为处理，不适用婚姻损害赔偿。

5. 离婚损害赔偿的特殊要件为离婚事实

具有《婚姻法》第46条规定的四种情形之一，但没有被判离婚，也就不存在婚姻损害赔偿。离婚这一要件还要求离婚的客体是合法有效的婚姻，如果是无效婚姻、可撤销婚姻、被撤销后的婚姻均不适用该制度。[①]

（三）离婚损害赔偿提出时间

在婚姻关系存续期间，当事人不起诉离婚而单独依据第46条的规定提起损害赔偿请求的，人民法院不予受理。最高人民法院《关于适用〈中华人民共和国婚姻法〉若干问题的解释（一）》第30条规定了离婚损害赔偿的提出时间，应当区分以下不同情况。

1. 符合《婚姻法》第46条规定的无过错方作为原告基于该条规定向人民法院提起损害赔偿请求的，必须在离婚诉讼的同时提出。

2. 符合《婚姻法》第46条规定的无过错方作为被告的离婚诉讼案件，如果被告不同意离婚也不基于该条规定提起损害赔偿请求的，可以在离婚后1年内就此单独提起诉讼。

3. 无过错方作为被告的离婚诉讼案件，一审时被告未基于《婚姻法》第46条规定提出损害赔偿请求，二审期间提出的，人民法院应当进行调解，调解不成的，告知当事人在离婚后1年内另行起诉。

三、妇女的家务劳动补偿制度

《婚姻法》第40条规定：“夫妻书面约定婚姻关系存续期间所得的财产归各自所有，一方因抚育子女、照料老人、协助另一方

① 翟春花. 浅析我国离婚损害赔偿制度［J/OL］.［2008-12-6］. http://www.dffy.com/ faxuejieti/ms/200812/20081206095103.htm.

笔 记 区

工作等付出较多义务的，离婚时有权向另一方请求补偿，另一方应当予以补偿。”这一条是关于离婚时的经济补偿的规定，体现了法律对于家务劳动价值的肯定。

当夫妻双方对婚后所得的财产的归属有约定时，一般应尊重当事人的意思自治，即使双方约定婚后各自所得的财产归各自所有。但是，作为共同生活的伦理实体，夫妻应当双方共同承担抚养子女、照料老人的义务，夫妻双方在日常生活中应当相互扶助，对于对方的工作、学习也应提供相应的协助。当夫妻双方明确约定婚姻关系存续期间各自所得财产归各自所有时，根据公平合理的原则，如果一方因抚养子女、照料老人、协助另一方工作等付出较多义务的，则在离婚时有权向另一方请求补偿。当然，请求补偿权是一项民事权利，当事人有权利行使也有权利放弃；当事人自愿放弃的，法律并不对其加以干涉。

适用本规定时应注意以下几个问题。

1. 离婚时的经济补偿制度仅适用于在婚姻关系存续期间采用分别财产制的当事人。如果采用法定夫妻财产制即婚后所得共同制，自可在分割夫妻共同财产时，对付出较多义务的一方予以照顾，并无适用经济补偿的必要。

2. 在经济补偿关系上，上述付出较多义务的一方是补偿请求权人，因补偿请求权人付出较多义务而受益的另一方是补偿义务人。

3. 经济补偿是我国离婚法中一项独立的制度，其性质既不同于离婚时共同财产的分割，也不同于离婚时的损害赔偿（这种赔偿责任以赔偿义务人有法定的过错为前提，对经济补偿责任则无此要求）。是否行使补偿请求权，由请求权人自行决定。

4. 如果付出较多义务的一方请求补偿，另一方应当予以补偿。至于如何补偿的问题，应由双方协议。如果另一方不予补偿，或双方在补偿的方式、数额等问题上发生争议，可提起诉讼程序。人民法院应进行调解，调解无效时，人民法院应根据婚姻当事人结婚时间的长短、家务劳动的强度和持续时间、给对方提供帮助的多少等因素综合确定补偿数额、方式等。

四、对男性离婚诉权的限制

《婚姻法》第34条规定：“女方在怀孕期间、分娩后1年内或

笔　记　区

中止妊娠后6个月内，男方不得提出离婚，女方提出离婚的，或人民法院认为确有必要受理男方离婚请求的，不在此限。”这是我国《婚姻法》保护妇女儿童的合法权益原则的具体体现，也体现了在离婚问题上对妇女的特殊保护。

这一特别规定仅是一种程序性的规定，并不涉及准予离婚或者不准予离婚的实质性问题，可见，实行离婚自由并不排除法律对某些情况作一些必要的限制。法律之所以限制男方的离婚请求权，仍然是从保护妇女、胎儿或婴儿的合法权益出发的。因为如果男方在特殊时期内提出离婚，对女方无疑是一个打击或刺激，所以加以限制。

女方在此期间内提出离婚不受这一规定的限制。这是因为本条规定的目的在于保护妇女、儿童的利益，女方在此期间提出离婚往往都是出于某种紧迫的原因，而且本人对离婚及其后果已有思想准备，这表明她认为离婚才代表其利益，如不及时受理和不判决离婚反而会构成对女方合法权益的损害，可能更加不利于对孕、产妇、婴儿的保护。在上述期间内，男女双方自愿离婚也应准许，只有这样解释才符合《婚姻法》第34条规定的本意。人民法院认为确有必要受理男方离婚请求的，也不受这一规定的限制，何谓“确有必要”，根据审判实践经验，遇有下列情形时应变通处理：（1）双方确有不能继续共同生活的重大急迫的事由，如一方对另一方有危及生命、人身安全的可能等，应视其迫切性及时受理离婚请求；（2）女方婚后与人通奸以致怀孕，男方提出离婚请求的。法院为防止矛盾更加激化，防止意外事故的发生，可以受理男方的离婚请求。但即使如此也要强调对妇女和婴儿的保护。

第四节　妇女婚姻家庭权利的热点问题

一、同居关系

目前随着社会的开放，我国婚前同居现象已经比较常见，既有年轻人类似试婚的同居，也有老年人因为种种原因不办理结婚登记而以同居的方式相处。同居现象是法律不能回避也不应该回

笔 记 区

避的社会问题。

（一）同居关系的概念

同居是指两个人出于某种目的而居住在一起，双方没有进行法定的婚姻登记而采取的近似夫妻生活的共同生活方式，一般用于异性之间。

同居有广义和狭义两种定义，广义上是指婚姻之外的一切不正当两性关系，狭义是指未婚男女没有办理结婚登记而以夫妻名义同居生活的两性结合。在司法实践中同居一般是指狭义上的定义。同居跟结婚不一样，结婚是获得了法律的承认的，是不可以随便解除的一种法律关系，解除婚姻关系必须要通过一定的法律程序；而同居是不被法律承认的一种行为，可以随时出于当事人的意愿而终止关系，对双方都具有很大的自由度。同居关系是指男女双方未办理结婚登记而在一起持续、稳定的共同居住。同居关系有的是以夫妻名义进行的，有的则不然。

由此我们可以看出同居的构成要件为：（1）欠缺结婚的形式要件；（2）以夫妻名义同居但又不符合事实婚姻的实质要件；（3）共同生活一般为群众所知道。在认定同居关系时，以最高人民法院1989年11月21日《关于人民法院审理未办结婚登记而以夫妻名义同居生活案件的若干意见》的规定为标准。另外，最高人民法院《关于适用〈中华人民共和国婚姻法〉若干问题的解释（一）》第5条规定："未按婚姻法第8条规定办理结婚登记而以夫妻名义共同生活的男女，起诉到人民法院要求离婚的，应当区别对待：（一）1994年2月1日民政部《婚姻登记管理条例》公布实施以前，男女双方已经符合结婚实质要件的，按事实婚姻处理；（二）1994年2月1日民政部《婚姻登记管理条例》公布实施以后，男女双方符合结婚实质要件的，人民法院应当告知其在案件受理前补办结婚登记；未补办结婚登记的，按解除同居关系处理。"

（二）同居双方当事人的权利义务

未办理结婚登记而以夫妻名义同居生活的问题在《婚姻法》第8条涉及，"未办理结婚登记的，应当补办结婚登记"。根据最高人民法院《关于适用〈中华人民共和国婚姻法〉若干问题的解

笔　记　区

释（一）》第4条的规定，男女双方根据婚姻法第8条规定补办结婚登记的，婚姻关系的效力从双方均符合婚姻法所规定的结婚的实质要件时起算。同时，根据最高人民法院《关于适用〈中华人民共和国婚姻法〉若干问题的解释（一）》第5条规定精神，对未办结婚登记而以夫妻名义同居生活的情形，应分别认定和处理：一是认定为事实婚姻关系，适用婚姻关系的有关规定，二是认定为同居关系。

同居关系不同于婚姻关系，一般认为同居关系当事人之间的权利义务包含以下内容：（1）同居关系当事人不发生配偶的亲属关系，无论其同居多长时间，是否有子女，只要没有登记结婚，就不能认为是配偶；（2）同居关系当事人不产生姻亲关系，不在男子与妇女的亲属间或妇女与男子的亲属间产生任何姻亲关系；（3）同居关系当事人相互间不产生任何提供生活保障的义务；（4）在双方当事人之间不产生继承关系，不得相互继承遗产。

（三）同居关系的处理

同居不是一个法律意义上的行为，同居问题本身不受法律保护，双方没有权利和义务，也没有相关的责任。现行法律不再对未办理结婚登记的男女双方的共同生活进行干涉。但这是针对男女双方均无配偶的情况而言的，对于有配偶者与他人同居，《婚姻法》则明文禁止。我们在这里所说的“同居关系”不包括有配偶者与他人同居这种情况。

当事人起诉请求解除同居关系的，人民法院不予受理。但当事人请求解除的是“有配偶者与他人同居”这一关系的，人民法院应当受理并依法予以解除。当事人因同居期间财产分割或者子女抚养纠纷提起诉讼的，人民法院应当受理。同居过程中当事人所生的子女应当适用亲属法关于亲子关系的一切规定，发生父母子女间的权利义务关系，法律不得对其子女有任何歧视行为。人民法院审理这类案件时，对于双方所生的非婚生子女由哪一方抚养，先由双方协商，协商不成时，由人民法院根据子女的利益和双方的具体情况来判决。哺乳期内的子女原则上应由母方抚养，如父方的条件好，母方同意，也可由父方抚养。子女为限制民事行为能力人的，应征求子女本人的意见。一方将未成年的子女送

笔 记 区

他人收养，须征得另一方的同意。对于分割财产，应照顾妇女、儿童的利益，考虑财产的实际情况和双方的过错程度，妥善分割。同居生活期间双方共同所得的收入和购置的财产按一般共有财产处理，同居生活前，一方自愿赠送给对方的财物可比照赠与关系处理；一方向另一方索取的财物，可参照最高人民法院（84）法办字第112号《关于贯彻执行民事政策法律若干问题的意见》第18条规定的精神处理。对于一方在共同生活期间患有严重疾病未治愈的，分割财产时，应予适当照顾，或者由另一方给予一次性的经济帮助。对于债权债务，同居期间为共同生产、生活而形成的债权债务，按共同债权、债务来处理。同居一方死亡，另一方要求继承死者遗产，如符合《继承法》第14条规定的，可根据相互扶助的具体情况处理，但不能以配偶名义继承财产。

二、事实婚姻的发展阶段与妇女权利保护问题

（一）事实婚姻的概念

事实婚姻是指没有配偶的男女，未进行结婚登记，便以夫妻关系同居生活，群众也认为是夫妻关系的两性结合，是以永久共同生活为目的、持续公开地同居生活的一种婚姻形式。事实婚姻作为法律婚姻相对应的一种婚姻形式，它与法律婚姻的区别表现在其没有履行法律规定的形式要件，而在实质要件方面，与法律婚姻相同。因此，事实婚姻的外在形式、实质内容都与正式登记婚姻没有差别。事实婚姻具备长久、持续公开地同居生活的特点，这是事实婚姻与短期姘居、通奸、“包二奶”等非婚姻行为的重要区别。

（二）我国事实婚姻大量存在的原因

事实婚姻问题一直是我国婚姻立法和司法实践中的一大疑难问题。中华人民共和国成立以来的历次婚姻立法都一再强调登记是婚姻成立的唯一法定形式，而民间依据传统习俗或礼治成立的事实婚姻却大量存在。据调查，在农村和一些边远地区，“结婚”不登记的达到30%。造成这一状况的原因主要如下。

笔　记　区

人们的法制观念淡薄，对婚姻登记的重要性缺乏认识。有的人不具备法律规定的结婚条件，为逃避国家对婚姻的管理和监督，故意不登记，造成事实婚姻状态。

最后我们也看到城市中存在的事实婚姻与现代社会的人们，尤其是男性，对两性结合重内容、轻形式，追求自由，不愿承担责任有一定的关联。

（三）事实婚姻的发展阶段

半个多世纪来，我国先后颁布的几部《婚姻法》都无一例外的规定了登记为合法婚姻的唯一形式要件，这反映了立法者强调婚姻登记的重要性。然而实践中大量的事实婚使得司法解释一直为调和两者的冲突而做出变通的规定，其规定的内容更多的表现为游移不定，使事实婚姻经历了绝对承认、相对承认、绝对不承认、相对承认和相对不承认主义相结合四个阶段。①

1. 绝对承认时期

在20世纪50年代初，由于刚刚废除了历史悠久的封建主义婚姻制度，广大群众对于婚姻登记制度很不习惯，许多人结婚不去登记，举行仪式后即以夫妻名义同居生活。在此情况下，不承认事实婚姻是行不通的，于是当时的立法解释和司法解释承认事实婚姻关系，将事实婚姻纠纷按离婚案件处理。这种状况维持到1984年8月30日最高人民法院出台的《关于贯彻执行民事政策法律若干问题的意见》出台。

2. 相对承认时期

1986年《婚姻登记办法》实施后至1994年《婚姻登记管理条例》实行前是相对承认时期。1984年8月30日，最高人民法院出台的《关于贯彻执行民事政策法律若干问题的意见》指出了事实婚姻行为的违法性和危害性，对事实婚姻的认定标准作了限制性解释。规定以夫妻名义同居生活的男女在起诉时双方达到法定结婚年龄和符合结婚的其他条件的，认定为事实婚姻关系，否则按非法同居关系对待。1986年《婚姻登记办法》基本上与1984年8月30

① 陈玉玲．法理秩序与礼治秩序的冲突与调适：论事实婚姻制度［J］．东南学术，2007，（6）．

笔 记 区

日最高人民法院出台的《关于贯彻执行民事政策法律若干问题的意见》一致，相对承认事实婚姻，在认定上更严格，规定以夫妻名义同居生活的男女只有在结婚时达到法定结婚年龄和符合结婚的其他条件的，认定为事实婚姻关系，否则按非法同居关系对待。

3. 绝对不承认时期

1994年2月1日民政部颁布了新的《婚姻登记管理条例》，按照该规定，自1994年2月1日起，没有配偶的男女，未经结婚登记即以夫妻名义同居生活的，其婚姻关系无效，不受法律保护。对于起诉到人民法院的，应按非法同居关系处理。至此，不再承认事实婚姻的法律效力。

4. 相对承认和相对不承认主义相结合

不承认主义并没有有效的促使事实婚姻的减少，学术界和社会各界对不承认主义仍然不停地争论，2001年《婚姻法》（修正案）作了一条较为模糊的规定："未办理结婚登记的，应当补办登记。"2001年出台的最高人民法院《关于适用（中华人民共和国婚姻法）若干问题的解释（一）》对事实婚姻又作了新的规定，该司法解释明确地表达出相对承认和相对不承认主义相结合的立法精神：（1）男女双方补办结婚登记后，承认其婚姻关系，其效力追溯至双方符合结婚实质要件之时；（2）未经结婚登记即以夫妻名义共同生活的当事人一方起诉至法院要求离婚的，如双方在1994年2月1日之前就已符合结婚实质要件，则承认其婚姻效力，按离婚程序和条件处理；如双方在1994年2月1日以后才符合结婚实质要件，则告知其应在法院受案之前补办结婚登记，补办后承认其婚姻效力，按离婚程序和条件处理；（3）要求离婚的事实婚姻当事人在起诉时，如仍不符合结婚实质要件，则直接判决解除同居关系。简言之，《婚姻法》相关解释对未办结婚登记而以夫妻名义同居生活的情形应分别认定和处理：一是认定为事实婚姻关系，适用婚姻关系的有关规定；二是认定为同居关系。

（四）我国事实婚姻中的妇女权利保护现状与问题

据中国婚姻家庭研究会披露，一些地方的结婚登记率比较低，女性本身处于社会的弱势地位，在事实婚姻缺少法律保障的背景

笔　记　区

下，女性的权益更容易受到侵犯。同居男女如果通过诉讼解除同居关系，按照目前的法律规定应该补办结婚登记后再进行离婚或解决纠纷，否则法院不予立案。实际上这一规定很难维护妇女的权益，如果补办结婚证再离婚，一方面操作困难，另一方面会带来再婚的障碍，最后可能的选择就是私了。最终受到侵害最大的往往是处于社会伦理和道德各方压迫下的妇女，尤其是当男女双方出现了非婚生子女的时候，妇女权利的保障更是错综复杂。《婚姻法》、《继承法》、《收养法》等相关法律中虽然都有对妇女权利的保护，但是在《婚姻法》中对同居关系中尤其是事实婚姻关系中妇女权益保护不够。因此，要保护好妇女的婚姻家庭权利，还需要立法、执法、社会经济文化以及社会保障的进一步发展。作为妇女自身而言，要努力提高法律意识，增强法制观念，提高自身的文化素质和思想道德素质，学会用法律维护自己的合法权利。

三、艾滋病患者的结婚权利

艾滋病因为其传染性、不可治愈性、病情严重性已经成为了现代人类社会中最具有毁灭性的疾病。它也带来了很多的社会问题，造成了巨大的经济损失和法律、伦理学争论。艾滋病患者是否可以结婚就是其中之一。[①]

（一）相关法律规定的演变

《宪法》第45条第1款规定：“中华人民共和国公民在年老、疾病或者丧失劳动能力的情况下，有从国家和社会获得物质帮助的权利。国家发展为公民享受这些权利所需要的社会保险、社会救济和医疗卫生事业。”显然，这没有为艾滋病患者可以结婚的观点提供任何法律支持。

1994年2月1日民政部发布的《婚姻登记管理条例》规定办理结婚登记就必须向民政部门出具户口本、身份证、婚姻状况证明和婚前健康检查证明。根据1995年6月1日起施行的《母婴保健法》

① 徐波，史小军. 呼吁给予艾滋病患者结婚的权利［J/OL］.［2003］http://www.tsinghua.edu.cn/docsn/shxx/ite/chinac/liudb/aids/lanmu/wenxian/b.

笔 记 区

第9条的规定，经婚前医学检查，对患指定传染病在传染期内或者有关精神病在发病期内的，医师应当提出医学意见；准备结婚的男女双方应当暂缓结婚。指定传染病是指《传染病防治法》第3条中规定的艾滋病、淋病、梅毒、麻风病以及医学上认为影响结婚和生育的其他传染病。由此可见，艾滋病病毒携带者或者是艾滋病患者不宜结婚，或者暂缓结婚。2001年《婚姻法》第7条规定："有下列情形之一的，禁止结婚：（一）直系血亲和三代以内的旁系血亲；（二）患有医学上认为不应当结婚的疾病。"相应的，《婚姻登记条例》也作了变更。2003年10月1日实施的《婚姻登记条例》改革了登记体制和出证制度，取消了强制婚检。这些改革都体现出政府弱化对结婚、离婚这类民事行为的行政管理色彩，向强化服务意识的职能转变。新条例规定，办理结婚登记只需出具本人的户口簿、身份证；本人无配偶以及与对方当事人没有直系血亲和三代以内旁系血亲关系的签字声明。但是，同时规定办理结婚登记的当事人有下列情形之一的，婚姻登记机关将不予登记：（1）未达到法定结婚年龄的；（2）非双方自愿的；（3）一方或双方有配偶的；（4）属于直系血亲或者三代以内旁系血亲的；（5）患有医学上认为不应当结婚的疾病的。而且在2003年10月1日之前，婚检合格一直是予以登记的前提条件，艾滋病人及感染者在婚检中一旦被发现就不能登记结婚了。但新条例取消了强制婚检，而且"医学上认为不应当结婚的疾病"一直缺乏明确的解释。因此，即使知道对方是艾滋病人或感染者，只要申请登记的双方表示是自愿结婚，依法就不能拒绝。

2004年重新修订的《传染病防治法》没有明确艾滋病患者可否登记结婚。但是其中第24条规定："各级人民政府应当加强艾滋病的防治工作，采取预防、控制措施，防止艾滋病的传播，具体办法由国务院制定"。第31条规定："任何单位和个人发现传染病病人或者疑似传染病病人时，应当及时向附近的疾病预防控制机构或者医疗机构报告"。第66条规定："县级以上人民政府卫生行政部门违反本法规定，有下列情形之一的，由本级人民政府、上级人民政府卫生行政部门责令改正，通报批评；造成传染病传播、流行或者其他严重后果的，对负有责任的主管人员和其他直接责

笔　记　区

任人员，依法给予行政处分；构成犯罪的，依法追究刑事责任……发生或者可能发生传染病传播时未及时采取预防、控制措施的”。第77条“单位和个人违反本法规定，导致传染病传播、流行，给他人人身、财产造成损害的，应当依法承担民事责任”。因此，如果处理不当，艾滋病患者结婚很有可能造成艾滋病传播。如果艾滋病患者结婚，那当事人及允许其结婚的相关部门就有可能违反上述规定。

我国自1985年发现第一例艾滋病病人以后，就比较注重通过立法防治艾滋病传播。1988年1月14日由卫生部、外交部、公安部、原国家教育委员会、国家旅游局、原中国民用航空局、国家外国专家局发布了《艾滋病监测管理的若干规定》，该规定没有涉及艾滋病患者能否结婚的问题，但是一些省份颁布的实施条例曾规定，民政部门在办理结婚登记时应对申请人所持的婚前医学检查报告进行审查。“对艾滋病、梅毒、淋病病人及感染者未治愈的，不予登记”。

1999《中华人民共和国预防与控制艾滋病条例》第三讨论稿第36条规定：“艾滋病病毒感染者和艾滋病病人，应当对社会承担防止感染他人和不得故意感染他人的义务和责任，严格遵守医务人员的医学指导，服从卫生防疫机构管理。如申请结婚，应当将感染情况告诉配偶，并接受医学咨询”。第44条规定：“对已婚的受艾滋病病毒感染的妇女，应当提供医学咨询和避孕指导。对已怀孕的妇女应当提供阻断母婴传播的医学咨询和指导”。但是根据同期的《婚姻法》、《婚姻登记管理条例》可知，2003年10月1日之前艾滋病患者是暂缓或者不宜结婚的。

2006年3月1日起施行的《艾滋病防治条例》取代了1988年的《艾滋病监测管理的若干规定》。新条例仅仅规定艾滋病病毒感染者和艾滋病病人应当履行以下义务：将感染或者发病的事实及时告知与其有性关系者、采取必要的防护措施，防止感染他人，不得以任何方式故意传播艾滋病。还规定医疗卫生机构应当按照国务院卫生主管部门制订的预防艾滋病母婴传播技术指导方案的规定，对孕产妇提供艾滋病防治咨询和检测，对感染艾滋病病毒的

笔 记 区

孕产妇及其婴儿提供预防艾滋病母婴传播的咨询、产前指导、阻断、治疗、产后访视、婴儿随访和检测等服务。此后，四川省修改的《四川省预防控制性病艾滋病条例修正案（草案）》取消了艾滋病患者以及病毒感染者不能结婚的规定。

（二）艾滋病患者结婚的现状

近年来，有关艾滋病患者结婚的报道不断见诸报端。有些人认为这体现了对人的关爱，体现了中国人权事业的进步。很多人赞同艾滋病患者结婚，认为这是对艾滋病患者的关怀。中国社会科学院研究员李银河更是认为“这是中国文明与进步的一种体现”。从法律上讲，艾滋病患者能否结婚主要看如何理解《婚姻法》第7条第2款“患有医学上认为不应当结婚的疾病”。从医学临床统计来看，结婚并不是使艾滋病蔓延的途径，不过在结婚前患有艾滋病的一方一定要让对方知道自己是艾滋病病毒感染者，只要双方愿意并保证采取防止对方被传染的相应措施，他们有权利结婚。所以艾滋病不是我国法律禁止结婚的病种。

虽然从理论上应当允许艾滋病患者结婚，但是艾滋病与其他的性病相比毕竟危害很大，对人的身体、精神和社会生活都会产生很大的影响，必须慎重。我们建议通过立法给予艾滋病患者结婚的权利的同时应有一定的附加条件。艾滋病患者结婚必须在双方均知情的情况下进行。双方应对艾滋病的知识有充分的了解。艾滋病患者结婚应该是在病情比较稳定，控制了机会感染的情况下进行。毕竟艾滋病是一种疾病，如果在急性期结婚，由于激动、劳累等原因可能会导致疾病的进一步恶化，双方也无法获得满意的婚姻生活。

思考题

1. 简述妇女婚姻家庭权利的内容。

2. 法律对妇女婚姻家庭权利的特殊保护体现在哪些方面？

3. 论述我国关于事实婚姻的法律规定对妇女婚姻家庭权利的影响。

4. 论述影响离婚妇女婚姻家庭权利的因素。

笔　记　区

案例分析题

1. 赵某与何某结婚两年，赵某为一名舞蹈演员，为了尽可能延长舞蹈生涯，赵某一直没有怀孕生育。2007年3月，赵某发现自己怀孕，考虑到舞蹈工作的特殊性，决定终止妊娠，并在未通知何某的情况下自行到医院实施手术。何某知道后非常生气，双方为此发生争议。后何某诉到法院要求离婚，并以赵某擅自终止妊娠、对自己的生育权构成侵害为由要求赵某赔偿。

请问：法院应如何处理这个案件？

请就此案谈谈你的看法。

2. 30多岁的陈萍和孙德文于1999年9月经父母包办确立了换亲婚约关系。2000年1月，双方未登记即以夫妻名义同居生活。同年10月，陈萍生下一个女孩。双方为琐事争吵后陈萍回到娘家生活。后来她到法院起诉离婚。

请问：你认为法院应如何处理这个案件？

笔 记 区

第八章 法律救济与法律责任

导 言

没有救济就没有权利，没有法律保障的权利是没有生命力的。从总体上看，广大妇女仍然属于社会的弱势群体，她们的正当权益需要她们自己更需要社会各界的积极维护。当妇女的合法权益受到侵害时，应选择适当的途径及时进行救济，对于侵害妇女合法权益的行为应严格按照法律规定追究其法律责任。本章主要介绍了法律救济的途径、法律责任的构成和种类，重点论述了维护妇女合法权益的救济途径和侵犯妇女合法权益应承担的几种具体法律责任。

学习目标

1. 了解法律救济与法律责任的一般知识，掌握侵害妇女合法权益的几种救济途径，掌握侵害妇女合法权益需要承担的民事法律责任、行政法律责任和刑事法律责任。

2. 能够正确分析和解决实践中出现的各类侵犯妇女合法权益的问题。

第一节 概 述

一、法律救济的含义

有权利者必有救济，没有救济就没有权利，没有法律保障的权利是没有生命力的。这里的救济是指通过一定的法律程序给予当事人以法律上的保护，属于程序法的范畴。

现代文明社会，个体权利的实现需要以法律作为保障，当权

笔　记　区

利受到侵害时，权利人应该采取一定的方式对受损害的权利加以弥补和修复。法律救济就是指权利人在其权利受到侵害后为维护其合法权益所采取的一定措施。

二、法律救济的途径

法治社会里，公民只知道自己享有哪些权利是远远不够的，还应当知道自己的合法权益遭受侵害后应当如何恢复和弥补，也就是权利的救济途径，并且树立为捍卫自己的权利而不懈努力的信念。权利的救济途径和手段是多种多样的，现代社会中，权利救济的途径一般可分为私力救济、社会救济和公力救济三大类。

（一）私力救济

私力救济又称自力救济，是指纠纷主体在没有中立的第三者介入的情形下，依靠自身或其他私人力量解决纠纷，实现权利，俗称“私了”。私力救济的基本特征是无中立的第三者介入，纠纷解决过程表现为非程序性，解决途径是依靠武力、操纵、说服和权威等私人力量。私力救济产生于生产力低下、文明程度不高的人类早期社会，是一种古老的权益救济方式，在历史上曾经是实现正义的主要方式或者重要方式。现代法治社会一般禁止凭借自己的力量解决纠纷，但因私力救济的迅速、便捷、经济性等特点，许多的国家允许其在一定范围内合法存在。

私力救济依据解决纠纷的方式可分为自决与和解。自决是指纠纷主体一方凭借自己的力量强行使对方服从，和解是指双方协商解决纠纷。根据法律性质，私力救济又可分为法定的私力救济和法外的私力救济，前者一般包括正当防卫、紧急避险、自助行为等，后者包括法无明文规定的和法律禁止的私力救济，如债权人拘押债务人、债权人雇佣残疾人或者传染病人进行收债等。以下着重介绍和解、正当防卫和自助行为。

1. 和解

和解是双方当事人以平等协商、相互妥协的方式和平解决纠纷。和解具有高度的自治性，即和解的过程及结果完全取决于双方纠纷主体的意思自治，但不得违背法律法规和社会公德，也不

笔 记 区

得损害第三方的合法权益。双方达成的和解协议具有民事合同或民事契约的性质和效力，受法律保护，但不具有强制执行力，需要靠双方自觉履行，如果其中一方反悔或者不履行协议，可以再寻求其他的救济方法。用和解的方式解决纠纷迅速快捷，而且几乎没有成本，在解决劳动争议、离婚等问题时经常用到。当妇女与他人发生民事纠纷时就可以根据自己的意愿与对方进行平等协商，达成和解协议以解决纠纷。

2. 正当防卫

正当防卫是法律赋予公民保护自身权益的一种重要的自救手段。根据我国《刑法》第20条的规定，正当防卫是指为了使国家、公共利益、本人或者他人的人身、财产和其他权利免受正在进行的不法侵害，而采取的制止不法侵害的行为。正当防卫需符合以下条件：必须有不法侵害的发生和存在；防卫的意图必须正当；防卫的对象必须是不法侵害者本人；时间上要求防卫必须针对正在进行的不法侵害行为；防卫不能明显超过必要限度且对不法侵害人造成重大损害。根据我国《刑法》的规定，如果"防卫过当"，应当负刑事责任，但应当减轻或者免除处罚，"对于正在进行的行凶、杀人、抢劫、强奸、绑架以及其他严重危及人身安全的暴力犯罪，采取防卫行为，造成不法侵害人伤亡的，不属于防卫过当，不负刑事责任。"

广大妇女在遭受不法行为侵害时应当积极利用法律赋予自己的正当防卫权利进行自救，保护自己的人身财产权利。

3. 自助行为

自助行为是指权利人受到不法侵害之后，为保全或者恢复自己的权利，在情势紧迫而又不能及时请求国家机关予以救助的情况下，依靠自己的力量，对他人的财产或自由施加扣押、拘束或其他相应措施，而为法律或社会公共道德所认可的行为。自助行为是权利人对自己合法权利的自我保护，是对国家权力在维护社会秩序和公民个人权利不及时的情况下的有效补充。自助行为的构成要件一般包括以下几点：（1）须为保护自己的合法权利；（2）须不法侵害状态已经存在且被侵害的权利可以被恢复；（3）须情况紧迫而来不及请求有关国家机关的援助；（4）须具有自助的意思，

笔 记 区

即行为人主观上为了将被侵害的权利恢复到原有状态；（5）自助行为须具有相当性，即自助行为应当为法律或公共道德所认可，而且不应超过必要的限度。为维护自己的合法权益，妇女可以在适当的情形下实施相应的自助行为。

（二）社会救济

社会救济是一种依靠社会力量来救济受侵害者权益的机制，主要包括调解（诉讼外调解）和仲裁。妇女在合法权益受到侵害后，通过私力救济无法解决时，可以考虑选择社会救济的方式来维权。在实践中，调解和仲裁都是常用的解决纠纷的方式。

1. 调解

调解是指第三者依据一定的社会规范居间调处，促使纠纷主体相互谅解、妥协，达成纠纷解决的合意。调解有多种形式，包括民间调解、行政调解（如基层人民政府的调解、公安机关的调解、婚姻登记机关的调解等）、律师调解和法院附设的诉讼前调解。在我国实践中常用到的调解包括人民调解委员会的调解、企业劳动争议调解委员会的调解、消费者协会的调解等。调解必须建立在双方当事人完全自愿的基础上，不得强制。调解的一个明显特征是调解人的居中性，即调解人应公平对待双方当事人，不可偏向某一方。居中调解人的存在使调解与和解区别开来。调解并不要求遵循严格的程序规范，程序的启动及展开灵活而随意，而且道德、习俗、法律规范等均能作为纠纷解决的规范适用。调解协议具有民事合同的效力，只能依靠当事人自觉履行，不具有强制执行力。

我国的法院调解因发生于诉讼程序之中，又常常作为法院结案的一种形式，因此不能认为是社会救济，这里的调解专指诉讼外的调解。

2. 仲裁

仲裁是指纠纷双方依据双方达成的仲裁协议或者合同中的仲裁条款，自愿将纠纷交给仲裁机构做出裁决的一种纠纷解决机制。根据《中华人民共和国仲裁法》（以下简称《仲裁法》）的规定，仲裁委员会的主管范围是平等主体的公民、法人和其他组织之间

笔 记 区

发生的合同纠纷和其他财产权益纠纷，但婚姻、收养、监护、扶养、继承纠纷不属于其主管范围。涉及妇女权益的仲裁主要有劳动争议仲裁和土地承包仲裁，将在第二节“维护妇女合法权益的途径”进行具体分析。

仲裁具有以下特点。

（1）自愿性。

仲裁以当事人在纠纷发生前或发生后自愿订立仲裁条款或达成仲裁协议书作为解决争议的前提，有效的仲裁协议具有妨诉抗辩的效力，阻断人民法院对该争议的管辖权。

（2）民间性。

民商事仲裁由作为民间机构的仲裁委员会进行，系社会团体法人，无上下级之分。

（3）自治性。

在仲裁程序中，当事人双方具有高度的自治性，可以选择仲裁员，约定仲裁规则、协商仲裁地点，选择适用的实体法，约定仲裁庭审理方式等。

（4）合法性。

仲裁应当遵守相关的仲裁程序法和民事实体法，尤其不得排除适用强行法规范。我国民事仲裁采取“一裁终局”制，当事人经过仲裁程序后，即使对仲裁裁决不服，也不能再提起诉讼。仲裁裁决具有强制执行力，但仲裁机构对自己做出的裁决无权强制执行，若当事人不履行，另一方当事人只能请求人民法院强制执行。

我国的劳动仲裁有些特殊的地方，根据《劳动法》的规定，劳动争议要先经过劳动仲裁委员会仲裁，对劳动争议仲裁裁决不服的，才可以向人民法院提起诉讼。

（三）公力救济

公力救济是指运用国家公权力解决纠纷的机制，包括行政救济和司法救济。公力救济的实质是由特定的国家机关，在纠纷主体的参与下解决纠纷的一种最具权威和最有效的机制。妇女在合法权益受到侵害后，依靠私力救济和社会救济不能解决时，可以申请享有公权力的国家机关运用公权力来保护自己的合法权益。

笔　记　区

1. 行政救济

行政救济是指公民、法人或其他组织认为具体行政行为直接侵害其合法权益，请求有权的国家机关依法对行政违法或行政不当行为实施纠正，并追究其行政责任，以保护行政管理相对方的合法权益。

行政救济的途径主要有：行政机关救济和司法机关救济两种。行政机关救济也称内部救济，是指行政管理相对方依法向有权的国家行政机关请求对行政主体的行政违法或不当行为进行纠正或追究其行政责任的一种救济途径。在我国，行政机关的救济主要是通过行政复议实现的。司法机关救济也称外部救济，就是行政诉讼，是指作为审判机关的人民法院接受行政管理相对方的诉讼请求，依照法定程序和审判职权，通过处理和裁决行政争议，纠正行政违法，维护相对方的合法权益，监督行政主体的行政活动。行政赔偿也是行政救济中一个很重要的组成部分。当国家机关和国家机关工作人员违法行使职权侵犯公民、法人和其他组织的合法权益并造成损害时，受害人有依照《中华人民共和国国家赔偿法》取得国家赔偿的权利。

2. 司法救济

司法救济是运用国家权力调整处理各种关系和矛盾并强制相关当事人履行法定义务的一种救济手段。司法救济具有权威性、强制性，一般来说是各种救济途径中最终的救济方式，即纠纷通过其他救济途径无法解决或对解决结果不满意时，权利人可以再转向选择司法救济，也就是常说的司法最终解决原则。诉讼是司法救济中最常用到的救济方式。

与其他的救济途径相比，诉讼具有两个明显的特征：一是强制性，即法院凭借国家审判权强制性确定纠纷主体之间的权利义务关系，并以国家强制执行权迫使义务主体履行生效的裁判；二是严格的规范性，即诉讼必须严格按照法定程序规则进行。诉讼根据性质的不同可以划分为民事诉讼、刑事诉讼和行政诉讼。诉讼的范围非常广泛，一般的合法权益受到侵犯，妇女均可通过诉讼途径进行救济，这也是妇女维护自己合法权益强有力的法律手段。

笔 记 区

三、法律责任的概念和类型

（一）法律责任的概念

法律责任有广义与狭义之分，广义的法律责任就是一般意义上的法律义务的同义词，狭义的法律责任则是由违法行为所引起的不利法律后果。为了避免在使用过程中造成法律概念的某种混乱，学者们更多倾向于在狭义上使用法律责任这一概念。

一般认为，法律责任是指由特定法律事实所引起的对损害予以赔偿、补偿或接受惩罚的特殊义务，也就是由于违反第一性义务而引起的第二性义务。从其实质上讲，法律责任是国家对违反法定义务、超越法定权利界限或滥用权利的违法行为所作的法律上的否定性评价和谴责，是国家强制违法者做出一定行为或禁止其做出一定行为，从而补救受到侵害的合法权益，恢复被破坏的法律关系（社会关系）和法律秩序（社会秩序）的手段。因此，从这种意义上讲，法律责任也是一种纠恶或纠错的机制。①

法律责任是一种强制性的责任，是由国家强制力来保障实施的，是违法者所必须承担的。确定违法行为的法律责任是法律规范区别于道德规范、政策文件等其他行政规范的重要特征，对于维护法律尊严，教育违法者和促进广大公民自觉守法具有重要意义。

（二）法律责任的类型

根据不同的标准可以将法律责任进行不同的分类。如按承担责任的主体不同，可分为自然人责任、法人责任和国家责任；按承担的责任内容的不同，可分为财产责任和非财产责任；按承担责任的程度不同，可分为有限责任和无限责任；按引起责任的法律事实与责任人的关系的不同，可分为直接责任、连带责任和替代责任。在实践当中，我们最常用到的分类方法是根据法律责任的性质不同所作的分类，即将法律责任分为民事法律责任、行政法律责任、刑事法律责任和违宪责任四种。

---

① 张文显．法理学［M］．北京：高等教育出版社，北京大学出版社，2007：167—169．

笔　记　区

1．民事法律责任

民事法律责任是指公民或法人因违反法律、违约或者因法律规定的其他事由而依法承担的不利后果。民事法律责任具有以下特征：（1）民事法律责任以民事主体违反民事义务侵害他人的民事权益为前提；（2）民事法律责任以一方当事人（加害人）补偿对另一方当事人（受害人）的损害为主要目的，具有补偿性，一般不具有惩罚性；（3）民事法律责任可以由当事人在法律允许的范围内进行协商。

在现实生活中，民事法律责任是很常见的一种法律责任，其承担的主体主要是具有民事责任能力的自然人和法人，在某些特定条件下，国家也可以成为民事法律责任的主体。根据我国《民法通则》第134条的规定，承担民事责任的方式主要有停止侵害、排除妨碍、消除危险、返还财产、恢复原状、修理、重作、更换、赔偿损失、支付违约金、消除影响、恢复名誉、赔礼道歉，以上承担民事责任的方式可以单独适用，也可以合并适用。

2．行政法律责任

行政法律责任是指因违反行政法律或因行政法规定的事由而应承担的法定的不利后果。行政法律责任包括两部分：一是国家行政机关及其工作人员、授权或委托的社会组织及其工作人员在行政管理中因违法失职、滥用职权或行政不当而产生的法律责任；一是公民、企事业单位、社会团体等违反行政管理法规和不履行行政义务而承担的法律责任。

行政法律责任主要是一种管理或职务上的责任，包括行政处罚和行政处分。行政处罚是由特定的行政机关对违反行政法律规定的责任主体所实施的惩罚措施，主要有警告、罚款、没收违法所得、没收非法财物、责令停产停业、暂扣或者吊销许可证、暂扣或者吊销执照、行政拘留等。行政处分是指对违反法律规定的国家机关工作人员或被授权的执法人员所实施的惩罚措施，主要有警告、记过、记大过、降级、撤职、开除等措施。

3．刑事法律责任

刑事法律责任是指因违反刑事法律而应当承担的法定的不利后果。刑事法律责任具有以下特征。

笔 记 区

（1）强制性。

刑事法律责任是一种由犯罪行为所引起的国家强制犯罪人承担的法律责任。

（2）严厉性。

刑事法律责任是性质最为严重、否定性评价最为强烈、制裁后果最为严厉的法律责任，具有惩罚性。

（3）专属性。

刑事法律责任是严格的行为人个人责任，只能由犯罪主体自己承担，具有专属性，不可转嫁，不能替代。

（4）准据性。

刑事法律责任是犯罪事实的综合反映，也是刑法规范的现实化，刑事法律责任为确定刑罚提供根据和标准。刑事法律责任一经确定，犯罪人和被害人均不能自行变更，更不允许所谓的“私了”。

行为人违反刑事法律的行为必须具备犯罪的构成要件才承担刑事法律责任。我国法律规定的刑罚分为主刑和附加刑两类，包括自由刑、生命刑、资格刑和财产刑。主刑包括管制、拘役、有期徒刑、无期徒刑和死刑，附加刑包括罚金、剥夺政治权利和没收财产。

4. 违宪责任

违宪责任是一种特殊的法律责任，是指国家机关及其工作人员、各政党、社会团体、企事业单位和公民的言论或行为违背宪法的原则、精神和具体内容因而必须承担相应的法律责任。

违宪通常是指有关国家机关制定的某种法律、法规和规章，以及国家机关、社会组织或公民的某种行为与宪法的规定相抵触。由于违宪责任主要是国家机关和重要的国家机关领导人在执行职务时因违反宪法而承担的法律责任，所以它主要是一种政治上的、领导上的责任，其主体通常是国家机关和国家重要领导人。根据违宪责任主体的不同可以分为立法机关违宪责任、司法机关违宪责任、国家重要领导人的违宪责任、政党违宪责任等。违宪责任的形式主要包括弹劾、罢免、撤销、宣告无效、拒绝适用、取缔政治组织等。在我国，全国人民代表大会常务委员会负责监督宪法实施，认定违宪责任。

笔　记　区

根据我国相关法律制度的规定，对于侵害妇女各方面合法权益的违法行为需要承担的法律责任主要是民事法律责任、刑事法律责任和行政法律责任。

四、法律责任的构成

法律责任的构成是认定法律责任时所必须考虑的条件和因素。由于法律责任往往会给责任主体带来法定的不利后果，表明了社会对责任主体的道德非难和法律处罚。因此，必须科学、合理地确定法律责任的构成，以保障行为人的行为自由，保护责任主体的利益，实现法律的功能，维持社会秩序，促进社会发展。

一般认为，法律责任的构成主要包括责任主体、违法行为或违约行为、损害结果、因果关系和主观过错五个方面。

（一）责任主体

责任主体是指因违反法律、违约或法律规定的事由而承担法律责任的人，包括自然人、法人和其他社会组织。责任主体是法律责任构成的必备条件，因为违法或违约行为必须由相应的行为人做出，但是，并非任何人都可以成为违法行为或违约行为的实施者，没有行为能力的人就不可能成为实施违法行为或违约行为的人。因此，责任主体对于法律责任的有无、种类、大小有着密切的关系。

（二）违法行为或违约行为

违法行为或违约行为是法律责任的构成要素中最为核心的要素。违法行为或违约行为包括作为和不作为两类。作为是指人的积极的身体活动，如盗窃行为、抢劫行为、违反合同约定泄露他人商业秘密等。不作为是指人的消极的身体活动，如不履行赡养义务、不按规定履行合同义务等。行为人作了法律所禁止或合同所不允许的事或者在能够履行自己应尽义务的情况下不履行该义务都需要承担相应的法律责任。

（三）损害结果

损害结果是指违法行为或违约行为侵犯他人或社会的权利和

笔 记 区

利益所造成的损失和伤害，包括实际损害、丧失所得利益及预期可得利益。损害结果可以是对人身的损害、财产的损害、精神的损害，也可以是其他方面的损害。一般要求损害结果具有侵害性和确定性，也就是法律所保护的合法权益遭受了侵害，同时，损害结果必须是违法行为或违约行为已经实际造成的侵害事实，在客观上能够认定，而不能是推测的、臆想的、虚构的或者尚未发生的情况。

（四）因果关系

因果关系是一种引起与被引起的关系，在这里是指违法行为或违约行为与损害结果之间的必然联系，包括直接因果关系和间接因果关系。因果关系是归责的基础和前提，是认定法律责任的基本依据。因果关系对于确定行为主体、认定责任主体、决定责任范围具有重要意义。因果关系是客观的，不以人的意志为转移，我们只能根据事物之间的客观联系来判断因果关系的有无。因果关系是法律规定的因果关系，具有法定性。

（五）主观过错

主观过错是指行为人实施违法行为或违约行为时的主观心理状态，包括故意和过失。故意是指明知自己的行为会发生危害社会的结果，仍然希望或者放任这种结果发生的心理状态。过失是指应当预见自己的行为可能发生损害他人、危害社会的结果，因为疏忽大意而没有预见；或者已经预见因轻信能够避免，以致发生这种结果的心理状态。不同的主观心理状态对认定某一行为是否有责任以及承担何种法律责任有着直接的联系。主观过错作为犯罪的主观要件，是犯罪构成的必要条件之一，对于认定和衡量刑事法律责任具有重要作用。在民事法律责任方面，一般也要考虑主观过错，主要采用过错责任原则。

第二节 维护妇女合法权益的途径

权利的救济途径和手段是多样的，妇女可以根据自己权益遭受侵害的程度和性质，在法律允许的范围内进行灵活选择。我国

笔　记　区

《妇女权益保障法》对维护妇女合法权益的法律救济途径进行了集中规定，强化了相关救助措施。《中国妇女发展纲要（2001—2010年）》在妇女维权方面也提到了申诉、投诉、诉讼、法律援助等多种救济途径。

《妇女权益保障法》第52条规定："妇女的合法权益受到侵害的，有权要求有关部门依法处理，或者依法向仲裁机构申请仲裁，或者向人民法院起诉。对有经济困难需要法律援助或者司法救助的妇女，当地法律援助机构或者人民法院应当给予帮助，依法为其提供法律援助或者司法救助。"第53条规定："妇女的合法权益受到侵害的，可以向妇女组织投诉，妇女组织应当维护被侵害妇女的合法权益，有权要求并协助有关部门或者单位查处。有关部门或者单位应当依法查处，并予以答复。"第54条规定："妇女组织对于受害妇女进行诉讼需要帮助的，应当给予支持。妇女联合会或者相关妇女组织对侵害特定妇女群体利益的行为，可以通过大众传播媒介揭露、批评，并有权要求有关部门依法查处。"第55条规定："违反本法规定，以妇女未婚、结婚、离婚、丧偶等为由，侵害妇女在农村集体经济组织中的各项权益的，或者因结婚男方到女方住所落户，侵害男方和子女享有与所在地农村集体经济组织成员平等权益的，由乡镇人民政府依法调解；受害人也可以依法向农村土地承包仲裁机构申请仲裁，或者向人民法院起诉，人民法院应当依法受理。"

总结起来，维护妇女合法权益的法律救济途径主要有以下几种。

一、申诉与投诉

（一）申诉

根据《妇女权益保障法》的规定，妇女的合法权益受到侵害的，有权要求有关部门依法处理。这是指妇女有权要求与侵权事件有关的主管部门依法处理，如对于侵害妇女文化和教育权利的，受害妇女可以要求教育部门依法进行处理；对于侵害妇女劳动和社会保障权利的，受害人可以要求劳动和社会保障部门予以处理；对于侵害妇女人身权利的，受害人可以要求公安机关依法予以处

笔 记 区

理；妇女在晋职、晋级、评定专业技术职务方面的合法权益受到侵害的，就可以要求人事部门予以解决。用人单位违反国家规定，拖欠或者未足额支付劳动报酬，或者拖欠工伤医疗费、经济补偿或者赔偿金的，女职工可以向劳动行政部门要求解决，劳动行政部门应当依法处理。

《妇女权益保障法》第6条明确规定了各级政府及其有关部门在维护妇女权益方面的职责："各级人民政府应当重视和加强妇女权益的保障工作。县级以上人民政府负责妇女儿童工作的机构，负责组织、协调、指导、督促有关部门做好妇女权益的保障工作。县级以上人民政府有关部门在各自的职责范围内做好妇女权益的保障工作。"因此，各级政府及其有关部门要认真履行各自的职责，认真查处有关违反《妇女权益保障法》、侵害妇女合法权益的违法行为。

（二）投诉

《妇女权益保障法》第53条规定："妇女的合法权益受到侵害的，可以向妇女组织投诉，妇女组织应当维护被侵害妇女的合法权益，有权要求并协助有关部门或者单位查处。有关部门或者单位应当依法查处，并予以答复。"

妇女组织主要是指中国各级妇女联合会和其他非政府妇女组织。从中央到地方，我国建立了维护妇女权利的一系列专门机构，中央的有中华全国妇女联合会、妇女青年委员会、妇女儿童工作小组等，地方的有各级基层妇联组织、工会女职工委员会、各类妇女联谊会等。目前，全国共有地（市）级妇女联合会435个，县（区）级妇女联合会2336个，乡（街道）妇女联合会48066个，城市社区妇女联合会（居委会妇代会）7.4万个，农村基层妇代会61万个。[①]此外还有各种民间法律援助组织，如北京大学法学院妇女法律研究与服务中心、武汉大学社会弱者权利保护中心等。这些妇女组织是广大妇女群众的娘家人，代表和维护妇女权益，促进男女平等，是保障妇女合法权益的中坚力量。当妇女的合法权益受到侵害时应该积极向妇联等妇女组织投诉，各类妇女组织应当维护被侵害妇女的合法权益。但实际上，维护妇女权益的责任主

① 顾秀莲．妇女权益保障法学习读本［M］．北京：中国法治出版社，2005：210.

笔　记　区

要由各级政府及其有关部门来承担，妇联等妇女组织作为社会团体，在维护妇女权益方面主要是协助和配合政府及其有关部门的工作。对受害妇女的投诉，各类妇女组织应积极向政府相关部门、单位反映，要求并协助其查处。如对职场性骚扰的投诉，妇联可以向实施性骚扰的行为人所在单位进行反映，要求单位领导及时进行调查处理；对于构成违反治安管理行为的性骚扰，妇联可以向公安机关报案，要求公安机关依法对实施性骚扰者予以行政处罚。对于妇女组织所反映的情况和提出的要求，有关部门或者单位应认真对待，依法进行调查处理，而不能推诿、拖延、故意压制不予查处，同时，还应将最后的处理结果向相关妇女组织予以通报和答复。

目前，在保障妇女权益方面，我国已经基本形成了以各级政府为主导，司法机关配合，妇女联合会、工会、青年团等社会团体积极参与的社会化工作格局，各级妇联充分发挥自己的特点和优势，在这一格局中发挥了重要作用。许多地方的妇联与司法、民政、公安部门、城乡基层群众性自治组织以及高校等单位合作，充分利用各类社会资源，成立妇女权益保障法律援助站，开通维权热线提供法律咨询服务等，支持受害妇女进行维权诉讼，对于诉讼过程中需要帮助的受害妇女给予相应的支持和帮助，如代写法律文书、提供司法鉴定、收集证据等，为广大妇女的维权保驾护航。

《妇女权益保障法》第54条第2款规定：“妇女联合会或者相关妇女组织对侵害特定妇女群体利益的行为，可以通过大众传播媒介揭露、批评，并有权要求有关部门依法查处。”侵害特定妇女群体利益的行为是指某些贬低损害妇女人格的行为，如在宣传媒体、广告、文艺作品中出现的有损妇女人格和群体利益的作品等。对于此类违法行为，妇女联合会可以通过各种媒介进行揭露、批评，并有权要求相关部门依法查处，同时，文化、广播电影电视、新闻出版等相关主管部门也要依法责令改正，并依法对违法者给予行政处罚。

二、非诉讼程序

非诉讼程序是相对于诉讼程序而言的，又称非诉讼纠纷解决

笔 记 区

机制，在国外常被称为替代性纠纷解决方式（Alternative Dispute Resolution），简称ADR。由于它没有复杂的程序，简便快捷，且不伤当事人之间的合作关系，在实践中经常被采用。本章第一节“概述”部分提到的私力救济、社会救济中的和解、调解、仲裁等是非诉讼纠纷解决的主要方式。《妇女权益保障法》第52条、第55条就规定了对于侵害妇女合法权益的行为可以采用调解、仲裁等方式解决。

（一）和解

和解又叫协商，是双方当事人以平等协商、相互妥协的方式和平解决纠纷的方式。和解既可以在纠纷发生后由双方当事人自主进行，也可以在案件进入诉讼程序后在法庭外进行。由于和解解决纠纷方便快捷且几乎没有成本，妇女在解除婚姻关系、解决劳动争议等问题时常常用到。

离婚有两个途径，一个是协议离婚，一个是诉讼离婚。协议离婚是指男女双方在平等自愿的前提下，通过协商，在子女抚养、财产分割、债权债务处理等事项上达成一致意见，并形成双方共同签署的离婚协议书，双方亲自到婚姻登记机关办理离婚登记手续的离婚方式。协议离婚的前提是双方自愿，如果任何一方不愿意协商，或在有关事项的处理上达不成一致意见，则只能通过诉讼的方式来解决。

劳动争议在生活中非常常见，而且我国的劳动争议案件每年都在以较快的速度增长。目前，我国劳动关系出现了许多的新问题，如就业压力大、劳动关系紧张、群体性突发事件增多、用人单位拖欠克扣劳动者工资、不为职工按时足额缴纳社保金、任意延长工作时间、非法收取劳动者押金等。为更好地解决各种劳动争议，2001年10月27日新修订的《工会法》第34条第2款规定：“各级人民政府劳动行政部门应当会同同级工会和企业方面代表，建立劳动关系三方协商机制，共同研究解决劳动关系方面的重大问题。”2008年5月1日起施行的《劳动争议调解仲裁法》也规定“发生劳动争议，劳动者可以与用人单位协商，也可以请工会或者第三方共同与用人单位协商，达成和解协议”、“县级以上人民政府劳动行政部门会同工会和企业方面代表建立协调劳动关系三方机制，共同研究解决劳动争议的重大问题”。劳动关系三方协商机制，也称劳动关系三方原则，由代表政府的劳动行政部门、代表职工的地方总工会和代表用人单位的企业代表组织（企业联合会、企业家协会、商会等）组成，是以协商的方式解决劳动关系中存在的各种问题，如劳动就业、劳动报酬、社会保险、职业培训、劳动争议、劳动安全卫生、工作时间和休息休假、集体合同和劳动合同等。劳动关系三方协商机制的建立和完善，有助于促进劳动关系的协调与稳定发展。

（二）调解

调解是在双方当事人完全自愿的基础上，由第三者居间调处以解决纠纷的机制。该种纠纷解决方式既尊重了双方当事人的意愿，又有彼此信得过的第三人斡旋、说和，而且没有烦琐的程序要求，有利于各类纠纷的解决，在实践中运用频率较高。

当妇女的合法权益受到侵害时，可以根据纠纷的不同性质选择不同形式的调解来解决纠纷。对于一般的民事纠纷，妇女可以向人民调解委员会申请调解，但性质重要、情节复杂、影响重大的民事案件不属于人民调解委员会调解的范围；对于著作权侵权纠纷可以由著作权行政管理部门调解，调解不成或者调解达成协议后一方反悔的，可以向人民法院提起民事诉讼；对于消费过程中发生的纠纷可以申请消费者协会进行调解；对于婚姻关系的纠纷可以由婚姻登记机关进行调解。

根据《劳动争议调解仲裁法》的规定，对于劳动争议，女职工可以到下列调解组织申请调解：企业劳动争议调解委员会、依法设立的基层人民调解组织，在乡镇、街道设立的具有劳动争议调解职能的组织。女职工申请劳动争议调解可以书面申请，也可以口头申请。口头申请的，调解组织应当当场记录申请人基本情况、申请调解的争议事项、理由和时间。经调解达成协议的，应当制作调解协议书。调解协议书由双方当事人签名或者盖章，经调解员签名并加盖调解组织印章后生效，对双方当事人具有约束力，当事人应当履行。自劳动争议调解组织收到调解申请之日起15日内未达成调解协议的，当事人可以依法申请仲裁。达成调解协议后，一方当事人在协议约定期限内不履行调解协议的，另一方当事人可以依法申请仲裁。因支付拖欠劳动报酬、工伤医疗费、

笔 记 区

经济补偿或者赔偿金事项达成调解协议，用人单位在协议约定期限内不履行的，劳动者可以持调解协议书依法向人民法院申请支付令。人民法院应当依法发出支付令。

妇女与他人之间有关人身、财产权益和其他日常生活中发生的纠纷，可以向基层人民政府申请调解。根据《妇女权益保障法》第55条的规定，侵害妇女在农村集体经济组织中的各项权益的，或者因结婚男方到女方住所落户，侵害男方和子女享有与所在地农村集体经济组织成员平等权益的违法行为发生后，受害人可以请求乡镇人民政府调解解决。这里规定的乡镇人民政府的调解，其性质是一种行政调解。乡镇人民政府是我国的基层人民政府，设有司法助理员，其处理民间纠纷是具有一定强制性的政府行为。

（三）仲裁

根据《妇女权益保障法》的规定，妇女的合法权益受到侵害的，可以依法向仲裁机构申请仲裁。

1. 一般民事争议的仲裁

根据《仲裁法》的规定，平等主体的公民、法人和其他组织之间发生的合同纠纷和其他财产权益纠纷可以依法提交仲裁机构仲裁解决。当妇女与他人发生了上述一般的民事纠纷时，可以根据纠纷发生前或发生后自愿订立的仲裁条款或达成的仲裁协议书，将纠纷提交约定的仲裁机构解决。仲裁不同于诉讼，不实行级别管辖和地域管辖，仲裁委员会由当事人协议选定。仲裁庭应以事实为根据，以法律为准绳，确认当事人各方的权利和义务，公平地对待双方当事人，公正地处理纠纷。仲裁庭做出的仲裁裁决具有法律效力，当事人必须履行，否则另一方当事人可以依照《民事诉讼法》的有关规定申请人民法院强制执行。

我国仲裁实行"一裁终局"制，裁决做出后，当事人即使对仲裁裁决不服，就同一纠纷再申请仲裁或者向人民法院起诉的，仲裁委员会或者人民法院不予受理。但是，根据我国《仲裁法》第58条的规定，当事人提出证据证明裁决有下列情形之一的，可自收到裁决书之日起6个月内向仲裁委员会所在地的中级人民法院申请撤销裁决：(1) 没有仲裁协议的；(2) 裁决的事项不属于仲裁协议的范围或者仲裁委员会无权仲裁的；(3) 仲裁庭的组成或者仲裁的

笔 记 区

程序违反法定程序的；（4）裁决所根据的证据是伪造的；（5）对方当事人隐瞒了足以影响公正裁决的证据的；（6）仲裁员在仲裁该案时有索贿受贿，徇私舞弊，枉法裁决行为的。人民法院经组成合议庭审查核实裁决有前款规定情形之一的，应当裁定撤销。人民法院认定该裁决违背社会公共利益的，应当裁定撤销。

2. 劳动争议仲裁

女职工与用人单位发生劳动争议后，可以申请调解解决，调解不成的，可以向劳动争议仲裁委员会申请仲裁。女职工也可以不经过调解而直接向劳动争议仲裁委员会申请仲裁。女职工应当从知道或者应当知道其权利被侵害之日起1年内，以书面形式向劳动争议仲裁委员会申请仲裁。仲裁时效因女职工向对用人单位主张权利，或者向有关部门请求权利救济，或者用人单位同意履行义务而中断，从中断时起，仲裁时效期间重新计算。因不可抗力或者有其他正当理由，女职工不能在规定的仲裁时效期间申请仲裁的，仲裁时效中止，从中止时效的原因消除之日起，仲裁时效期间继续计算。劳动关系存续期间因拖欠劳动报酬发生争议的，女职工申请仲裁不受仲裁时效期间的限制。但是，劳动关系终止的，应当自劳动关系终止之日起1年内提出。产生劳动争议的女职工应该严格遵守有关仲裁时效的规定，否则，合法权益将得不到法律的支持。

女职工申请仲裁时应当提交仲裁申请书，并按照被申请人数提交副本。仲裁委员会应当自收到申请书之日起5日内做出受理或者不予受理的决定。对劳动争议仲裁委员会不予受理或者逾期未做出决定的，申请人可以就该劳动争议事项向人民法院提起诉讼。

与一般的民事仲裁不同，发生劳动争议后，当事人不能直接向人民法院提起诉讼，而必须先向劳动争议仲裁委员会申请仲裁，对仲裁裁决不服的，当事人才可以自收到仲裁裁决书之日起15日内向人民法院提起诉讼。劳动仲裁是当事人向法院起诉的前置程序。这一规定主要是考虑劳动争议方面的纠纷处理专业性比较强，需要专业仲裁机构先行处理，这样一方面有利于快速解决纠纷，方便当事人，另一方面也可以缓解法院的压力。

但根据《中华人民共和国劳动争议调解仲裁法》的相关规定，

笔 记 区

劳动者和用人单位对特殊的劳动争议仲裁裁决享有不同的权利，以下内容需要特别注意。

第47条规定：“下列劳动争议，除本法另有规定的外，仲裁裁决为终局裁决，裁决书自做出之日起发生法律效力：（1）追索劳动报酬、工伤医疗费、经济补偿或者赔偿金，不超过当地月最低工资标准12个月金额的争议；（2）因执行国家的劳动标准在工作时间、休息休假、社会保险等方面发生的争议。”第48条规定：“劳动者对本法第47条规定的仲裁裁决不服的，可以自收到仲裁裁决书之日起15日内向人民法院提起诉讼。”第49条规定：“用人单位有证据证明本法第47条规定的仲裁裁决有下列情形之一，可以自收到仲裁裁决书之日起30内向劳动争议仲裁委员会所在地的中级人民法院申请撤销裁决：（1）适用法律、法规确有错误的；（2）劳动争议仲裁委员会无管辖权的；（3）违反法定程序的；（4）裁决所根据的证据是伪造的；（5）对方当事人隐瞒了足以影响公正裁决的证据的；（6）仲裁员在仲裁该案时有索贿受贿、徇私舞弊、枉法裁决行为的。”

人民法院经组成合议庭审查核实裁决有前款规定情形之一的，应当裁定撤销。仲裁裁决被人民法院裁定撤销的，当事人可以自收到裁定书之日起15日内就该劳动争议事项向人民法院提起诉讼。

3. 土地承包仲裁

如本书第五章“妇女的财产权利”第三节“妇女财产权利的现状”中所述，因土地承包经营发生纠纷的，双方当事人可以选择向农村土地承包仲裁机构申请仲裁。

农村土地承包仲裁不同于《仲裁法》规定的一般经济纠纷的仲裁。

（1）申请程序不同。

一般经济纠纷的仲裁要求双方当事人在事先或事后达成仲裁协议，然后才能据此向仲裁机构提出仲裁申请。而农村土地承包经营纠纷的仲裁并不要求当事人事先或事后达成仲裁协议，只要一方当事人提出申请，有关的仲裁机构即可受理。

（2）仲裁机构设置不同。

《仲裁法》规定的仲裁机构主要在直辖市、省会城市及根据需要在其他设区的市设立，不按行政区划层层设立。而农村土地承包仲裁机构的设置，各地的做法不太一样，有的设在县乡两级，有的只在县一级设立。据统计，全国已经有25个省、自治区、直辖市在县乡两级设立了2.6万多个农村土地承包仲裁机构，这些仲裁机构基本上都称作“土地承包仲裁委员会”。

（3）裁决的效力不同。

一般经济纠纷的仲裁实行“一裁终局制”，即仲裁裁决做出后，当事人必须履行，不得就同一纠纷再申请仲裁或者向人民法院起诉。农村土地承包仲裁的裁决不是终局的，如果当事人不服仲裁裁决，可以在规定的期限内，以对方当事人为被告向人民法院提起民事诉讼。

与上述劳动争议仲裁不同的是，农村土地承包仲裁不是当事人向人民法院起诉的前置程序。发生纠纷后，当事人可以向农村土地承包仲裁机构申请仲裁，也可以不经仲裁直接向人民法院起诉。

（四）公证

公证是公证机构根据自然人、法人或者其他组织的申请，依照法定程序对民事法律行为、有法律意义的事实和文书的真实性、合法性予以证明的活动。公证机构办理公证，应当遵守法律，坚持客观、公正的原则。《中华人民共和国公证法》第11条第1款规定：“根据自然人、法人或者其他组织的申请，公证机构办理下列公证事项：（一）合同；（二）继承；（三）委托、声明、赠与、遗嘱；（四）财产分割；（五）招标投标、拍卖；（六）婚姻状况、亲属关系、收养关系；（七）出生、生存、死亡、身份、经历、学历、学位、职务、职称、有无违法犯罪记录；（八）公司章程；（九）保全证据；（十）文书上的签名、印鉴、日期，文书的副本、影印本与原本相符；（十一）自然人、法人或者其他组织自愿申请办理的其他公证事项。”

根据上述规定，广大妇女在生活中涉及继承、赠与、遗嘱、财产分割、婚姻状况、亲属关系、收养关系等法律问题时，为维护自己的合法权益，可考虑通过公证的方式对有关权利的真实状况予以确认。经公证的民事法律行为、有法律意义的事实和文书，应当作为认定事实的根据，但有相反证据足以推翻该项公证的除

笔　记　区

笔　记　区

外。对经公证的以给付为内容并载明债务人愿意接受强制执行承诺的债权文书，债务人不履行或者履行不适当的，债权人可以依法向有管辖权的人民法院申请执行。当广大妇女遇到侵害自己合法权益的行为时，可通过向有关部门提交公证文书的方式来维护相应的权利。

但在公证的过程中应注意以下几个问题。

1．有下列情形之一的，公证机构不予办理公证：

（1）无民事行为能力人或者限制民事行为能力人没有监护人代理申请办理公证的；

（2）当事人与申请公证的事项没有利害关系的；

（3）申请公证的事项属专业技术鉴定、评估事项的；

（4）当事人之间对申请公证的事项有争议的；

（5）当事人虚构、隐瞒事实，或者提供虚假证明材料的；

（6）当事人提供的证明材料不充分或者拒绝补充证明材料的；

（7）申请公证的事项不真实、不合法的；

（8）申请公证的事项违背社会公德的；

（9）当事人拒绝按照规定支付公证费的。

2．一般应向住所地、经常居住地、行为地或者事实发生地的公证机构提出。在申请办理涉及不动产的公证时，应当向不动产所在地的公证机构提出；申请办理涉及不动产的委托、声明、赠与、遗嘱的公证，可以适用前款规定。

3．可以委托他人办理公证，但在遗嘱、生存、收养等涉及人身关系权利的公证时，应当由本人亲自办理。

4．在申请办理公证时，应当向公证机构如实说明申请公证事项的有关情况，提供真实、合法、充分的证明材料，否则，公证机构会要求补充材料或不予办理，给当事人造成不必要的麻烦。

（五）行政复议

行政复议是指行政相对人认为行政主体的具体行政行为侵犯其合法权益，依法向行政复议机关提出复查具体行政行为的申请，行政复议机关依照法定程序对被申请的具体行政行为进行合法性、适当性审查，并做出行政复议决定的一种法律制度。

《行政复议法》第6条规定了行政复议范围，有下列情形之一

笔　记　区

的，公民、法人或者其他组织可以依照本法申请行政复议：（1）对行政机关做出的警告、罚款、没收违法所得、没收非法财物、责令停产停业、暂扣或者吊销许可证、暂扣或者吊销执照、行政拘留等行政处罚决定不服的；（2）对行政机关做出的限制人身自由或者查封、扣押、冻结财产等行政强制措施决定不服的；（3）对行政机关做出的有关许可证、执照、资质证、资格证等证书变更、中止、撤销的决定不服的；（4）对行政机关做出的关于确认土地、矿藏、水流、森林、山岭、草原、荒地、滩涂、海域等自然资源的所有权或者使用权的决定不服的；（5）认为行政机关侵犯合法的经营自主权的；（6）认为行政机关变更或者废止农业承包合同，侵犯其合法权益的；（7）认为行政机关违法集资、征收财物、摊派费用或者违法要求履行其他义务的；（8）认为符合法定条件，申请行政机关颁发许可证、执照、资质证、资格证等证书，或者申请行政机关审批、登记有关事项，行政机关没有依法办理的；（9）申请行政机关履行保护人身权利、财产权利、受教育权利的法定职责，行政机关没有依法履行的；（10）申请行政机关依法发放抚恤金、社会保险金或者最低生活保障费，行政机关没有依法发放的；（11）认为行政机关的其他具体行政行为侵犯其合法权益的。

《妇女权益保障法》、《劳动法》、《义务教育法》、《就业促进法》等法律法规及部分地方法规均明确规定了教育主管机关、劳动与社会保障部门、民政部门、计划财政部门、医疗卫生行政部门、司法行政机关、公安机关等行政部门在保障妇女各方面合法权益的职责和义务。《中国妇女发展纲要（2001—2010年）》在妇女与经济、参与决策和管理、教育、健康、法律、环境等六个方面设定了中国妇女发展的主要目标与策略措施，细化了各职能部门在妇女的劳动就业、接受教育培训、医疗卫生、社会保障、社会环境等方面的具体职责。广大妇女有权依据上述规定要求有关部门进行帮助、救助、救济，在合法权益受到侵害时有权要求依法处理，如果相关部门不按照法律规定履行其职责，广大妇女可以通过行政复议进行救济。

当事人认为具体行政行为侵犯其合法权益的，可以自知道该具体行政行为之日起60日内提出行政复议申请；一般做出具体行政行为的行政机关是被申请人；当事人申请行政复议可以书面申

笔 记 区

请，也可以口头申请；被申请人如为县级以上政府工作部门，复议机关为该部门的本级人民政府或其上一级主管部门，被申请人如为地方各级人民政府，复议机关为上一级地方人民政府，对实行垂直领导的行政机关的具体行政行为不服的，应向其上一级主管部门申请行政复议。但是要注意，不服行政机关做出的行政处分或者其他人事处理决定的，以及不服行政机关对民事纠纷做出的调解或者其他处理的，不得申请行政复议，前者应依照有关法律、行政法规的规定提出申诉，后者应依法申请仲裁或者向人民法院提起诉讼。

三、诉讼程序

根据司法最终解决原则，权利人通过其他途径无法解决的纠纷或者对纠纷解决结果不满意的，一般情况下均可向人民法院提起诉讼。诉讼具有其他的纠纷解决途径不可比拟的强制性。诉讼根据性质的不同可以划分为民事诉讼、行政诉讼和刑事诉讼。妇女权益受到侵害后，可根据具体情况提起不同的诉讼。这里，我们重点介绍广大妇女在维权中最常用到的民事诉讼的相关内容。

（一）民事诉讼

民事纠纷是平等主体之间发生的，以民事权利义务为内容的社会纠纷，又常被称为民事争议、民事冲突，而民事诉讼是专门解决民事纠纷的诉讼活动，是法院、当事人和其他诉讼参与人在审理民事诉讼案件的过程中所进行的各种诉讼活动，以及由这些活动所产生的各种诉讼关系的总和。

1. 民事诉讼管辖的基本规定

民事诉讼的管辖是指各级人民法院之间和同级人民法院之间受理第一审民事案件的分工和权限。掌握民事诉讼中关于管辖的一些基本规定有助于当事人及时、准确地维护自身合法权益。

根据《民事诉讼法》的规定，管辖可分为级别管辖、地域管辖、移送管辖和指定管辖四大类。

（1）级别管辖。

级别管辖是指按照一定的标准，划分上下级法院之间受理第

笔 记 区

一审民事案件的分工和权限。基层人民法院管辖第一审民事案件，但《民事诉讼法》另有规定的除外。中级人民法院主要管辖重大涉外案件、在本辖区内有重大影响的案件及最高人民法院确定由中级人民法院管辖的案件。高级人民法院一般管辖本辖区内有重大影响的第一审民事案件。最高人民法院主要审理在全国范围内有重大影响的案件和最高人民法院认为应当由其审理的案件。

（2）地域管辖。

地域管辖是指按照各级人民法院的辖区和民事案件的隶属关系来划分诉讼管辖，其作用在于确定同级人民法院在各自辖区内受理第一审民事案件的分工和权限。我国《民事诉讼法》确定管辖的基本原则为“原告就被告”，即一般情况下由被告所在地人民法院管辖。具体来讲，当被告为公民时，由被告住所地人民法院管辖，被告住所地与经常居住地不一致的，由经常居住地人民法院管辖。这里的公民住所地是指该公民的户籍所在地，经常居住地是指公民离开住所地至起诉时已连续居住满1年的地方，但公民住院就医的地方除外。当被告为法人或其他组织时，其住所地是指法人或其他组织的主要营业地或主要办事机构所在地。

我国在民事诉讼管辖方面的例外规定可以概括为“被告就原告”，即由原告所在地人民法院管辖。我国《民事诉讼法》及最高人民法院《关于适用〈中华人民共和国民事诉讼法〉若干问题的意见》等涉及由原告所在地人民法院管辖的规定主要有：①对不在中华人民共和国领域内居住的人提起的有关身份关系的诉讼；②对下落不明或宣告失踪的人提起的有关身份关系的诉讼；③对正在被劳动教养的人提起的诉讼；④对正在被监禁的人提起的诉讼；⑤被告一方被注销城镇户口的；⑥追索赡养费案件的几个被告住所地不在同一辖区的；⑦非军人对军人提出的离婚诉讼，如果军人一方为非文职军人的；⑧夫妻一方离开住所地超过1年，另一方起诉离婚的案件及夫妻双方离开住所地超过1年，一方起诉离婚的案件，被告无经常居住地的。

地域管辖中有一类比较特殊的管辖叫专属管辖，即法律规定某些特殊类型的案件由特定的法院管辖。专属管辖具有排他性，凡适用专属管辖的案件不得适用一般或特殊地域管辖。专属管辖的诉讼有以下三类：①因不动产纠纷提起的诉讼，专属不动产所在地法院管辖；②因港口作业发生纠纷提起的诉讼，专属港口所在地法院管辖；③因继承遗产纠纷提起的诉讼，由被继承人死亡时住所地或主要遗产所在地法院管辖。一般情况下，当遗产中既有动产又有不动产的，以不动产所在地作为主要遗产地，动产有多项的，则以价值高的动产所在地作为主要遗产地。

（3）移送管辖。

移送管辖是指人民法院在受理民事案件后，发现自己对案件并无管辖权，依法将案件移送给有管辖权的法院审理。

（4）指定管辖。

指定管辖是指上级人民法院以裁定方式指定其下级人民法院对某一案件行使管辖权。

2. 民事诉讼证据及证明责任

证据和证明责任是民事诉讼中的又一个非常重要的问题。

证据是指能够证明民事案件真实情况的各种事实，也是法院认定有争议的案件事实的根据。证据是当事人维护自己民事权益的武器，是法院查明案件事实真相的手段，同时也是使裁判具有公信力的基础。在很大程度上来讲，打官司其实就是"打证据"，如果没有足够的证据支持，当事人很难赢得诉讼，证据在诉讼中的重要作用显而易见，这就要求我们在平时的生活当中要不断提高自己的证据意识，以便更好地维护自己的合法权益。

民事诉讼证据须具有以下构成要件：（1）必须是客观存在的事实，即具有客观性；（2）必须与待证事实存在着联系，即具有关联性，又称相关性；（3）必须符合法律的要求，不为法律所禁止，即具有合法性，包括收集证据的合法性，证据形式的合法性以及证据材料转化为诉讼证据的合法性。最高人民法院《关于民事诉讼证据的若干规定》（以下简称《证据规定》）中设置了一个重要规则，即"非法证据排除规则"，明确规定：以侵害他人合法权益或者违反法律禁止性规定的方法取得的证据，不能作为认定案件事实的依据。所以，在取证过程中，当事人要注意证据的合法性要求。

我国《民事诉讼法》第63条明确规定了民事诉讼证据的七种具体形式，即书证、物证、视听资料、证人证言、当事人的陈述、鉴定结论和勘验笔录。

当事人必须在规定的期限内提供各类证明案件事实的证据，逾期提出证据的，将承担对其不利的法律后果。

民事诉讼中的证明责任又称举证责任，关于该含义的表述，我国民事诉讼法学界大致取败诉风险说，即认为证明责任是案件事实真伪不明时当事人一方所承担的败诉风险。在民事诉讼中，因当事人所主张的事实没有证据证明，或证据不足不能证明该事实存在与否，就出现了案件事实真伪不明的状态，而法院又不能拒绝裁判，在事实真伪不明时做出裁判，其依据就不再是案件事实，而是证明责任。谁对真伪不明的事实承担证明责任，谁就必须承担因事实不明所带来的不利后果，也就是要承担败诉风险。

证明责任的分配是指按照一定的标准，将事实真伪不明的败诉风险在双方当事人之间进行分配，使原告、被告各自负担一些事实真伪不明的风险。关于民事诉讼中证明责任的分配标准，《民事诉讼法》第64条第1款规定："当事人对自己提出的主张，有责任提供证据。"该规定经常被概括为"谁主张，谁举证"，被视为民事诉讼中证明责任分配的一般原则。但是该规定未触及双方当事人各自应当对哪些事实负证明责任，也无法解决事实真伪不明时法官如何裁判的问题。为此，最高人民法院在《证据规定》中对证明责任的分配问题作了进一步的具体规定。

《证据规定》第2条对证明责任分配的一般原则进行了细化："当事人对自己提出的诉讼请求所依据的事实或者反驳对方诉讼请求所依据的事实有责任提供证据加以证明。没有证据或者证据不足以证明当事人的事实主张的，由负有证明责任的当事人承担不利后果。"

《证据规定》第5条对合同案件的证明责任分配原则做出了规定："在合同纠纷案件中，主张合同关系成立并生效的一方当事人对合同订立和生效的事实承担举证责任；主张合同关系变更、解除、终止、撤销的一方当事人对引起合同关系变动的事实承担举证责任。对合同是否履行发生争议的，由负有履行义务的当事人承担举证责任。对代理权发生争议的，由主张有代理权一方当事人承担举证责任。"

《证据规定》第6条对劳动争议案件中特殊事项的证明责任的

笔 记 区

分配做出了规定:“在劳动争议案件中，因用人单位做出开除、除名、辞退、解除劳动合同、减少劳动报酬、计算劳动者工作年限等决定而发生劳动争议的，由用人单位负举证责任。”

《证据规定》第7条对授权法官裁量分配的情形作了规定:“在法律没有具体规定，依本规定及其他司法解释无法确定举证责任承担时，人民法院可以根据公平原则和诚实信用原则，综合当事人举证能力等因素确定举证责任的承担。”

证明责任的倒置是指将依据法律规定应由主张权利的一方当事人负担的证明责任，改由否认权利的另一方当事人就法律要件事实的不存在负证明责任。这种情形主要存在于侵权诉讼中。《证据规定》第4条对需要倒置证明责任的具体情形做出了详细规定。

在广大妇女维权的民事诉讼活动中，如何成功举证以赢得诉讼，更好地维护自身合法权益，这是一个非常关键也是一个非常棘手的问题。如根据《婚姻法》第46条的规定，有下列情形之一，导致离婚的，无过错方有权请求损害赔偿:（1）重婚的;（2）有配偶者与他人同居的;（3）实施家庭暴力的;（4）虐待、遗弃家庭成员的。在离婚诉讼中，如果作为无过错方的女方没有足够的证据证明男方存在家庭暴力、重婚、与他人同居、虐待等行为，那么女方请求相应损害赔偿的主张将无法得到法院的支持。而现实生活中，家庭暴力、婚外情等普遍存在的情形往往因无过错方证据不足而无法认定，无过错方也因此无法主张相应的权利。因此，在整个社会中相对属于社会弱势群体的广大妇女应该多了解一些法律知识，不断提高自己的证据意识，这样才能更好、更成功地维护自己的权益。如在遭受家庭暴力后去医院就诊的病例、拍的X光片、发票等应该好好保管;如果当时报了警，110的出警记录、现场照片等也是很好的证明;如果在遭到家庭暴力的当时有邻居、亲朋劝架的，他们可以成为家庭暴力有力的证人;此外，遭受暴力一方还可以考虑用MP3、录音笔等将家庭暴力的现场进行录音。所有这些都将成为家庭暴力的有力证明。但要注意，我们不得以侵害他人合法权益或者违反法律禁止性规定的方法取得相关证据，如在他人住处安装摄像头等，这将侵犯他人的隐私权，如此取得的证据不符合民事诉讼证据合法性的要求。因此，根据我们前面提到的“非法证据排除规则”，这样的证据将不能作为认定案件事实的依据。

笔　记　区

3. 起诉及立案

根据我国《民事诉讼法》第108条的规定，提起民事诉讼必须符合以下条件。

（1）原告是与本案有直接利害关系的公民、法人和其他组织。“与本案有直接的利害关系”是指原告必须是发生争议的民事法律关系的双方主体之一，否则为不合格的原告。妇女合法权益受到侵害的，必须由受侵害妇女作为原告提起诉讼，如果受侵害妇女不具备诉讼行为能力的，则由其监护人以受侵害妇女的名义代为诉讼。

（2）有明确的被告。即要求原告起诉的对象具体、特定，使受诉人民法院能够明确原告所告的是谁，对于公民，要能够明确其姓名、性别、年龄、民族、职业、工作单位、住所等，对于法人或其他组织，要能够明确其名称、住所和法定代表人或主要负责人的姓名、职务等。

（3）有具体的诉讼请求和事实、理由。即原告所提出的各项实体权利主张应明确具体，如要求赔礼道歉、赔偿经济损失2万元等，同时还要求原告提供相应的证据材料以支持其诉讼请求。

（4）属于人民法院受理民事诉讼的范围和受诉人民法院管辖。即所产生的权利义务纠纷属于民事主管范围，同时原告应向有管辖权的特定人民法院起诉。

起诉时，原告应向人民法院递交起诉状、原告主体资格证明材料、证明其诉讼请求的主要证据材料，若为委托代理人代为诉讼的，还需提交授权委托书。在普通程序中，起诉的方式应以书面起诉为原则。如果原告本人因文化水平或法律知识欠缺等自行书写起诉状确有困难的，或者因原告无诉讼行为能力，其法定代理人因类似原因造成书写起诉状确有困难的，可以口头起诉，由人民法院记入笔录，并告知对方当事人。

人民法院立案庭收到当事人提交的上述资料后，将依据《民事诉讼法》第108条的规定审查起诉是否符合立案的条件及提交的材料是否完备。经人民法院审查认为符合起诉条件的，应当在7日内立案，并通知当事人办理立案手续；认为不符合起诉条件的，

笔 记 区

应在7日内裁定不予受理，原告对不予受理裁定不服的，可在收到裁定后的10日内向上一级人民法院提起上诉。当事人应在收到受理通知书之日起7天内预交案件受理费和其他诉讼费用，如确有困难，可在预交期内向法院提出减、缓、免交的书面申请，逾期不交或者书面申请缓、减、免交未获批准而仍不预交的，法院将裁定按自动撤诉处理。当事人缴纳诉讼费后应将相关单据交回法院立案庭附卷，法院收到缴费单据后将排期开庭。至此，立案完毕，案件进入审理阶段。

4. 民事诉讼程序

我国民事诉讼的审判程序主要包括第一审普通程序、简易程序、第二审程序和再审程序，在特殊的程序里又包括了特别程序和督促程序、公示催告程序。

目前，我国民事诉讼采用两审终审的审级制度，即某一案件经过两级人民法院审判后即告终结。当事人不服地方人民法院第一审判决的，有权在判决书送达之日起15日内向上一级人民法院提起上诉；当事人不服地方人民法院第一审裁定的，有权在判决书送达之日起10日内向上一级人民法院提起上诉。上诉不能采用口头方式，必须向人民法院提交上诉状。当事人提起上诉，原则上应通过原审人民法院提出上诉状，并按照对方当事人的人数提出上诉状副本，也可以直接向第二审人民法院上诉。但要注意，并不是所有的民事裁判都可以提出上诉：最高人民法院的判决和裁定；第二审人民法院的判决和裁定；人民法院按照第二审程序进行再审所作的判决和裁定；基层人民法院按照特别程序、督促程序、公示催告程序审理案件所作的判决和裁定，当事人不得提出上诉。

再审程序是为了纠正已经发生法律效力裁判中的错误而对案件再次进行审理的程序。再审程序并不是每一个民事案件必经的程序，只是对于已经发生法律效力而且符合再审条件的判决、裁定、调解协议才能适用的一种特殊审判程序，是一项补救制度。根据我国《民事诉讼法》的规定，当事人、人民法院和人民检察院是发动再审程序的三大主体。当事人对已经发生法律效力的判决、裁定，认为有错误的，可以向上一级人民法院申请再审，但

笔　记　区

不停止判决、裁定的执行。《民事诉讼法》第179条详细规定了当事人申请再审的13种具体情形。

当事人申请再审的，应当提交再审申请书等材料，并应当在判决、裁定发生法律效力后2年内提出；2年后据以做出原判决、裁定的法律文书被撤销或者变更，以及发现审判人员在审理该案件时有贪污受贿、徇私舞弊、枉法裁判行为的，自知道或者应当知道之日起3个月内提出。但对已经发生法律效力的解除婚姻关系的判决，不得申请再审。

执行难是民事诉讼实务中经常遇到的问题。民事执行程序是《民事诉讼法》规定的由法定组织和人员运用国家的强制力量，根据生效法律文书的规定，强制民事义务人履行所负义务的程序。执行程序是民事诉讼程序的最后阶段，但并不是每一个民事案件的必经程序。法律文书一经生效，义务人应自觉履行，如拒不履行，权利人可申请法院强制执行。发生法律效力的民事判决、裁定，以及刑事判决、裁定中的财产部分，由第一审人民法院或者与第一审人民法院同级的被执行的财产所在地人民法院执行。法律规定由人民法院执行的其他法律文书，由被执行人住所地或者被执行的财产所在地人民法院执行。申请执行的期间为2年。

根据《民事诉讼法》的规定，执行措施包括：要求被执行人报告个人财产情况；查询、冻结、划拨被执行人的储蓄存款；扣留、提取被执行人的收入，包括工资、奖金、稿费等；查封、扣押、冻结、拍卖、变卖被执行人的财产；强制被执行人交付执行文书中所指定的财物或者票证；强制被执行人迁出房屋或者退出土地；通知有关单位办理有关财产权证照转移手续；强制被执行人完成法律文书中指定的行为；对迟延履行义务的被执行人，强制其支付迟延履行金或加倍支付迟延履行利息；对不履行义务的被执行人，限制其出境，在征信系统记录、通过媒体公布其不履行义务的信息等。

（二）行政诉讼

行政诉讼是指行政相对人与行政主体在行政法律关系领域发生纠纷后，依法向人民法院提起诉讼，人民法院依法定程序审查行政主体的行政行为的合法性，并判断相对人的主张是否妥当，

笔 记 区

以做出裁判的一种活动。行政诉讼是解决行政纠纷的一种诉讼活动，原告只能是行政相对人，即认为行政机关的具体行政行为侵犯了自己合法权益的公民、法人和其他组织，被告只能是做出具体行政行为的行政机关或法律、法规授权的组织。行政诉讼即常说的“民告官”，不同于民事诉讼中的平等主体。

《行政诉讼法》第11条明确规定了行政诉讼的受案范围：（1）对拘留、罚款、吊销许可证和执照、责令停产停业、没收财物等行政处罚不服的；（2）对限制人身自由或者对财产的查封、扣押、冻结等行政强制措施不服的；（3）认为行政机关侵犯法律规定的经营自主权的；（4）认为符合法定条件申请行政机关颁发许可证和执照，行政机关拒绝颁发或者不予答复的；（5）申请行政机关履行保护人身权、财产权的法定职责，行政机关拒绝履行或者不予答复的；（6）认为行政机关没有依法发给抚恤金的；（7）认为行政机关违法要求履行义务的；（8）认为行政机关侵犯其他人身权、财产权的。除上述规定外，人民法院受理法律法规规定可以提起行政诉讼的其他行政案件。但人民法院不受理公民、法人或者其他组织对下列事项提起的诉讼：（1）国防、外交等国家行为；（2）行政法规、规章或者行政机关制定、发布的具有普遍约束力的决定、命令；（3）行政机关对行政机关工作人员的奖惩、任免等决定；（4）法律规定由行政机关最终裁决的具体行政行为；（5）公安、国家安全等机关依照刑事诉讼法的明确授权实施的行为；（6）调解行为以及法律规定的仲裁行为；（7）不具有强制力的行政指导行为；（8）驳回当事人对行政行为提起申诉的重复处理行为；（9）对公民、法人或者其他组织权利义务不产生实际影响的行为。

行政诉讼关于管辖的规定与民事诉讼有很多相似之处，这里简单介绍一下行政诉讼中的地域管辖。根据《行政诉讼法》的规定，行政案件由最初做出具体行政行为的行政机关所在地人民法院管辖。经复议的案件，复议机关改变原具体行政行为的，也可以由复议机关所在地人民法院管辖。对限制人身自由的行政强制措施不服提起的诉讼，由被告所在地或者原告所在地人民法院管辖。因不动产提起的行政诉讼，由不动产所在地人民法院管辖。

对行政机关提起行政诉讼必须在法定的时效期间内。一般情况下，对于未经行政复议程序直接起诉的，应当在知道做出具体

笔 记 区

行政行为之日起3个月内提出，法律另有规定的除外；对于不服行政复议决定的，可在收到复议决定书之日起15日内向人民法院提起诉讼。如没有正当理由超过诉讼时效起诉的，人民法院将不予受理。

行政诉讼中的举证责任由作为被告的行政机关负担，其应当提供做出具体行政行为的证据和所依据的规范性文件。原告对行政机关的具体行政行为的违法性不负举证责任，但对于下列事项需要承当证明责任：（1）证明起诉符合法定条件，但被告认为原告起诉超过起诉期限的；（2）在起诉被告不作为的案件中，证明其提出申请的事实；（3）在一并提起的行政赔偿诉讼中，证明因受被诉行为侵害而造成损失的事实；（4）其他应当由原告承担举证责任的事项。

行政诉讼程序方面的规定与民事诉讼大致相同，不再赘述。

（三）刑事诉讼

刑事诉讼是指公安机关、人民检察院、人民法院在当事人及其他诉讼参与人的参加下，依照法律规定的程序，查证、核实被告人是否实施了犯罪，是否应当受到刑罚的处罚以及应当受到何种刑事处罚的活动。

刑事诉讼中的管辖分为职能管辖和审判管辖两大类，与民事诉讼和行政诉讼均有很大的不同。刑事诉讼中的职能管辖是指公安机关、人民检察院和人民法院之间在立案受理刑事案件上的分工。根据《刑事诉讼法》第18条第1款的规定，刑事案件的侦查由公安机关进行，法律另有规定的除外。这里的“法律另有规定”是指刑事诉讼法规定的人民检察院对直接受理的案件进行侦查、国家安全机关负责对危害国家安全的刑事案件进行侦查、军队保卫部门对军队内部发生的刑事案件行使侦查权、监狱对罪犯在监狱内犯罪的案件进行侦查。《刑事诉讼法》第18条第2款规定：“贪污贿赂犯罪，国家工作人员的渎职犯罪，国家机关工作人员利用职权实施的非法拘禁、刑讯逼供、报复陷害、非法搜查的侵犯公民人身权利的犯罪以及侵犯公民民主权利的犯罪，由人民检察院立案侦查。对于国家机关工作人员利用职权实施的其他重大的犯罪案件，需要由人民检察院直接受理的时候，经省级以上人民检

笔 记 区

察院决定，可以由人民检察院立案侦查。”《刑事诉讼法》第18条第3款规定：“自诉案件，由人民法院直接受理。”自诉案件是指被害人或者他的法定代理人、近亲属向人民法院起诉，要求追究被告人刑事责任，由人民法院直接受理的刑事案件。根据我国《刑事诉讼法》的规定，自诉案件包括告诉才处理的案件（包括侮辱、诽谤案，暴力干涉婚姻自由案，虐待案，侵占案等），被害人有证据证明的轻微刑事案件（包括故意伤害案、重婚案、遗弃案、妨害通信自由案、非法侵入他人住宅案等），被害人有证据证明对被告人侵犯自己人身、财产权利的行为应当依法追究刑事责任，而公安机关或者人民检察院不予追究被告人刑事责任的案件。当广大妇女遇到侮辱、诽谤、虐待、故意伤害、暴力干涉婚姻自由、重婚等属于自诉案件范围的犯罪行为侵害时，可依法直接向人民法院提起刑事诉讼。

刑事诉讼中的审判管辖又包括级别管辖、地区管辖和专门管辖。《刑事诉讼法》关于级别管辖的规定如下：基层人民法院管辖第一审普通刑事案件，但是依照该法由上级人民法院管辖的除外。中级人民法院管辖下列第一审刑事案件：危害国家安全案件；可能判处无期徒刑、死刑的普通刑事案件；外国人犯罪的刑事案件。高级人民法院管辖的第一审刑事案件是全省（自治区、直辖市）性的重大刑事案件。最高人民法院管辖的第一审刑事案件是全国性的重大刑事案件。地区管辖是指同级人民法院之间，按照各自的辖区在审理第一审刑事案件上的分工。《刑事诉讼法》第24条规定：“刑事案件由犯罪地的人民法院管辖。如果由被告人居住地的人民法院审判更为适宜的，可以由被告人居住地的人民法院管辖。”犯罪地包括犯罪预备地、犯罪行为实施地、犯罪结果发生地和销赃地。如果犯罪地分布在几个人民法院辖区的，这几个人民法院对案件都有管辖权。刑事诉讼中的专门管辖涉及军事法院和铁路运输法院。其中军事法院管辖的是现役军人和军内在编职工的刑事犯罪案件，铁路运输法院管辖的主要是危害和破坏铁路运输和生产，严重破坏火车和交通设施，在火车上实施的犯罪，违反铁路运输的规章制度造成重大事故或严重后果的案件。

刑事诉讼中的证据形式也是七种，但与民事诉讼的不太一样，具体包括：物证、书证；证人证言；被害人陈述；犯罪嫌疑人、

笔　记　区

被告人供述和辩解；鉴定结论；勘验、检查笔录；视听资料。刑事诉讼中的证明责任不同于民事诉讼和行政诉讼中的证明责任。在刑事诉讼中，证明责任的承担在公诉案件和自诉案件中有着很大的区别。在公诉案件中，证明责任由公安司法机关承担，犯罪嫌疑人、被告人一般不承担证明责任。在公诉案件中，作为被告人、犯罪嫌疑人不负证明责任的例外是“巨额财产来源不明”的案件。对于拥有不能说明其合法来源的巨额财产的被告人来说，对于这笔财产的来源如果不能提出诉讼主张（即主张其来源合法）或者不能提出证据线索进而不能提出证据的，就可能或者必然因此招致被定罪甚至被量刑的不利后果。在自诉案件中，自诉人负有证明责任。自诉人向人民法院提出控诉时必须提供证据。人民法院认为缺乏罪证，而自诉人又提不出补充证据时，人民法院应当说服自诉人撤回自诉或者裁定驳回。自诉案件中的被告人不负证明责任，但如果被告人在诉讼过程中提起反诉，他在反诉中便成为自诉人，对反诉负有证明责任，必须提供证据来证明反诉的主张和待证事实。

当广大妇女的合法权益受到犯罪行为侵害时，属于自诉案件的，可依法直接向人民法院提起刑事诉讼；属于公诉案件的，有权要求公安机关、人民检察院依法立案侦查、提起公诉。对于自诉案件，必须由被害人及其法定代理人或近亲属提起自诉，同样要求有明确的被告人，而且自诉必须在追诉时效期限内提出。被害人应提供相应证据证明自己受犯罪行为侵害的事实，否则，其合法权益会因为证据的缺失而得不到法律的保护。对于公诉案件，一般由公安机关立案侦查，侦查终结后移送人民检察院，由人民检察院审查起诉，对符合条件的，向人民法院提起公诉。提起公诉的案件应当具备两个条件：一是犯罪嫌疑人的犯罪事实已经查清，证据确实充分；二是依法应当追究犯罪嫌疑人的刑事责任。被害人由于被告人的犯罪行为而遭受物质损害的，在刑事诉讼过程中有权提起附带民事诉讼。如果是国家财产、集体财产遭受损失的，人民检察院在提起公诉的时候可以提起附带民事诉讼。需要注意的是，我国刑事附带民事诉讼的赔偿范围仅限于“物质损失”，“精神损害”尚未纳入赔偿范围。

在这里值得一提的是，我国《刑事诉讼法》为维护妇女合法

笔 记 区

权益专门做出了相应的规定。其中，第60条第2款规定："对应当逮捕的犯罪嫌疑人、被告人，如果患有严重疾病，或者是正在怀孕、哺乳自己婴儿的妇女，可以采用取保候审或者监视居住的办法。"第105条第3款规定："检查妇女的身体，应当由女工作人员或者医师进行。"第112条第2款规定："搜查妇女的身体，应当由女工作人员进行。"第214条第1款规定："对于被判处有期徒刑或者拘役的罪犯，有下列情形之一的，可以暂予监外执行：（1）有严重疾病需要保外就医的；（2）怀孕或者正在哺乳自己婴儿的妇女。"这些具体规定有利于保证广大妇女在刑事诉讼中的各项合法权益。

四、法律援助与司法救助

《妇女权益保障法》第52条第2款规定："对有经济困难需要法律援助或者司法救助的妇女，当地法律援助机构或者人民法院应当给予帮助，依法为其提供法律援助或者司法救助。"妇女是社会的弱势群体，在适当的条件下为她们提供法律援助或司法救助有利于更好地维护广大妇女的合法权益。

（一）法律援助

我国于2003年9月1日起施行的《法律援助条例》对法律援助制度做出了具体规定。

所谓法律援助，是指在各级司法行政部门的监督管理下，在各级律师协会的协助下，由国家设立的法律援助机构安排其工作人员，或指派律师事务所安排律师，为经济困难的公民和特殊案件的当事人提供法律咨询、代理、刑事辩护等无偿法律服务的一项法律制度。

关于法律援助的范围，《法律援助条例》进行了明确界定。

根据《法律援助条例》第10条第1款的规定，公民对下列需要代理的事项，因经济困难没有委托代理人的，可以向法律援助机构申请法律援助：（1）依法请求国家赔偿的；（2）请求给予社会保险待遇或者最低生活保障待遇的；（3）请求发给抚恤金、救济金的；（4）请求给付赡养费、抚养费、扶养费的；（5）请求支付

笔　记　区

劳动报酬的；（6）主张因见义勇为行为产生的民事权益的。

根据《法律援助条例》第11条的规定，刑事诉讼中有下列情形之一的，公民可以向法律援助机构申请法律援助：（1）犯罪嫌疑人在被侦查机关第一次讯问后或者采取强制措施之日起，因经济困难没有聘请律师的；（2）公诉案件中的被害人及其法定代理人或者近亲属，自案件移送审查起诉之日起，因经济困难没有委托诉讼代理人的；（3）自诉案件的自诉人及其法定代理人，自案件被人民法院受理之日起，因经济困难没有委托诉讼代理人的。

《法律援助条例》第12条规定："公诉人出庭公诉的案件，被告人因经济困难或者其他原因没有委托辩护人，人民法院为被告人指定辩护时，法律援助机构应当提供法律援助。被告人是盲、聋、哑人或者未成年人而没有委托辩护人的，或者被告人可能被判处死刑而没有委托辩护人的，人民法院为被告人指定辩护时，法律援助机构应当提供法律援助，无须对被告人进行经济状况的审查。"

公民经济困难的标准，由省、自治区、直辖市人民政府根据本行政区域经济发展状况和法律援助事业的需要规定。申请人住所地的经济困难标准与受理申请的法律援助机构所在地的经济困难标准不一致的，按照受理申请的法律援助机构所在地的经济困难标准执行。

公民申请代理、刑事辩护的法律援助时，应当提交本人身份证或者其他有效的身份证明，代理申请人还应当提交有代理权的证明，同时还应提交经济困难的证明以及与所申请法律援助事项有关的案件材料。申请应当采用书面形式，填写申请表；以书面形式提出申请确有困难的，可以口头申请，由法律援助机构工作人员或者代为转交申请的有关机构工作人员作书面记录。

对于公民的申请，由法律援助机构负责受理、审查，指派或者安排人员为符合规定的公民提供法律援助。律师应当依法履行法律援助义务，为受援人提供符合标准的法律服务，依法维护受援人的合法权益，接受律师协会和司法行政部门的监督。

（二）司法救助

最高人民法院于2005年4月修订了《关于对经济确有困难的当

笔 记 区

事人提供司法救助的规定》，该规定对司法救助的有关问题进行了明确。

所谓司法救助，是指人民法院对于当事人为维护自己的合法权益，向人民法院提起民事诉讼、行政诉讼，但经济确有困难的，实行诉讼费用的缓交、减交、免交的制度。实行司法救助制度的目的在于使经济确有困难的当事人能够依法行使诉讼权利，维护其合法利益。

根据该规定第3条的内容，可以向人民法院申请司法救助的当事人包括：（1）追索赡养费、扶养费、抚育费、抚恤金的；（2）孤寡老人、孤儿和农村“五保户”；（3）没有固定生活来源的残疾人、患有严重疾病的人；（4）国家规定的优抚、安置对象；（5）追索社会保险金、劳动报酬和经济补偿金的；（6）交通事故、医疗事故、工伤事故、产品质量事故或者其他人身伤害事故的受害人，请求赔偿的；（7）因见义勇为或为保护社会公共利益致使自己合法权益受到损害，本人或者近亲属请求赔偿或经济补偿的；（8）进城务工人员追索劳动报酬或其他合法权益受到侵害而请求赔偿的；（9）正在享受城市居民最低生活保障、农村特困户救济或者领取失业保险金，无其他收入的；（10）因自然灾害等不可抗力造成生活困难，正在接受社会救济，或者家庭生产经营难以为继的；（11）起诉行政机关违法要求农民履行义务的；（12）正在接受有关部门法律援助的；（13）当事人为社会福利机构、敬老院、优抚医院、精神病院、SOS儿童村、社会救助站、特殊教育机构等社会公共福利单位的；（14）其他情形确实需要司法救助的。

同时，于2006年12月8日由国务院第159次常务会议审议通过并自2007年4月1日起施行的《诉讼费用交纳办法》，对司法救助制度做出了更加具体的规定，有利于该项制度的落实和具体操作。

根据该办法第44条的规定，司法救助的适用对象限于“交纳诉讼费用确有困难的”当事人，其中诉讼费用的免交只适用于自然人，言外之意，诉讼费用的缓交与减交则可以适用于包括自然人、法人和其他组织在内的所有形态的当事人。《诉讼费用交纳办法》第45条至第47条对适用免交、减交和缓交诉讼费用的具体情形进行了细致的规定。

人民法院提供司法救助，以当事人提出申请为前提。当事人

笔　记　区

应该在起诉或上诉时提交书面申请和足以证明其确有经济困难的证明材料。其中因生活困难或者追索基本生活费用申请司法救助的，还应当提供本人及其家庭经济状况符合当地民政、劳动和社会保障等部门规定的公民经济困难标准的证明。人民法院接到当事人关于司法救助的书面申请和相关证明材料后，应当进行审查，并严格按照相关规定做出批准或者不予批准的决定，不予批准的，应当向当事人书面说明理由。

法律援助与司法救助是两个不同性质又有联系的法律保障制度，二者的区别主要表现在以下几个方面：（1）法律援助是政府的责任，具体表现为各级司法行政部门的监督与管理责任和法律援助机构本身的组织实施责任。此外，各级律师协会对法律援助应负协助责任，而司法救助则是人民法院的责任。（2）接受法律援助的对象不同于接受司法救助的对象，前者是经济困难的公民和特殊案件中经济困难的当事人，所涉范围比较大；后者则是民事诉讼、行政诉讼中交纳诉讼费用确有困难的当事人，所涉范围相对较小。（3）法律援助的事项范围不同于司法救助的事项范围，前者包括提供法律咨询、代理、刑事辩护等，涉及非诉与诉讼事项；后者则仅涉及民事诉讼以及行政诉讼中诉讼费用的缓交、减交与免交。（4）法律援助的提供完全是无偿的，受援人无须为此负担任何费用，而司法救助中除免交诉讼费用以外，就诉讼费用的缓交和减交而言，当事人仍须交纳相应的诉讼费用。①

第三节　侵犯妇女合法权益的法律责任

当妇女的政治权利、文化教育权利、劳动和社会保障权利、财产权利、人身权利、婚姻家庭权利等受到侵犯时，依据行为的性质、程度、侵权主体的不同，可以追究行为人不同的法律责任。《妇女权益保障法》第56条规定：“违反本法规定，侵害妇女的合法权益，其他法律、法规规定行政处罚的，从其规定；造成财产损失或者其他损害的，依法承担民事责任；构成犯罪的，依法追

① 江伟．民事诉讼法［M］．北京：高等教育出版社，2007：272．

笔　记　区

究刑事责任。”《妇女权益保障法》关于法律责任的规定做到了与其他相关法律法规的有机衔接，避免了不必要的重复，同时还有针对性的规定了相关主体的具体行政责任，做到了点与面的结合。

一、民事责任

生活中侵犯妇女合法权益而承担民事责任的情形比较常见。侵权行为的民事责任是民法中的一项独立制度，是保护民事权利不受侵犯的重要方法。

根据我国《民法通则》、《妇女权益保障法》、《婚姻法》、《继承法》、《收养法》等法律的有关规定，当妇女各项合法权益受到侵犯时，行为人承担民事责任的方式主要有以下几个方面。

（一）赔偿损失

赔偿损失是指侵权行为人以自己的财产补偿因其行为给妇女所造成的经济损失。赔偿损失的责任方式在实践中被广泛应用，既适用于侵权行为，也适用于违约行为。在司法实践中，给妇女造成财产损失或人身伤害的，一般以赔偿全部损失为原则；对妇女精神造成损害的，要贯彻以非财产责任为主、赔偿为辅的原则。

如根据《婚姻法》第46条的规定，有下列情形之一，导致离婚的，无过错方有权请求损害赔偿：（1）重婚的；（2）有配偶者与他人同居的；（3）实施家庭暴力的；（4）虐待、遗弃家庭成员的。这里的赔偿更多的时候是指精神损害赔偿，也包括物质损害，如医疗费用、财物损失等。当然，实际生活中也有男方为无过错方的情形，他们同样可以请求过错方进行赔偿。

如《劳动法》第95条规定：“用人单位违反本法对女职工和未成年工的保护规定，侵害其合法权益的，由劳动行政部门责令改正，处以罚款；对女职工或者未成年工造成损害的，应当承担赔偿责任。”

（二）停止侵害

停止侵害是指责令侵权人立即停止正在实施的侵犯妇女合法权益的行为，无论侵权行为人主观上有无过错，都必须停止侵权，防止侵害扩大，以保护受害人的合法权益。

笔　记　区

（三）消除影响、恢复名誉、赔礼道歉

消除影响、恢复名誉、赔礼道歉是指侵权行为给权利人造成的人身权利侵害而适用的责任方式。这种责任方式不具有财产内容，也不具有经济补偿的性质，属于一种非财产责任形式。当妇女的人格权受到不法侵害时，受害妇女可以要求侵害人或诉请人民法院强制侵害人在影响所及的范围内以赔礼道歉或其他方式消除不良影响，恢复其受损的名誉。该责任方式可以单独适用，也可以与其他责任方式一起适用。通常，侵权行为造成的影响范围有多大，就应在多大的范围内消除影响。

除此之外，侵害妇女合法权益承担民事责任的方式还有排除妨碍、消除危险、返还财产、恢复原状等。根据我国《继承法》、《婚姻法》的规定，侵害妇女合法权益还可能丧失继承权、丧失监护权、被中止探望权等。

二、行政责任

侵犯妇女合法权益的行为因性质不同，其危害程度和范围也不同。有些侵权行为不仅侵犯了特定妇女的合法权益，同时也损害了社会利益，破坏了正常的社会秩序。对这种行为，除要依法承担民事责任外，还应承担相应的行政责任。

2005年修订的《妇女权益保障法》对侵犯妇女合法权益的行为应承担的行政责任进行了较大的修改，使法律规定更具体和详细，在实践中具有更强的可操作性。特别是增加了第58条、第59条关于对违法行为人进行行政处罚的规定，使妇女的合法权益得到保障的范围更加广泛。

《妇女权益保障法》第57条规定："违反本法规定，对侵害妇女权益的申诉、控告、检举，推诿、拖延、压制不予查处，或者对提出申诉、控告、检举的人进行打击报复的，由其所在单位、主管部门或者上级机关责令改正，并依法对直接负责的主管人员和其他直接责任人员给予行政处分。国家机关及其工作人员未依法履行职责，对侵害妇女权益的行为未及时制止或者未给予受害妇女必要帮助，造成严重后果的，由其所在单位或者上级机关依

笔　记　区

法对直接负责的主管人员和其他直接责任人员给予行政处分。违反本法规定，侵害妇女文化教育权益、劳动和社会保障权益、人身和财产权益以及婚姻家庭权益的，由其所在单位、主管部门或者上级机关责令改正，直接负责的主管人员和其他直接责任人员属于国家工作人员的，由其所在单位或者上级机关依法给予行政处分。”

本条所列行为的实施主体都是国家机关、企事业单位和其他依照法律从事公务的人员。现实生活中，妇女在就业、升学、劳动权益的保障等方面仍然经常受到不公平待遇，合法权益常常受到侵害。如果这些主体实施了侵犯妇女相关权益的行为，应当按照法律规定受到相应的行政处分。如上文所述，行政处分主要包括警告、记过、记大过、降级、降职、开除几种。

《妇女权益保障法》第58条规定：违反本法规定，对妇女实施性骚扰或者家庭暴力，构成违反治安管理行为的，受害人可以提请公安机关对违法行为人依法给予行政处罚，也可以依法向人民法院提起民事诉讼。”第59条规定：“违反本法规定，通过大众传播媒介或者其他方式贬低损害妇女人格的，由文化、广播电影电视、新闻出版或者其他有关部门依据各自的职权责令改正，并依法给予行政处罚。”

《妇女权益保障法》对性骚扰、家庭暴力以及其他损害妇女人格的违法行为给予行政处罚，适应了社会发展的需要，加大了对妇女权益的保护力度，在现实生活中具有重要意义。

根据《婚姻法》第43条第3款的规定，实施家庭暴力或虐待家庭成员，受害人提出请求的，公安机关应当依照治安管理处罚的法律规定予以行政处罚。根据有关行政法律的规定，行政处罚主要包括警告、罚款、没收违法所得、没收非法财物、责令停产停业、暂扣或者吊销许可证、暂扣或者吊销执照、行政拘留等具体措施。

根据《劳动法》第95条的规定，用人单位违反本法对女职工和未成年工的保护规定，侵害其合法权益的，由劳动行政部门责令改正，处以罚款；对女职工或者未成年工造成损害的，应当承担赔偿责任。

笔　记　区

三、刑事责任

刑事责任是一种惩处最严厉的法律责任，司法实践表明，用刑罚手段对付严重的侵犯妇女合法权益的犯罪行为是保护妇女合法权益行之有效的手段之一。侵害妇女合法权益犯罪泛指一切专门或主要以妇女为对象，直接损害妇女合法权益，依照有关保护妇女权益的法律规定应当受刑罚处罚的行为。

修订前的《妇女权益保障法》第50条第2款规定，对侵害妇女权益的行为提出申诉、控告、检举的人进行打击报复的，由其所在单位或者上级机关责令改正或者给予行政处分；国家工作人员进行打击报复构成犯罪的，依照刑法第146条的规定追究刑事责任。第51条规定，雇用、容留妇女与他人进行猥亵活动的，比照《治安管理处罚条例》第19条的规定处罚；情节严重，构成犯罪的，比照《刑法》第160条的规定追究刑事责任。2005年修订后，《妇女权益保障法》没有局限于对某种行为的刑事处罚，而是概括表明"违反本法规定，侵害妇女的合法权益……构成犯罪的，依法追究刑事责任"，避免了一些不必要的重复，也保证了与其他法律的衔接。

我国《刑法》对侵犯妇女合法权益的犯罪并没有设专章加以系统规定，而是把这类犯罪分散地规定在《刑法》分则第4章、第6章、第9章以及一些单行的刑事法律之中。根据《刑法》以及其他单行刑事法律的规定，侵害妇女合法权益的犯罪大致包括以下几种犯罪。

1. 专以妇女为侵害对象的犯罪。这类犯罪主要有强奸罪，强制猥亵、侮辱妇女罪，拐卖妇女、儿童罪，收买被拐卖的妇女、儿童罪，聚众阻碍解救被收买的妇女、儿童罪，引诱幼女卖淫罪，嫖宿幼女罪，不解救被拐卖、绑架妇女、儿童罪，阻碍解救被拐卖、绑架妇女、儿童罪等。这类犯罪专门以妇女为犯罪对象，直接侵害了妇女的合法权益。

2. 以妇女为主要对象的犯罪。这类犯罪主要包括聚众淫乱罪，引诱未成年人聚众淫乱罪，非法进行节育手术罪，组织卖淫罪，强迫卖淫罪，协助组织卖淫罪，引诱、容留、介绍卖淫罪，传播

笔 记 区

性病罪，暴力干涉婚姻自由罪，重婚罪，破坏军婚罪，虐待罪，遗弃罪等。[①]

我国《刑法》对上述侵犯妇女合法权益的各类犯罪规定了具体的刑事责任。

《刑法》第236条规定："以暴力、胁迫或者其他手段强奸妇女的，处三年以上十年以下有期徒刑。奸淫不满十四周岁的幼女的，以强奸论，从重处罚。强奸妇女、奸淫幼女，有下列情形之一的，处十年以上有期徒刑、无期徒刑或者死刑：（一）强奸妇女、奸淫幼女情节恶劣的；（二）强奸妇女、奸淫幼女多人的；（三）在公共场所当众强奸妇女的；（四）二人以上轮奸的；（五）致使被害人重伤、死亡或者造成其他严重后果的。"

第237条规定："以暴力、胁迫或者其他方法强制猥亵妇女或者侮辱妇女的，处五年以下有期徒刑或者拘役。聚众或者在公共场所当众犯前款罪的，处五年以上有期徒刑。"

第240条规定："拐卖妇女、儿童的，处五年以下十年以上有期徒刑，并处罚金；有下列情形之一的，处十年以上有期徒刑或者无期徒刑，并处罚金或者没收财产；情节特别严重的，处死刑，并处没收财产……"

第241条规定："收买被拐卖的妇女、儿童的，处三年以下有期徒刑、拘役或者管制……"

第359条规定："引诱、容留、介绍他人卖淫的，处五年以下有期徒刑、拘役或者管制，并处罚金；情节严重的，处五年以上有期徒刑，并处罚金。引诱不满十四周岁的幼女卖淫的，处五年以上有期徒刑，并处罚金。"

《刑法》严厉的刑事处罚制度对各类侵犯妇女合法权益的犯罪分子具有强大的威慑力，我国《刑法》因此成为维护妇女合法权益的重要法律武器。

思考题

1. 私力救济、社会救济与公力救济有什么不同？

2. 实践中妇女合法权益受到侵害后可以通过哪些途径进行

① 李明舜．妇女权益法律保障研究［M］．北京：国家行政学院出版社，2003：211—212.

笔 记 区

维权？

3. 根据有关法律规定，侵犯妇女合法权益应承担哪些具体法律责任？

案例分析题

1. 四川省新津县人民法院（1995）新民初字第118号案：原告王玉伦（女）及其女儿李尔娴，均系新津县五津镇蔬菜村村民。1995年年初，蔬菜村转让其部分土地后，其他村民都分得了土地转让费，而王玉伦、李尔娴却分文未得，因为该村村规民约有一条规定："凡本地出嫁女子，除特殊情况外，必须迁走户口，拒绝迁走户口的，连同婚后所生子女，虽准予上户口，但不得享受一切待遇"。王玉伦与一外村村民结婚后，未迁走户口到男方所在地，所以，王玉伦及其女儿李尔娴未能分得土地转让费。为此，王玉伦、李尔娴以蔬菜村村民委员会为被告向新津县人民法院提起诉讼。审理此案的合议庭认为，村规民约在性质上属民事协议，而民事协议亦必须符合宪法。原告李尔娴在与一外村村民结婚后，没有依照村规民约关于本地出嫁女子必须迁出户口，否则不享受本村村民的一切待遇的规定，未将其户口迁到男方的所在地。后原告所在村的土地被征用，本村其他村民都分到土地转让费，原告王玉伦只因其女儿婚后未迁出户口，没有分到土地转让费。原告不服被告的决定而提起诉讼。

请问：法官应当如何判决？要求进行分析。

2. 张女士，高中文化程度，现下岗。数年前，因为生病的缘故，她一只眼睛失明了。她的另外一只眼睛的视力也受到了严重影响并且视力越来越不好。这样，她即使戴上眼镜也难以胜任日常活动。张女士与陈先生已经结婚18年。1999年，她发现陈先生有外遇。然后，陈先生就开始殴打她，不给她提供扶养费，强迫她同意离婚，但张女士因为经济上和孩子因素坚决拒绝离婚。于是，陈先生要他的15岁的儿子殴打母亲，每次儿子殴打母亲，他给儿子现金奖励。由于父子两人的暴力行为，张女士的视力进一步恶化，在一次儿子殴打她时，她的视网膜脱落。张女士对儿子的这些虐待行为觉得格外难受，她爱自己的儿子，她一直对儿子百依百顺。然而，由于怕丢面子，她无法把自己受虐待的事情告诉亲戚、朋友和儿子的老师。她不想孩子在学校的档案中有对他不好的记录。目前，张女士进退维谷，不知道自己该如何办。

请问：假如你是一位律师，请问如何帮助张女士解决困境？

3. 张某、李某、孙某、王某系南方某灯具厂的女职工，已在该厂工作3年多。2008年年底，由于金融危机的影响，厂方为降低成本，将原来由8人承担的灯具装箱入库工作改由张某、李某、孙某、王某4人承担，且工资待遇不变。一个星期后，4人向厂领导提出，灯具装箱入库工作由4人承担工作量太大，4人每天得多干两个多小时才能完成任务，要求厂方适当增加工作人员。厂长未同意。3个月后，张某、李某、孙某、王某4人均感到身体已极度疲乏，无法再坚持长时间的超量劳动，又一次向厂方反映情况，要求解决问题。但厂长却说："干不了，可以不干，不想在灯具厂干，可以走人，在这里就是这个干法！"双方为此发生争议。

请问：（1）灯具厂的行为侵犯了张某、李某、孙某、王某的什么合法权益？（2）该4名女工应如何解决这一劳动争议？

参考文献

1. 顾秀莲．妇女权益保障法学习读本［M］．北京：中国法制出版社，2005.
2. 李明舜，林建军．妇女人权的理论与实践［M］．长春：吉林人民出版社，2005.
3. 李明舜．妇女权益法律保障研究［M］．北京：国家行政学院出版社，2003.
4. 康均心．妇女权益保护及救济理论与实务［M］．武汉：武汉大学出版社，2004.
5. 林建军．妇女法基本问题研究［M］．北京：中国社会科学出版社，2007.
6. 袁锦绣．妇女权益保护法律制度研究［M］．北京：人民出版社，2006.
7. 张文显．法理学［M］．北京：高等教育出版社，北京大学出版社，2007.
8. 江伟．民事诉讼法［M］．北京：高等教育出版社，2007.
9. 姜明安．行政法与行政诉讼法［M］．北京：北京大学出版社，高等教育出版社，2005.
10. 樊崇义．刑事诉讼法［M］．北京：中国政法大学出版社，2002.
11. 李明舜，林建军．妇女法研究［M］．北京：中国社会科学出版社，2008.
12. 谭琳，杜洁．性别平等的法律与政策［M］．北京：中国社会科学出版社，2008.
13. 周安平．性别与法律［M］．北京：法律出版社，2007.
14. 杨成铭．人权法学［M］．北京：中国方正出版社，2004.
15. 周叶中．宪法［M］．北京：高等教育出版社，北京大学出版社，2000.
16. 李傲．性别平等的法律保障［M］．北京：中国社会科学出版社，2009.
17.（美）凯利·D·阿斯金，多萝安·M·科尼格．董列，朱晓春译．妇女与国际人权法（第二卷）［M］．北京：生活·读书·新知三联书社，2009.
18. 徐兰兰．性别、权力政治和国际关系［J］．现代国际关系，2003（3）.
19. 陶春芳，蒋永萍．中国妇女社会地位概观［M］．北京：中国妇女出版社，1993.
20. 许悦．中外妇女参政比例比较及其思考［J］．哈尔滨学院学报，2008（1）.
21. 邹晓红．妇女参政权的现状及困境［J］．长春理工大学学报（社会科学版），2007（4）.
22. 陈红．改革开放新时期的妇女参政［J］．中共石家庄市委党校学报，2009（2）.
23. 于芳．中国妇女参政：问题、成因及对策［J］．南昌大学学报（人文社会科学版），2009（5）.
24. 贾明军．离婚了，房产如何分割［N］．房地产时报，2004.
25. 韩贺南，张健．女性学导论［M］．北京：教育科学出版社，2005.
26. 巫昌祯．妇女权益的法律保障［M］．北京：中央文献出版社，2002.
27. 程燎原．从法制到法治［M］．北京：法律出版社，1999.
28. 董輿．中国人法律意识的基本构造及提高途径——以北京为中心的调查［J］．社会科学战线，1996（6）.
29. 夏勇．走向权利的时代［M］．北京：中央文献出版社，2007.
30. 巫昌祯，程深，郑小川．妇女权益的法律保护［M］．北京：人民法院出版社，1998.

31．李银河．生育与村落文化［M］．北京：文化艺术出版社，2003.
32．李步云．宪法比较研究［M］．北京：法律出版社，1998.
33．〔英〕A.J.M.米尔恩．夏勇，张志铭译．人的权利与人的多样性：人权哲学［M］．北京：中国大百科全书出版社，1995.
34．关今华．基本人权保护与法律实践［M］．厦门：厦门大学出版社，2003.
35．漆浩．妇女权益保护手册［M］．北京：蓝天出版社，2003.
36．北京大学法学院妇女法律研究与服务中心．当代中国妇女权益保障的理论与实践［M］．北京：中国工人出版社，2001.
37．金英杰．企业用工与劳动合同法［M］．北京：中国工人出版社，2007.
38．刘伯红．女性权利——聚焦《劳动法》和《婚姻法》［M］．北京：当代中国出版社，2002.
39．李乐平．再论社会保障权［J］．实事求是，2004（6）.
40．北京大学法学院妇女法律研究与服务中心．中国妇女劳动权益保护理论与实践——从法律援助和公益诉讼的视角［M］．北京：中国人民公安大学出版社，2006.
41．刘明辉．女性劳动和社会保险权利研究［M］．北京：中国劳动社会保障出版社，2005.
42．邵芬．我国女职工特殊权益保护制度研究［J］．云南民族大学学报（哲学社会科学版），2006（1）.
43．孙璐，何志鹏．妇女权益保障百例解析［M］．北京：机械工业出版社，2004.
44．林嘉．社会保障法的理念、实践与创新［M］．北京：中国人民大学出版社，2002.
45．〔奥〕凯尔森．沈宗灵译．法与国家的一般理论［M］．北京：中国大百科全书出版社，1996.
46．李明舜，林建军．妇女法研究［M］．北京：中国社会科学出版社，2008.
47．郭明瑞，房绍坤．继承法［M］．北京：法律出版社，2006.
48．王洪．婚姻家庭法［M］．北京：中国人民大学出版社，2006.
49．黄松有．最高人民法院婚姻法解释（二）的理解与适用［M］．北京：人民法院出版社，2004.
50．孙国华，朱景文．法理学［M］．北京：中国人民大学出版社，2004.
51．李慧英．社会性别与公共政策［M］．北京：当代中国出版社，2002.

后　　记

2005年《中华人民共和国妇女权益保障法》的修订使我们产生了编写《妇女法教程》的设想，后来我们学院法律事务专业的老师参与讨论制定《山东省妇女权益保障法实施办法》，进一步从实践和理论两个层面了解妇女权益保障工作，由此我们也认识到让学生系统地学习妇女法是十分必要的。为了打造学院的办学特色，结合多年来女性法学教育的实际情况，经过一年多的准备，我们于2007年正式开设“妇女法”课程，以自编讲义和课件授课，该课程在2008年被评为院级精品课。在教学的过程中，我们加强了妇女法的体系、内容以及前沿问题的介绍，也发现尽管目前有一些学校也开设妇女法这门课程，但是一直没有比较合适的教材，因此编写妇女法教材的愿望也越来越强烈。2008年年底我们开始着手准备教材的编写工作，2009年完成了妇女法教材的初稿。2010年五易其稿，终于在5月份最后定稿。

《妇女法教程》主要是使学生全面系统地掌握男女平等背景下妇女的各种权益以及法律对这些权益的保护，了解当前妇女法学科的前沿问题与热点问题，了解实践中侵害妇女权益的种种现象，学会运用所学的知识帮助广大妇女维护合法权益。为此，我们本着体系与基础相结合、理论与实际相联系的原则，共分八章系统地论述妇女权利的各个方面。本书的编写全部由山东女子学院法律事务专业的老师完成，由孙启泉、张雅维任主编，朱广花、王灵、李宏任副主编，具体分工如下：第一章：马蕾；第二章：王金玉；第三章：李静；第四章：孙启泉、王灵；第五章：许永成；第六章：李宏；第七章：张雅维、朱广花；第八章：吴玉霞。全书由孙启泉、张雅维、朱广花、王灵、李宏作最后统审。

囿于学识有限，本书难免存在一些疏漏，不妥之处，恳请法学界同人和广大读者朋友批评指正。

编　者

2010年5月